Birgit Hassenkamp

Das namenlose Kind auf dem Weg zum ICH BIN

Kundalini-Erwachen

Ein keltisch-schamanischer Einweihungsweg

spirit RAINBOW Verlag

Impressum

1. Auflage 2006
2., überarbeitete Auflage 2016
Spirit Rainbow Verlag UG haftungsbeschränkt

Gestaltung, Druck und Vertrieb:
Druck- & Verlagshaus Mainz
Süsterfeldstraße 83
52072 Aachen

www.srv-shop.de

ISBN-10: 3-937568-61-1
ISBN-13: 978-3-937568-61-4

Inhalt

Dieses Buch ist
meiner Tochter Diana für ihren „immerwährenden Tanz" durchs Leben und
Shin Shiva Swayambhu Mahadev zu seiner tiefen Wahrheit und Freiheit
gewidmet.

Danksagung

Ich möchte mich bei meiner Tochter bedanken, die mit ihrer Herzenswärme, Heiterkeit und ihrem unerschütterlichen Glauben und Mut meinen Kundalini-Prozess erleichterte und durch ihre Rücksichtnahme das Schreiben dieses Buches ermöglicht hat.

Außerdem danke ich Thun, der mich zeitweise in meinen Schmerz-Prozessen begleitete und für mich liebevoll kochte, damit ich bei Kräften blieb. Marlene bin ich zutiefst dankbar für ihre Anwesenheit und Betreuung über einige Monate und meinem „Sprachrohr" Jasmin aus Wiesbaden danke ich für die vielen telefonischen Gespräche während des Schreibens meines Buches. Bettina war mir eine große Hilfe beim Abtippen der besprochenen Tonbänder. Meinem geistigen Bruder Frank danke ich für seine aufmunternden Worte, wenn ich glaubte, es nicht zu schaffen, mein tiefes Inneres mit der Welt zu teilen.

Mein besonderer Dank gilt Frau Uschi Knecht-Kremers, die an meinen Weg glaubte und die Veröffentlichung des Buches unterstützte.

Ronny danke ich für sein „Sein", denn er half mir in diesem Leben, mein Herz zu öffnen und mein wahres Lieben wieder zu lernen.

Vorwort
Shin

Überall im Universum, in der Natur und auch im Menschen ist Energie.

Auf der „Grundlage" einer ersten, alles tragenden Energie haben sich unzählbar viele „Energiearten" entwickelt, die wieder in immer größerer Vielfalt zusammenwirken. Alles ist gebildet aus diesem Zusammenspiel. Und es gibt immer mehr und immer feinere Verwebungen. (Dieser Satz kann so gesagt werden aufgrund der Erkenntnisse „heutiger Wissenschaft.")

Die „Eingeweihten" oder „Forscher" der alten Kulturen aber kamen zur Aussage:

Wo immer du hinschaust im All in Ganzen, in der Natur und auch im Menschen sind Kräfte – Ströme. Eine Urkraft trägt alles. Auf dieser Urkraft als Grund aufbauend, entwickeln sich unzählbare Teilkräfte und erwirken in ihrem Zusammenwirken alles, was ist. (Dieser Satz bildet sich auf Grund der alten Weisheit. Oft wird jedoch eine „Formelsprache" der Bilder gebraucht.)

Nun, wo liegt denn da der Unterschied?

Beide Sätze sagen ziemlich dasselbe aus. Der Hintergrund und der Weg zu diesen Sätzen sind jedoch recht verschieden. Auch das Selbstverständnis und das Verhältnis zum Sinn des Lebens in den alten Kulturen und in dieser Zeit sind von anderer Art.

Ein besonderer Unterschied zwischen den zwei „nahen" Aussagen ist, dass die „Weisen des Altertums" durch inneres <u>exaktes</u> Erlebnis <u>fähig</u> waren, solches zu formulieren, während die „neue" Aussage durch äußere auf Instrumenten- Funktion und neuen Denkweisen beruht.

Ein weiterer Unterschied ist der, dass die Menschen in den alten Kulturen –

(z. B. Frühägypten, altes Sumer und !Indische Kultur! bis zum heutigen Tag!) – nicht nur die „physische" „biologische" Weltebene im Bewusstsein hatten. Sondern sie erlebten, erfuhren und erkannten noch, dass überall im All, in der Natur – und auch im Menschen göttliche und andere Wesen ihre Wirksamkeit haben.

Die erste, alles tragende Energie ist also die erste Große Göttin in ihrem Zusammenwirken mit dem Schöpfer – nämlich im Liebesspiel und schöpferischen „Ideenaustausch"!

Alle Energien in allen Variationen sind „Kinder" des Uralten Einen und der Großen Göttin. Und diese Götter und Göttinnen sind selbst wieder von diesem Schöpfergeist und schaffen auf ihren Entwicklungsstufen ihre Weltenspähren mit ihren besonderen Geschöpfen.

Solche schöpferischen, nämlich „wissenden", „sensiblen" und „mächtigen" Energien sind auch im Menschen sinnvoll und bestimmend wirksam.

Im indischen Sprachgebrauch wird die Gesamtheit dieser Energien Kundalini genannt. Außerdem gibt es noch viele indische und selbstverständlich auch noch mal so viele Namen aus aller Welt.

„Mahaparakundalini" oder „Parakundalini" ist die Grundlegende erste All-Energie, auch Adishakti genannt; das bedeutet aber, dass diese Energie der Entwicklungsspirale (Kundalini die Aufgerollte) - Erste Göttin, also Königin und Göttin – Mutter ist! Diese ist im gewaltigen Schöpfungsprozess des Universums beständig wirksam zusammen mit ihren vielen Söhnen und Töchtern. Diese Shakti`s (= Energie, Wirksamkeit und Göttin) haben ihre besonderen Aufgaben und Wirkungsarten. Was immer „Wirklichkeit" genannt werden kann, ist damit ein schöpferisches „Wirkfeld" verschiedener Götter und Göttinnen.

Alles, was ist, ist geworden durch das Wort, welches von Anfang an bei Gott war, und selbst Gottheit!, (nämlich die Göttin!) Om ist Ausdruck der Göttin. Göttin Om, das „Allumfassende" und die „Grundschöpfung" im ganzen All. Die Göttin heißt auch (schon lange vor dem „Christentum") Vak = Wort.

Die Energie ist, aus diesem betrachtet, eine selbstbewusste, Tatsachen „bewusste", sensible, lebendige Wesenheit höchsten schöpferischen Bewusstseins! – So jedenfalls die Erkenntnis der „Alten" deren Bewusstsein und Erfahrungsraum noch nicht nivelliert und schmal fokussiert war, wie heute. (Beweise können erbracht werden!)

Diese „Energie" oder „Kraft – Strom – Intelligenz" wurde in allen Kulturen mit Feuer und Licht in Verbindung gebracht. Denn im Kosmos wie im Menschen kann diese „Kundalini" mit feurigem und lichtreichem Charakter erfahren werden. Auch im Christentum gibt es die typologischen Bezeichnungen, die ganz unterschiedliche Aspekte der Kundalini meinen: Fegefeuer, Läuterungsfeuer, Christusfeuer, Herzfeuer, Kernfeuer und: Pfingstfeuer und Lichtsonne, Licht und Feuer des Heiligen Geistes.

Grundsätzlich lebt und wirkt diese Kundalini in unterschiedlichen „Arten“ und „Frequenzen“ in jedem Menschen. Ja, es handelt sich sogar um den „geistig initiativen“, wissenden Bauplan und die ebenfalls wissende, schaffende, bildende Kraft, die den Organismus z. B. des Menschen kundig! aufbaut.

Diese Energie, die auf einfacher „vitaler“ Ebene in jedem Menschen wirksam ist, und zwar von der Befruchtung bis zum Todes-Übergang! – diese Energie schöpferischer Intelligenz kann im Organismus des Menschen auch von der bestimmenden Funktion vorläufiger Grundharmonie auf der so genannten „vitalen“ Stufe heraufgehoben und beschleunigt werden in eine neue initiative und initiatische Stufe. Dies kann durch den Lebensweg, die Lebensweise, durch Schulung oder „Gnade“ erfolgen.

Wenn aber „Kundalini“ beginnt, initiatisch gesteigert aufzutreten und im gesamten geistig – seelisch – lebendigen Organismus zu wirken, wird der ganze Mensch völlig „überholt“. Was nach den lebendigen „Baugesetzen“ des Menschen nicht „gut“ ist, wird gereinigt, veredelt, verbessert und in den bestmöglichen Stand gebracht.

Was der Mensch bei diesem Gesamtumbau erleben kann, ist hier frei, treu und echt beschrieben.

Ziel dieses Pfingstfeuers ist Vereinigung mit Gott – Göttin – und mit dem eigenen göttlichen Keimling. Dieses Feuer kommt jetzt.

Gesegnet und glückselig, der die Liebe kennt.

Shin Shiva Swayambhu Mahadev

Vorwort der Autorin

In diesem Buch berichte ich über eine der gewaltigsten Kräfte des Universums, die unser Ego – Ich zum göttlichem Ich Bin transformiert. Dieser Prozess beinhaltet nicht nur ein paar Atemübungen und Entspannungen, sondern ein tief durchdringendes, allumfassendes, transzendierendes Umstülpen der Vorstellungen, Dogmen, Normen und Prägungen des individuellen Menschen, der die Kundalini erweckt. Dies kann logischerweise durch Verwirrungen, tiefere Ängste, Aggressionen und tief sitzende Blockaden führen, die bis in frühere Inkarnationen reichen, und ist nur bedingt abhängig von der Biografie des Betreffenden aus diesem Leben.

Dieser Prozess sprengt alle Vorstellungen, die wir über Transformation haben. Er sprengt alle Grenzen dessen, was wir als Menschbewusstsein kennen. Er sprengt unsere Vorstellungen von Gott und seiner Welt. Der Mensch, der diesen Prozess durchwandert, wird von dem engen Gefängnis des Körpers, der Seele und des Geistes herausgesprengt in ein globales, allumfassendes, verstehendes, formloses Nicht-Bewusstsein.

Was ich hier schreibe, sind nur Worte, die Wahrheit liegt dahinter. Letztendlich liegt es nicht in unserem Sprachschatz, diesen Prozess zu beschreiben. Es ist eine Sprache, die mit Tönen, Schwingen und Energien zu tun hat. In dieser inneren Klang-, Farben- und Schwingungssprache bewegt sich Kundalini. Es ist der Ton, das Feuer und das Licht, den Gott zur Erschaffung für seine Schöpfung nahm.

Von Experimenten und Selbstversuchen ohne erfahrenen Lehrer oder Lehrerin sei deshalb dringend abgeraten. Ebenso warne ich vor „falschen Gurus", die diese Urkraft ausnutzen um Menschen abhängig zu machen.

Wer bewusst oder unbewusst in einen Kundalini-Prozess kommt, muss gut im Sattel sitzen und die Zügel nicht aus der Hand lassen. Es ist eine große Herausforderung, diesen Weg zu gehen. Es sind echte Helden, die unerschütterlich an den neuen wahren Menschen (Lichtkörper) glauben.

Sie kämpfen mit allen Schattenbereichen in sich wie in der Welt. Denn die Welten und der Mensch sind eins. So wie Gott und der Mensch eins sind. Sie erlösen persönliche Verletzungen und das Erbe der ganzen Menschengeschichte, das in unserem Zellbewusstsein gespeichert ist. Alles, was diese Helden reinigen und verbrennen, reinigen und verbrennen sie in der Welt. Dieser Prozess geht viel tiefer und weiter, als jeder Einzelne sich vorstellen kann. Er erlöst Karmen und Familienprobleme bis in mehrere Generationen zurück wie voraus. Er erschüttert alles, was fest und eng, ist mit der gleichen Energie wie bei einem Vulkanausbruch.

Der Weg, den der Betroffene folgt, unterscheidet sich hinsichtlich seines Zwecks von anderen Wegen. Sein Ziel besteht nicht nur darin, den Menschen aus dem üblichen, nicht wissenden Weltbewusstsein zum göttlichen Bewusstsein emporzuheben, sondern das göttliche Kraftbewusstsein in den Körper, in das Nichtwissen der Materie des Lebens einzuleiben, diese zu wandeln und das Göttliche zu offenbaren, um die Materie zu durchlichten, um ein göttliches Leben in der Materie zu schaffen. Kundalini schreitet nicht nach einem festgelegten Lehrsystem vorwärts, nicht nach vorgeschriebenen Übungen und Mantras, sondern durch ein tiefes Streben und sich Öffnen zum Göttlichen durch Zurückweisung all dessen, was sich damit nicht vereinbaren lässt. Der Betroffene findet in seinen eigenen Mental den stärksten Widerstand gegen seine Verwirklichung. Er muss die Vergangenheit mit ihren Bindungen hinter sich lassen und bereit sein, für die göttlichen Möglichkeiten alles aufzugeben. Er muss mutig sein, alles zu wagen. Nur aus dem Glauben, der rechten Lebensweise, Schulung und der tiefen Liebe zum Göttlichen kann dieses Öffnen eintreten.

Deswegen appelliere ich an Therapeuten, Ärzte, Psychiater, Heilpraktiker, Heiler und an Menschen, die ein Kundalini-Erwachen erleben oder mit Menschen zu tun haben, die in diesen Prozessen sind: „Öffnen Sie sich für die wirklichen Vorgänge ohne Vorurteil. Haften sie nicht an Ihrem gelernten Wissen, sondern vertrauen Sie ihren innersten Wahrnehmungen."

Ich schreibe dieses Buch, um aufzuklären. Mit einfachen Worten, aus meinem Leben heraus – nicht wissenschaftlich – nicht hoch intellektuell, damit Kundalini für jeden Menschen zugänglich wird. Ganz bewusst schreibe ich nicht nur von den Einweihungsprozessen, sondern auch von meinem privaten Leben, um erkenntlich zu machen, dass das Außergewöhnliche seinen Weg im gewöhnlichen Menschen im alltäglichen Tun findet.

Diese freudig, feurige Energie gehört Gott und jedem Menschen. Es ist sinnvoll, sie zu erwecken, sich mit ihr auseinander zu setzen, um sie kennen zu lernen und ihr zu vertrauen. Kundalini muss man begegnen, um mit ihr umgehen und sie verstehen zu können. Alle anderen, die nicht in diesem Prozess stehen, können nicht im Ansatz nachvollziehen, was die Menschen durchleben während der Jahre des Aufstiegs und des Durchbruchs der Kundalini. Die Schlangenkraft kann sich wie eine leichte Brise zeigen, aber auch wie ein gewaltiger Sturm.

Daher gibt es für mich nur einen Weg der Begleitung. Liebevolles Annehmen, vorurteilsloses Zuhören, immerwährende Geduld und Toleranz. Bei jedem Menschen zeigt sich dieser Prozess verschieden, und doch zeigen sich Parallelen. Erkennen, was eine „vitale" oder „initiatische" Kundalini ist, kann nur derjenige, der alle Stufen selbst durchlebt hat.

Birgit Hassenkamp, 2003

Einleitung

Es war ... ist ...
... und wird immer sein ...
... Urkraft des Einen ...

Dieser Erlebnisbericht über den Aufstieg und Durchbruch meiner Kundalini ist kein Märchen – ich habe ihn selbst durchwandert und wortgetreu niedergeschrieben.

Ich berichte über mein Alltagsleben und von der zufälligen Erweckung einer Kraft, von der *ich* noch *nie* gehört hatte. Von der Problematik, die in Deutschland entsteht, wenn sich ein altes Wissen der Mystiker, Urvölker und Yogis mit unserer modernen Zeit kreuzt.

Die geheimnisvolle Kraft, die im fernöstlichen Kundalini genannt wird, finden wir in allen Kulturen und Religionsströmen. Sie ist seit Generationen durch strikte Geheimhaltung gehütet worden.

Manch einer hat von „diesem Pfingstfeuer" gehört, das auch *Manna, Shia Hua, Licht, Qi, Chi, Wind* oder *Licht und Feuer des Heiligen Geistes* genannt wird, – aber die meisten nur bruchstückhaft.

Licht-Erscheinungen – Visionen – himmlische Klänge – schwebende Menschen ....

Waren das nicht Yogis oder Heilige? Hatten das nicht Theresa von Avila und Yogananda, oder hieß der Muktananda?

Stimmt, sie alle hatten es, die große Erfahrung der Kundalini-Erweckung. Eine tief greifende Berührung mit der Urkraft. Einen psycho-physischen Transformationsprozess. Eine Wiedergeburt, eine Reise ins Licht.

Was genau geschieht bei Ihrer Erweckung?

Es ist ein Prozess, der ebenso natürlich ist wie eine physische Geburt. Kundalini ist ein göttliches Potenzial, das in jedem Menschen schlummert. Ihre Erweckung ist mit nichts zu vergleichen.

Sie ruht in jedem Menschen, dreieinhalbfach eingerollt am unteren Ende der

Wirbelsäule, verborgen im so genannten Wurzelchakra (Energiezentrum), jedoch in schlafender Form.

Wie und ob sie aktiv wird, ist individuell verschieden. Sie kann durch Meditation, Kontemplation, hingebungsvolle Gottesverehrung, Atemtechniken, Yogaübungen, aber auch durch Schockerlebnisse oder Unfälle, ja selbst durch Drogen *in Bewegung gesetzt werden.* Wenn sie aufsteigt, bahnt sich Shakti (Kundalini) einen Weg über die feinsten Nervenbahnen vom unteren Wirbelsäulenansatz hinauf zum Haupt. Dabei reinigt sie alle Chakren und bereitet den Körper auf den Durchbruch vor, den nicht jeder erreichen kann. Dieser Aufstieg dauert Jahre oder Jahrzehnte und beinhaltet viele Vor-Symptome des eigentlichen „Kundalini-Prozesses", der nach dem Öffnen des Scheitelchakras beginnt. Die Reinigung wirkt in allen Bereichen: im Körper, dem Geist und der Seele.

Durch die eigene tiefe Hingabe, durch die Gnade Gottes oder eines vollkommenen geistigen Lehrers kann es nach erfolgreicher Vollendung des Aufstiegs zum Durchbruch kommen – *dem eigentlichen Ziel der Reise.* In meinem Fall schlug es ein wie ein Blitz. Durch meine lebendige Erfahrungen mit der Urkraft bin ich davon überzeugt, dass es ein großer Unterschied ist, ob die Shaktikraft aufsteigt, durchgebrochen ist oder noch ruht. Es gibt viele Menschen, die während einer Meditation durch Zuckungen oder Glücksgefühle das Pfingstfeuer spüren. Man kann sich daran erfreuen, aber es hat nichts mit einem echten Kundalini-Prozess zu tun, wie es in meinem Fall war.

Kundalini ist unsere Lebensenergie, wir haben sie alle. *Diese* Kundalini nenne ich die *vitale.* Ich spreche von einem Kundalini-Prozess (initiatische Kundalini) wenn die Erdenergie (Shakti) alle sieben Chakren gereinigt hat und sich mit der Lichtenergie (Shiva) vereint hat. Erst dann „fließt" Kundalini, und erst jetzt ist der Weg bereitet zur direkten spirituellen Gottes-Erfahrung. Nicht jeder kann diese Stufe erreichen. Nach dem Durchbruch brauchen diese beiden Energien Jahre um sich im Körper, in Geist und Seele zu harmonisieren. Das ist der eigentliche Kundalini-Prozess. Wie sich dieser „Prozess" im Einzelnen zeigt, hängt vom Naturell des „Erwachenden" und seinen geistigen Kräften und Veranlagungen aus diesem und früheren Leben ab.

Nur wenige Menschen haben ausreichende Stärke, um der Wucht eines direkten Einschlags standhalten zu können. *Scheinbar* hatte ich diese Stärke, obwohl ich mich selbst als sehr ängstlich bezeichnen würde. Der Durchbruch und die folgenden Jahre waren für mich das Allerschwierigste, was ich je in meinem Leben durchstehen sollte.

Es ist ein sehr heftiges Rütteln und Schütteln – aber eines ist sicher: Es wird mit der Zeit wieder ruhiger. Danach haben die „Betroffenen" Zustände erlebt, in denen sie wahrlich des Gottes und der Glückseligkeit bewusst wurden. Vielleicht sind sie nach außen noch die Gleichen wie vor dem Kundalini-Erwachen, aber sicherlich nicht mehr im Inneren. Das globale Wissen, das sich zeigt, ist ein gewaltiger Schatz, den man nicht mit Worten beschreiben kann. Erst wenn Kundalini erweckt wird, erfahren wir allmählich die grenzenlose Freiheit des menschlichen Lebens. Die vielen Möglichkeiten unseres Seins. Das Göttliche taucht in Geist, Seele *und Körper* ein und erhöht damit die Materie. Es ist eine Auferstehung des Fleisches.

Das Wichtigste während des großen Abenteuers mit der Berührung der Urkraft ist: nicht aufzugeben, Gott und seinem Lehrer zu vertrauen, ruhig zu bleiben und sich mit „niemandem" zu vergleichen. Außerdem: nicht auf Menschen zu hören, die keine eigenen lebendigen Erfahrungen mit der initiatischen Kundalini haben. Keiner, der diesen Prozess nicht am eigenen Leib erfahren hat, kann im Ansatz nachempfinden, was er wirklich bedeutet. Selbst nachdem man meinen Erlebnisbericht gelesen hat, sollte keiner von sich behaupten, dass er Kundalini-Kenntnisse hätte.

Dieser tief greifende Transformationsprozess ist ein langer Weg, und jeder Betroffene braucht viel Mut und Unterstützung. Seitens der Freunde, der Ehepartner, der Familienmitglieder, der Ärzte und Psychologen und von denjenigen, die im „spirituellen Bereich" arbeiten. Es ist für die „Betroffenen" lebensnotwendig zu wissen, dass sie nicht verrückt geworden sind und nicht sterben werden, sondern dass sie eine lebendige Gottes-Erfahrung erleben, die erwünscht und willkommen ist auf Erden. Es wird Zeit, dass in der westlichen Welt Kundalini, ihre Phänomene während des Aufstiegs und ihre zahlreichen Symptome bekannt werden.

Kundalini ist ein bedeutender, notwendiger Prozess der Menschheit. Leider wird er als solcher in unserer westlichen Gesellschaft nicht erkannt.

Vor Jahrhunderten bekamen ihn nur die Heiligen und Yogis – heute bekommen ihn die Hausfrauen, Arbeiter, Studenten, die ganz „normalen Menschen". Das Aufsteigen der Shakti-Schlange findet auf Erden in allen Ländern statt.

Es ist ein globales Erwachen!

Schon 1974 eröffneten die Amerikaner in San Francisco eine Kundalini-Klinik, in der Betroffenen geholfen wird. Leider haben wir ein solches Institut **noch** nicht in Deutschland. Wer hier diesen Prozess durchläuft, findet keine *wirkliche* Hilfe.

Es ist eine Gratwanderung voller Ablehnung und Intoleranz. Eine Reise von einem Arzt und Psychologen zum anderen. Sogar einer Ignoranz von Seiten der „Spirituellen und Esoterikern", die überzeugt davon sind, dass Kundalini *immer sanft* erwacht und „Erwachende" negativ beurteilen, deren Prozess feuriger und schmerzvoller ist. Es ist eine Irrfahrt von Nichtbeachtung, die strafend wirkt.

Ein Dschungel voller Namen und Begriffe: Shakti – Shiva – Hatha –Yoga – und selbstverständlich die Chakren: Muladhara, Svadhishthana, Manipura, Anahata, Vishudda, Ajna, Sahasrara. Nicht zu vergessen die Samadhi–Erfahrung.

Für einen Laien, wie ich einer war, ist Shakti anfänglich verwirrend, erschreckend und beängstigend.

Was ist sie nun – die Kundalini? Selbst heute, nach all den Jahren ihres Aufsteigens und Durchbruchs kann ich die Frage nicht beantworten – nicht wirklich. Man muss mit ihr in Berührung kommen, um sie zu verstehen. Sie führt den Suchenden in die tiefsten Schluchten und in die höchsten Höhen, in die subtilsten Ebenen innerer Erfahrungen. Sie ist ein Geheimnis …

Ich denke, außer einem hohen Lehrer oder einem Kundalini–Therapeuten, der selbst durch diese Prozesse gelaufen ist, kann keiner von außen erkennen, wie und wo sich die Schlangenkraft im „Betroffenen" gerade bewegt und welchen Ausdruck sie im Körper, Geist und in der Seele des jeweiligen im augenblicklichen Leben zeigt und ob der Betroffene in den Stufen der vitalen Kundalini oder der initiatischen Kundalini steht.

Die Menschen, die *meinen,* etwas vom Göttlichen oder von Kundalini zu verstehen, sollten *dringend* lernen, keine Vorstellungen darüber zu haben, wie das Göttliche sich im Einzelnen zeigt. Dieser Prozess taucht in so unbeschreibliche Tiefen und Höhen ein, dass er mit nichts verglichen werden kann. Die Vorstellungen, dass ein Mensch *rein* sein muss im Sinne von „vegetarisch essen" oder keine „negativen Emotionen" zeigen, damit er zur Einweihung gelangt, ist vollkommen falsch. Es ist direkt eine Gefahr, auf halber Strecke stecken zu bleiben. Reinheit ist ein *inneres Sein*, das *nur* Gott wahrhaft in uns erkennt. Mit den jeweiligen Umständen und Erfahrungen im jetzigen Leben der Menschen hat das nichts zu tun. Im Gegenteil, Shakti verbrennt alles Unwahre. Unwahr kann es auch sein, wenn Zwangshaltungen entstehen, um Gott zu *dienen*, wenn Moralvorstellungen herrschen und beurteilt wird. Wenn Menschen glauben, *sie seien* schon am Gipfel.

Mir passierte es einmal unter „Spirituellen“, dass ich mich an einen Tisch dazusetzte, an dem geraucht wurde. Als ich meine Zigaretten auspackte, wurde ich schräg angeschaut, und es wurde empört verkündet: „Du rauchst ja noch – richtig!“ Ich antwortete: „Ja, und? Ihr doch auch.“ Vom anderen Tischeck kam es überheblich zurück: „Nein, wir rauchen Zigarillos, das ist kein richtiges Rauchen mehr.“

Das ist nur ein Beispiel von vielen. Die Beurteilung und die Vorstellungen die allgemein von „heilig und nicht heilig sein“ herrschen, finde ich erschreckend.

Auf meinen Weg zum Licht durfte ich immerfort erfahren, dass ich nicht in das „Klischee“ passte, wie man sich eine Erwachende vorstellte. Weder von Seiten der etablierten Religionen noch von den Spirituellen oder Esoterikern und ganz zu schweigen von den „normalen Menschen“.

Am besten, ich fange da an zu erzählen, wo alles begann – wenn es überhaupt jemals einen Anfang gab.

Meine Shakti fing im Sommer 1993 an, sich langsam zu aktivieren. Ich führte bis dahin ein ganz normales Leben und glaubte, all meine Wünsche wären in Erfüllung gegangen. Ich hatte ein eigenes gut gehendes Kosmetikstudio, einen soliden Ehemann und eine wunderschöne dreijährige Tochter. Ich liebte meine Freunde und meine Familie – und sie schienen mich zu lieben –, die Welt war „vollkommen“ in Ordnung! Zumindest glaubte ich das felsenfest!

Damals wusste ich von Kundalini nichts, nicht einmal das Wort hatte ich jemals gehört. Ich interessierte mich überhaupt nicht für Mystisches, sondern einzig für meine Familie – ich war eine ganz einfache Hausfrau, die gerne kochte und die Menschen, die sie liebte, verwöhnte. Ich besuchte das Fitness-Studio, ging gerne zum Frisör und legte Wert auf schöne Kleidung. Bis zu dieser Nacht, in der alles begann, war ich „scheinbar“ glücklich.

Sommer 1993 – Erste tiefe Begegnung mit der Angst

Es kam aus heiterem Himmel: Ich war wie jeden Abend gut eingeschlafen, doch mitten in der Nacht schreckte ich aus dem Tiefschlaf hoch. Ich wusste nicht, was geschah, bekam keine Luft, rang verzweifelt nach Atem und stellte fest, dass mein Körper nicht mehr funktionierte. Das hatte ich noch nie erlebt.

Die Gedanken überschlugen sich: Was ist los? Was ist passiert? Was soll ich tun? Mein Körper war in einem Zustand, den ich kaum beschreiben kann: Das Herz raste, es polterte und der Rhythmus war nicht mehr der, den ich kannte. Arme und Beine konnte ich nicht fühlen. Sie waren taub – nicht wie eingeschlafen, das kannte ich, nein, sie waren – nicht da. Mein Gesicht, in das ich verzweifelt griff, war pelzig, fühlte sich an wie ein Schwamm, als wenn es nicht zu mir gehörte. Die Zunge war wie angeschwollen. Meine Verzweiflung wurde immer schlimmer. Ich schlug mir ins Gesicht, doch nichts konnte ich fühlen. Mein Mund riss sich weit auf, um Atem zu holen, aber es kam keine Luft. Meine Gedanken waren nur: Jetzt ist es aus – aus – ich sterbe. Ich wollte aus dem Bett, stürzte jedoch sofort zu Boden und merkte, dass mir meine Beine nicht mehr gehorchten. Immer noch ringend mit dem Sterben krabbelte ich auf allen vieren ins Badezimmer, schaffte es jedoch nicht. Im Flur blieb ich liegen und hatte immerzu nur diesen einen Gedanken: Ich sterbe, es ist vorbei. Mein Körper war in einem Zustand, der mir vollkommen fremd war. Nie zuvor in meinem Leben hatte ich eine solche Angst empfunden. Es war nicht die Angst vor den alltäglichen Problemen, es war nicht die Angst vor Bedrohung, es war nicht die Angst vor Schmerz, es war eine Angst, die unbeschreiblich ist. Eine Angst, die alles auslöscht, was wichtig ist, die keinen klaren Gedanken mehr zulässt. Es war eine Angst, die mich einschnürte, sich um mich klammerte und mir das Gefühl gab, mich zu erdrücken – die von mir Besitz ergriff.

Als ich in dieser Nacht das erste Mal mit Todesangst konfrontiert wurde, konnte ich noch nicht ahnen, dass es nur der schwache Anfang einer nicht enden wollenden Serie von Todeskämpfen sein sollte.

Das erste Mal in meinem Leben durfte ich Hilflosigkeit, Ohnmächtigkeit, ein Gefühl des vollkommenen Ausgeliefertseins erfahren. Da mein Leben bis zu diesem

Zeitpunkt in relativ regelmäßigen Bahnen verlaufen war, konnte ich es nicht fassen, dass mit mir so etwas geschah. Bis dahin war ich der felsenfesten Meinung gewesen, dass alles, was einem im Leben widerfährt, zu bewältigen wäre. In dieser Nacht erkannte ich das erste Mal, dass es Dinge gab, die auch mich zu Boden zwangen. Im Flur meines Hauses, in der Kälte liegend, unfähig, meine Beine und Arme zu bewegen, glaubte ich zu sterben. Ich durfte fühlen, wie klein und hilflos ich war, als mich eine unbekannte Kraft zu Boden zwang.

Die Ehe-Situation

In dieser nicht endenden Nacht, als es mir endlich gelang, einen Ton von mir zu geben, rief ich meinen Mann Stefan um Hilfe. Leider – oder auch im Nachhinein Gott sei Dank – hatte er kein Verständnis für den Zustand, in dem ich mich befand. Er hatte immer alles im Griff. Einen Krankenwagen holte er mir nicht, weil es ihm peinlich war. Vor den Menschen den „Schein" zu wahren, stand für Stefan schon immer im Vordergrund – nicht der Zustand, in dem ich mich befand. Mit letzter Kraft schleppte ich mich ans Telefon und wählte die Privatnummer unseres Hausarztes. Ich schilderte mein Befinden und bat ihn schnell zu kommen. Er antwortete mit nüchterner Stimme: „Sie hyperventilieren. Nehmen Sie eine Plastiktüte und atmen Sie hinein." Der rationale Verstand meines Arztes und der meines Mannes zeigte ganz deutlich, dass ich diejenige war, die ein Problem hatte – nicht sie.

In meinem bisherigen Leben, zu diesem Zeitpunkt war ich 36 Jahre alt, kannte ich Alleinsein. Aber was in dieser Nacht geschah, war ein neues Gefühl, eine neue Erfahrung, ein neuer Moment des *Alleinseins*. Ich war allein mit meinem Körper, der nicht mehr funktionierte, mit meinem Geist, der sich nur noch drehte, mit meiner enormen und grauenvollen Angst, die mich beherrschte; mit meiner Seele, die ich nicht mehr wahrnehmen konnte. Und dieser erste Kontakt des wahrhaft Abgegrenzt- und Abgeschiedenseins von meinem Mann, den ich liebte, war eine wesentliche Erfahrung, die ich zu diesem Zeitpunkt zum ersten Mal auf solch grauenvolle Weise erleben durfte.

Mein Zustand begann sich nach einer Weile zu normalisieren. Langsam fingen Arme und Beine an zu kribbeln, und eine leichte Bewegung kam in meinen Körper. Verzweifelt versuchte ich, trotz meiner Atemnot in diese furchtbare Plastiktüte zu atmen. Bei der einzigen Konzentration meiner Gedanken auf diese Arbeit beruhigte sich mein Körper langsam. Ich fühlte mich zwar *wie gelähmt*, aber ruhig. Es war, als wenn alle Kraft, alles Leben aus mir gewichen wäre. Ich war zerschlagen, müde und konnte keinen klaren Gedanken fassen.

Zu diesem Zeitpunkt war meine Ehe schon auf dem Nullpunkt, ohne dass ich es mir eingestand. Wir hatten jahrelang mit viel Erfolg unsere Geschäfte aufgebaut. Es ging uns finanziell gut. Unsere kleine Tochter war ein Wunschkind. Wir besaßen ein kleines Reihenhaus, einen schönen Garten und einen 7er BMW sowie ein Cabrio. Mein Mann war ehrgeizig und hatte sich nach seinem Studium selbstständig gemacht. Die Geschäfte liefen gut, und unser Bestreben in den vielen Jahren war der materielle Aufbau als Fundament für unsere Ehe.

Erst viel später begriff ich, dass das Leben eine Gesetzmäßigkeit hat und ich für alles, was ich bekomme, auch etwas geben muss. Und das Geschenk des materiellen Reichtums und der Sicherheit, die ich mit Stefan aufgebaut hatte, ging auf Kosten meiner seelisch-geistigen Entwicklung. Meine Seele, die zum Göttlichen strebte, bekam keine Chance, sich zu entfalten. Ich wusste damals nicht, dass Gott mir so wichtig war, kannte nur ein sehnsuchtsvolles Gefühl in mir, das ich mir nicht erklären konnte.

Zu diesem Zeitpunkt hatte ich alle materiellen Ziele erreicht und in meinem Beruf eine beachtliche Karriere gemacht. Trotzdem gab es Momente, in denen immer wieder diese Sehnsucht aufflammte, eine Sehnsucht, die unbeschreiblich war, ein Drang in meiner Brust. Damals dachte ich, der Grund, warum ich noch immer nach Erfüllung suchte, wäre mein Ehemann, der mich nie so zärtlich in den Arm nahm, wie ich es mir wünschte. In mir brannte eine Liebeskraft, die felsenfest an ein echtes liebendes Miteinander zweier Menschen glaubte.

Ich kämpfte verzweifelt um Stefans Liebe. Ich bemühte mich durch Kochen und das perfekte Führen unseres Haushaltes, eine gute Ehefrau zu sein. Auch durch mein Geschäft wollte ich ihm zeigen, dass ich nicht, wie andere Frauen, vom Geld der Ehemänner lebte.

Eigentlich stimmte schon lange nichts mehr zwischen uns. Nicht nur seelisch war alles bei uns getrennt, auch finanziell. Wenn ich meinen Mann ansprach, dass ich Geld für den Haushalt bräuchte, bekam ich die Antwort, dass dies mein Part wäre. Wenn ich ihn bat, unsere Tochter ausnahmsweise einmal vom Kindergarten abzuholen, da ich arbeiten musste, wurde ich von ihm belehrt, das dies auch meine Aufgabe wäre, da er in der Stunde mehr Geld verdiente als ich. Schließlich hatte er ja studiert, und ich war *nur* Kosmetikerin.

Wenn Stefan mittags nach Hause kam und ich mich verspätete, meinte er: „Wieso lässt du uns warten für die paar Pfennige, die du verdienst?“ Er schaffte es immer, mir ein schlechtes Gewissen einzureden.

Mein Studio befand sich in unserem Reihenhaus, und ich zahlte „selbstverständlich“ einen Teil der Miete – rein „steuerlich“, wie mein Mann und unser Steuerberater, ein guter Freund von Stefan, sagten. Mir blieb nichts von meinem Verdienst. Mein Geld floss in den Haushalt, die Kleidung und unsere gesellschaftlichen Verpflichtungen. Auch mein Cabrio und meine Studioeinrichtung finanzierte ich selbst. Obwohl Stefan mittlerweile das Dreifache verdiente, beteiligte er sich nicht an unserem Haushalt. Er investierte ständig in seine Geschäfte und zahlte für uns lediglich die Hälfte der Miete. Alles andere lag in meiner Verantwortung. Wir stritten uns darüber, aber ich gab immer wieder nach, weil er mich glauben ließ, ich sei im Unrecht. Nach jeder Auseinandersetzung bemühte ich mich noch stärker, Stefan gerecht zu werden.

Wir hatten ein gemeinsames Hobby – die Musik. Vor unserer Ehe musizierten wir beide gerne, das war ein Grund, warum ich mich in ihn verliebte. Stefan am Klavier und ich auf der Gitarre, so verbrachten wir schöne Stunden miteinander. Wir hatten im Laufe der Jahre Songs von Paul McCartney, Lionel Richie usw. einstudiert. Lieder die mein Mann gerne hörte. Oft kamen gute Freunde bei uns vorbei; sie liebten unsere Art zu musizieren. Sie spürten unsere gemeinsame Leidenschaft, unsere Liebe zur Musik. Von einem Tag zum anderen hatte Stefan plötzlich keine Lust mehr, mit mir gemeinsam zu singen. Also, spielte ich allein weiter; meine Freunde und ich hatten noch mehr Spaß, da ich jetzt wieder meine alten Lieder aus der Jugendzeit sang. Alle liebten *meine* Lieder, obwohl ich nur ein paar Gitarrengriffe konnte.

Laut und mit voller Leidenschaft schmetterte ich begeistert meine Gospels. Am liebsten „ When Israel was in Egypt‘s Land“, das Lied von der Freiheit, von der Befreiung durch Moses. Tief bewegte mich dieses Lied – Moses, er war mein Freund. Ich mochte und bewunderte ihn schon als kleines Mädchen. Stefan hatte für diese Lieder nicht so viel übrig.

Eines Morgens, nach so einem schönen Abend mit vielen Liedern, verbot mir Stefan das Singen. Er begründete es damit, ich sei peinlich und verstünde nichts von Musik. „Wenn du schon Gitarre spielst, dann richtig; lerne endlich die Noten und bessere Gitarrengriffe, jeder Ton muss sitzen“, sagte er drohend. Stefan spielte Klavier und Trompete in einer Jazzband, und selbst „in Öl malen“ konnte er. Stefan war einfach perfekt und *ich nicht* – das bekam ich deutlich zu spüren.

Mit den Jahren wurde ich immer weniger – ohne es zu merken. Ich hörte auf zu singen und zu philosophieren, was auch eins meiner Steckenpferde war. In unserer Ehe drehte sich alles ums Geschäft und das perfekte „Sein“. Stefan wusste ganz genau, wie das Leben zu *leben* geht. Diejenigen, die das nicht so wussten wie er, waren für ihn *untere Schublade* oder *Dummköpfe*. Er hatte nur Respekt vor „seinesgleichen“.

Ich passte mich an – lächelte –, wenn Stefan seine Witze erzählte und war ernst – wenn er es angebracht fand. Ich sprach nicht mehr über mein Inneres und meine Weltanschauungen. Ich funktionierte nur noch. Wenn wir mit Nachbarn oder Freunden zusammensaßen, war Stefan immer freundlich und vergnügt. Doch sobald wir zuhause die Tür hinter uns schlossen, sprach er negativ und schlecht über sie. Ich sagte immer wieder zu ihm: „Du bist nicht ehrlich zu den Menschen." Er lächelte und meinte, ich hätte keine Ahnung. Er schaffte es, überall beliebt zu sein. Manchmal versuchte ich Freunden zu erzählen, wie er wirklich war – mir glaubte keiner: „Der Stefan doch nicht – der ist doch so nett!"

Meine Familie liebte ihn auch – besonders meine Mutter. Sie war stolz auf ihren soliden Schwiegersohn aus gutem Hause. Er war wirklich „perfekt" – in jeder Richtung.

Einmal erzählte mir Stefan aus seiner Kindheit. Sehr jung spielte er schon Trompete und Klavier in der Öffentlichkeit. Bei Musikauftritten in seinem Heimatdorf legte seine Mutter größten Wert auf sein Aussehen. Er musste immer ein weißes Hemd mit Kragen unter seinen Pullover anziehen. Bei einem wichtigen Trompeten- Solo, das halbe Dorf war anwesend, vergaß Stefan die weißen Kragenspitzen. Meine Schwiegermutter hörte an diesem Tag nichts von seinem schönen Solo – sie schämte sich – ihr Sohn sah nicht *perfekt* aus. Sicher hat er sehr gelitten als Kind, aber Stefan sprach nie darüber – er war ja jetzt *perfekt* – da musste man nicht über *solche Sachen* sprechen. Das taten nur diejenigen, die das Leben nicht beherrschten.

Mit den Jahren dämmerte es mir, dass Stefan noch immer Angst hatte, „seinen weißen Kragen" zu verlieren. Jetzt war *ich* diejenige, für die man sich schämte.

Leichte Heiterkeit, Gelassenheit, freies Fühlen, lebendige Freude – so etwas kannte ich nicht. Weder meine Eltern lehrten es mich noch Stefan. Alles was ich lebte, war Programm, hatte etwas mit dem Wort „anständig" zu tun – das ich noch *nie* begriffen hatte – und das mich sehr eng werden ließ. Ich war bereits gestorben – ohne es zu merken!

Das einzige, woran ich noch echte Freude empfinden konnte, war mein Kosmetikstudio, das mir nach und nach auch noch entrissen wurde. „Birgit, du hast als Frau eines Geologen im Büro mitzuarbeiten; ich möchte nicht, dass fremde Leute unsere Buchhaltung einsehen", teile mir Stefan eines Tages mit. Ich wollte das nicht, ich liebte meinen Beruf. Wir stritten uns, aber ich gab wie immer nach. Nachts, wenn Stefan in der Musikprobe war, saß ich an der Buchhaltung und tagsüber massierte ich meine Kunden. Die restliche Zeit versorgte ich Diana. Ständig klingelte bei uns das Telefon, Stefan hatte sein Geschäft auch noch im Haus. Ich rannte von einer Etage in die andere, um allem gerecht zu werden. Wenn Stefan auf einer Besprechung war, tröstete ich seine Kunden und bestätigte, dass der Auftrag so schnell wie möglich erledigt würde. Ich kannte alle Auftraggeber. Am Samstag, in unserer Freizeit, fuhren wir zu „Vermessungen" auf die Baustellen. Für meinen Mann war alles selbstverständlich.

Abends, wenn Stefan einmal die Woche beim Squashspielen war, holte ich heimlich meine Gitarre heraus. Leise sang ich von Alexandra "Mein Freund der Baum" oder „Zigeunerjunge" – und weinte, weinte und weinte …

Irgendwann nach so einem Abend entschied ich mich, mein Kosmetikstudio in die Stadt zu verlagern. Ich musste Abstand von unserem Haus haben. Wenigstens für ein paar Stunden. Ich fand sehr schöne Räume und eröffnete 1994 ein 60 qm großes Kosmetik- und Nagelstudio. Mein Mann sah das gar nicht gerne. Aber ich setzte mich durch.

Die Jahre von 1991 bis 1993, vor der ersten Panikattacke, bargen natürlich auch schon körperlich viele, viele Warnsignale, auf die ich in keiner Weise hörte. Meine permanent starken Rückenschmerzen gingen zum Teil so weit, dass ich nicht mehr aus dem Bett kam und der Arzt gerufen werden musste, um mir Spritzen zu geben.

Die einzige Erklärung, die ich hierfür hatte, war die, es als normale Folge meiner Arbeit zu sehen, die großen körperlichen Einsatz von mir forderte. Die Massagen, vom Arzt verschrieben, linderten etwas meine Schmerzen. Zusätzlich schluckte ich alle Medikamente, die er mir verschrieb. Von Heilpraktikern hatte ich wohl schon gehört, aber Stefan meinte, das seien „Scharlatane".

Wenn ich am Morgen erwachte, hatte ich das Gefühl, als wäre mein Körper von einer Dampfwalze überrollt worden. Jeder Muskel meines Rückens schmerzte, und ich konnte mich kaum von rechts nach links bewegen. Das Aufstehen fiel mir äußerst schwer, und auch tagsüber hielten die Schmerzen an. Trotzdem ging ich eifrig meiner Pflicht nach. Erfolg, Karriere, und mein Mann waren mir so wichtig geworden, dass ich die starken Signale, die mein Körper mir gab, vollkommen verdrängte, ja sogar ignorierte.

Hinzu kamen immer stärker werdende Magenschmerzen. Auch spürte ich Schmerzen im Unterleib. Der Arzt diagnostizierte Zysten an der Gebärmutter und Blasenentzündung. Alles wurde von meinem Hausarzt behandelt. Er war ein Mediziner, der keine Ahnung von Homöopathie oder Spiritualität hatte. Ihm vertraute ich viele Jahre blind. Also nahm ich ständig Antibiotika und viele andere Medikamente – mit Erfolg, da die Symptome rasch abklangen –, aber natürlich wurde damit nicht die Ursache behoben.

Aus heutiger Sicht würde ich sagen, dass damals bereits Kundalini aktiv wurde. Unbewusst hatte ich großes Mitgefühl für das Leid der Erde. Es zeigte sich an den Abenden, die ich allein verbrachte mit meinem Freund *Rotwein*, der mich tröstete und meinen Liedern „Großstadtindianer" oder „Kaspar Hauser". „Zeige mir meinen Weg, *nur du* allein weißt ihn", flehte ich Gott oft weinend an. Wenn Stefan zufällig früher heimkam, verzog er angewidert sein Gesicht. „ Wie bist du denn wieder drauf?", meinte er verächtlich. Ich ging dann immer schnell ins Bett und schämte mich am nächsten Morgen für meine „Spinnereien". Der „Kater" kam erschwerend hinzu, und ich war froh, dass ich einen guten Ehemann hatte, bei dem ich in Sicherheit war.

Heimlich las ich Bücher von Louise L. Hay und Erich Fromm. Heimlich, weil Stefan das auch nicht mochte. Wenn er mich erwischte, musste ich mir wieder eine Belehrung anhören: „Das ist doch Gehirnwäsche, was du da liest", sagte er arrogant. Hatte er Recht?

Meine Mutter erzählte mir als Kind Ähnliches. Ich erinnerte mich. Damals, ich war höchstens acht Jahre alt, las ich leidenschaftlich Märchen und deutsche Sagen.

Als Kind wunderte ich mich, dass die Wörter so schwierig waren in meinem Buch „Deutsche Sagen". „Wieso schreiben die nicht einfacher?", dachte ich als Achtjährige. Tapfer las ich mich durch die Sagen, trotz all der *komischen* Worte.

Zaghaft fragte ich meine Mutter: „Warum sind die Sagen so seltsam geschrieben?" Ich bekam nur eine flüchtige Antwort: „Das war halt so – früher." Meine Mutter interessierte sich nicht wirklich dafür, was mich beschäftigte. Meinen Vater konnte ich nicht fragen. Er war immer beim *Arbeiten* und wenn er manchmal zuhause war, mussten meine Geschwister und ich immer *mucksmäuschenstill* sein – trichterte uns meine Mutter ein. Er brauche seine Ruhe, hieß es. Ich fragte mich als Achtjährige, warum wir immer still sein mussten.

Ich liebte meine Bücher, die edlen Prinzen und aufopfernden Frauen, die Zwerge, Feen und besonders die Nixen. Nicht zu vergessen „Siegfried" aus der Nibelungensage – er war mein großer Held. „Das ist nicht gut für das Leben, das verdirbt dich, höre endlich auf damit", holte mich meine Mutter immer in den tristen Alltag zurück. Sie wurde richtig wütend. Mit der Taschenlampe las ich nachts heimlich unter der Bettdecke. Nur meine Geschwister wussten davon. Damit sie schwiegen, erzählte ich ihnen meine Geschichten – nachts, wenn alles dunkel war im Kinderzimmer. Und so saßen meine Eltern unwissend vor dem Fernseher, und ich war mit acht Jahren schon eine Erzählerin der Märchenwelten. Heute würde ich sagen der „geistigen Welten".

Ähnlich wie damals als Kind verbot mir Stefan das Lesen. Meine Erinnerung an meine schwierige Kindheit hatte ich vollkommen verdrängt. Ich wusste nicht mehr viel von den Schlägen und dem Streit zuhause, aber auch nichts mehr von den „unsichtbaren Wesen und Welten".

Mir war nicht bewusst, dass mir in meiner Ehe genau diese Welten fehlten, und so suchte ich in Büchern nach Befriedigung für meine rastlose Seele, wie als kleines Mädchen. Überwiegend beschäftigte ich mich mit Literatur, die sich mit der Analyse des Geistes befasste. Es ließ mir keine Ruhe. Wieder verstand ich die *komischen Worte* nicht.

An meine Schulzeit hatte ich keine guten Erinnerungen. Ich hatte nur den qualifizierten Hauptschulabschluss geschafft, weil ich *faul* und *aufsässig* war, sagten die Lehrer. Von ihnen bekam ich immer Ohrfeigen und wusste nicht warum. Ich war irgendwie *dumm*, so viel kapierte ich.

Ich versuchte, die Bücher zu verstehen. Ich legte mir beim Lesen einen Duden bereit um nachzuschlagen, was die komischen Wörter *individuelles Selbst, Pseudo-Gefühl, psychologisch, physiologisch, die Psychologie des Nazismus usw.* heißen sollten. Mit handschriftlichen Notizen kämpfte ich mich durch Fromm und Freud.

Eine unbewusste, unruhig treibende Kraft nach geistigem Wissen, nach Wahrheit und nach echter Liebe trieb mich voran.

Im Herbst 1994 bekam ich seltsame Stimmungsschwankungen. Häufig saß ich regungslos in meiner Küche und schaute auf unseren Hausberg. In einem Zustand der völligen Starrheit. Unfähig, mich zu bewegen oder auch nur daran zu denken, meinen Hausputz weiterzumachen, war ich in meiner Gedankenwelt gefangen. Diese Zustände wiederholten sich immer öfter, und ich musste mich bemühen, sie vor den anderen zu verbergen. Es geschah von allein, dass ich mich plötzlich nicht mehr vom Sofa erheben konnte und wie gelähmt vor mich hinstierte – schwer wie Blei. Ich war bei vollen Bewusstsein und doch in einem zeitlosen Raum. Dort gab es keine Gedanken und kein weltliches Leben. Es war einfach „Nichts".

Es konnte eine halbe Stunde dauern, bis ich wieder in meinen Alltag fand.

Für mich hatten diese „Zustände" keine *allzu* große Bedeutung; wie immer glaubte ich meinem Mann, dass ich ein unzufriedener und seltsamer Mensch sei. Auch das kannte ich aus meinem Elternhaus. Laut vertrat Stefan die Meinung, dass meine Unzufriedenheit ein Grundzug meines Charakters sei. Ich gab mich mit dieser Erklärung ab, aber dadurch wurden meine Schuldgefühle immer schlimmer. Ständig fragte ich mich, warum ich meinen Alltag nicht in Freude und Frohlocken leben konnte wie Stefan und die anderen. Alle Bedingungen dafür waren doch geschaffen: Geld, Auto, einen studierten Mann, ein Kind, Freunde, Partys und gesellschaftlicher Ruhm. Trotzdem quälte mich unentwegt die Frage, warum ich nicht glücklich war. Stefan schürte meine Ängste, statt mir seelischen Halt zu geben. Bei wiederholten Versuchen, mit ihm darüber zu sprechen, bekam ich die Antwort: „Ich glaube, du brauchst Hilfe. Such sie dir bei einem Psychologen oder schlimmstenfalls musst du in eine Klinik gehen." Er betonte, mich nicht zu verlassen und alle Unannehmlichkeiten, die ich verursachen würde, auszuhalten. Er wäre ja schließlich ein guter Ehemann.

Ohnmächtig und hilflos war ich meiner Angst ausgesetzt, dass etwas mit mir nicht stimmte. Dies wurde immer mehr von Freunden bestätigt. Es kamen Situationen, in denen wir, was damals oft der Fall war, eine Gesellschaft gaben. Alle feierten und waren lustig, nur ich saß dabei und fühlte eine innere Leere. Ich zog mich oft früher zurück, und unsere Freunde warfen mir vor, ich sei überempfindlich und problematisch.

Ich kämpfte täglich damit, der Erwartungshaltung meiner Mitmenschen gerecht zu werden. Ich arbeitete noch intensiver als bisher. Mein Mann forderte mich auf, mehr für ihn und Diana da zu sein. Die Verantwortung und der Druck, dem mich Stefan aussetzte, waren viel zu groß für mich. Doch die Angst, es nicht bewältigen zu können, war noch größer. Also funktionierte ich weiter und immer weiter, ohne mir klar zu werden, was wirklich passierte.

Als Höhepunkt all meiner Kämpfe, meines Unterordnens und Anpassens an Stefan bekam ich „Gott sei Dank" meine erste Angstattacke.

Bis zu dieser ersten grauenvollen Angst war es mir wirklich gelungen, eine *normale Ehefrau* zu sein, so wie sich das Stefan wünschte. Jetzt kam die Angst dazu, dass sich eine solche Attacke wiederholen würde. Ich spürte, dass ich nicht mehr lange durchhalten würde. Meine schlimmste Befürchtung war, in eine Klinik eingeliefert zu werden, in eine „psychosomatische Klinik". Bei dem Wort allein schüttelte es mich schon.

Der Gedanke, dass Stefan, meine Eltern und Freunde mich bemitleiden und belächeln würden, trieb mich zur Verzweiflung. Ich hörte meine Mutter schon sagen: „Das haben wir doch gewusst! Wer so hoch hinaus will wie du, der wird tief fallen. Das hast du jetzt davon! Was musst du auch so groß Karriere machen?!" Die Beurteilung der anderen war für mich zu diesem Zeitpunkt noch so primär wichtig, dass ich alles versuchte, den Schein zu wahren. Ich fühlte, dass es nicht stimmte, was ich lebte, und doch lebte ich es Tag für Tag weiter.

Ich gab dem Ruf meiner Seele nicht nach, sondern wehrte mich gegen die inneren Stimmen, die Alarm schlugen. Die letzten Kräfte, die ich noch hatte, setzte ich ein, um meine „heile Welt", die ich mir in einem Jahrzehnt aufgebaut hatte, nicht zu verlieren. Es war ein verzweifeltes Ringen.

Zu diesem Zeitpunkt hatte mein Mann schon ein Verhältnis mit Helga, einer unserer Angestellten, und mit meiner besten Freundin Franzi. Gutgläubig, in den Menschen immer nur das Beste sehend, wusste ich natürlich nichts davon.

Im Januar 1995 organisierte ich ein riesengroßes Fest. Stefan hatte seinen vierzigsten Geburtstag. Heimlich verschickte ich Einladungen an seine Musikerfreunde und ehemaligen Studienkollegen. Stefan spielte als junger Mann in einer Band. Ich überredete die „damaligen Mitglieder“, noch einmal aufzutreten. Mein Mann liebte gutes Essen, und deswegen ließ ich ihm seine Lieblingsspeisen von einem guten Freund und unserem Kindermädchen zubereiten. Sie waren beide restlos überfordert, hielten aber tapfer durch. Ich erledigte die Einkäufe, es waren Mengen. Von der Kirchengemeinde hatte ich einen Saal gemietet und ihn dementsprechend festlich geschmückt. Luftballons füllte ich mit Helium – Stefans Urkunden (natürlich nur die besten) ließ ich in Plakatgröße kopieren und dekorierte damit die Wände – Servietten wurden prunkvoll gefaltet – Blumen üppig auf jeden Tisch gezaubert – und das alles für meinen lieben Mann.

Endlich, war es soweit: Einhundert Gäste kamen. Mit verbundenen Augen führte ich meinen Mann aufgeregt in den Saal. Darin warteten seine Freunde schon auf uns. Als er die Augenbinde abbekam, strahlte Stefan – zu Tränen gerührt blickte er auf die Bühne – seine alte Band spielte – strahlend vor Freude umarmte er seine Studienkollegen. Er amüsierte sich köstlich – den ganzen *langen* Abend. Stefan stand im Mittelpunkt, spielte auf der Bühne Klavier und wurde beklatscht. Franzi und ich hatten dieses schwere Instrument mit letzter Kraft aus unserer Wohnung in den Saal geschleppt. Stefan bedankte sich für nichts an diesem Abend – er sah mich gar nicht.

Meine beste Freundin trug ein Gedicht über Stefan vor. Er nahm sie in den Arm und sagte in aller Öffentlichkeit voller Stolz zu seinen Gästen „meine Freundin Franzi“. Ich stand wie das Aschenputtel in der Ecke, und unser Kindermädchen saß traurig und fix und fertig in der Küche. Sie wollte nicht mit uns feiern, obwohl ich sie wiederholt darum bat. Monika war eine ganz feine Seele – die viel mehr spürte als wir alle.

Nachts, während ich mit meinen Geschwistern und Franzi den Saal putzte (er musste am nächsten Tag wieder sauber sein), trank Stefan vergnügt Sekt mit seiner „alten Band“ und erzählte laut und lachend alte Anekdoten. Er kam gar nicht auf die Idee zu helfen.

Der „harte Kern“ fuhr natürlich noch auf einen „Absacker“ mit uns nach Hause. Um drei Uhr früh servierte ich immer noch lächelnd „Wurstplatten“. Meine Gesichtszüge waren schon zu Eis erstarrt, es war wirklich ein gelungenes Fest.

Am nächsten Morgen, Stefan war auf einer Besprechung, räumte ich den Rest im Saal auf. Mein Herz raste, und ich bekam schwer Luft. Mir war schwindlig. Meine Nichte, die mir half, fuhr mich nach Hause. Ich dachte, mein Kreislauf mache schlapp, und hatte ein schlechtes Gewissen. Als mein Mann nach Hause kam, fand er mich weinend auf dem Sofa. Er verzog angewidert das Gesicht. „Was ist denn mit dir schon wieder los?“, kam als Kommentar. Meine Verzweiflung ließ sich nicht mehr verbergen, und ich sagte weinerlich: „Du behandelst mich so unwürdig. Ich erwarte ein Dankeschön von dir, und du ignorierst mich.“ Er meinte trocken: „Du musst dich immer in den Mittelpunkt stellen.“ Stefan verließ das Zimmer, setzte sich in Ruhe an sein Klavier und spielte *Chopin*.

Ein paar Wochen später merkte ich, dass sich meine beste Freundin Franzi, die ich sehr liebte und die neben meinem Mann die zweite Bezugsperson in meinem Leben war, eigenartig von mir zurückzog. Sie besuchte uns normalerweise sehr oft, aber in letzter Zeit kam sie selten. Endlich, schaute sie eines Abends vorbei. Wir setzten uns ins Wohnzimmer, und ich bot ihr Wein an. Ausgerechnet an diesem Abend wollte ich früher ins Bett, da mein Neffe am nächsten Tag konfirmiert werden sollte. Ich freute mich darauf und wollte fit sein. Franzi und Stefan tranken ein Glas Wein nach dem anderen und kicherten. Franzi ging und ging nicht. Ich erwähnte die Konfirmation, aber sie reagierte nicht. Ich zog mich ärgerlich zurück und ging in mein Gästezimmer, um zu schlafen.

Ruckartig wurde ich am nächsten Morgen um sieben Uhr wach. Mein Herz raste. Schnell rannte ich ans Fenster, ich hatte ein Auto gehört. Aufgeregt und verzweifelt riss ich die Jalousien hoch und tatsächlich, ich konnte gerade noch sehen, wie meine Freundin genau in diesem Augenblick davonfuhr. Ich rannte entsetzt ins Wohnzimmer. Unter meinem Tisch lag Franzis Haarspange. Grenzenlose Wut und unbändiger Hass stiegen in mir hoch. Ich rannte ins Schlafzimmer, riss meinem Mann die Bettdecke weg und schrie: „Du bist ein Schwein!“ Er sagte schläfrig: „Du bist hysterisch. Lass mich in Ruhe, wir haben nur einen gesoffen“, und schlief weiter.

Aufgeregt rannte ich die Treppe hinunter. Zitternd wählte ich Franzis Nummer. Ihre Stimme war ängstlich „Ich bin auf der Couch eingeschlafen“, sagte sie. „Ich glaube dir kein Wort“, schrie ich und legte auf.

Meine Gedanken überschlugen sich, und ich war komplett verunsichert. Während der Konfirmation verhielt sich Stefan unterhaltsam und ganz normal. Er meinte: „Du kennst doch Franzi – die säuft doch.“ Ich musste ihm Recht geben, manchmal trank sie etwas zu viel. Nach einer Weile glaubte ich Stefan. Wie konnte ich nur die Menschen, die ich so sehr liebte beschuldigen, dachte ich und fühlte mich schlecht.

Mein Hyperventilieren verschlimmerte sich. Ich bekam keine Luft, konnte manchmal kaum sprechen – ständig versuchte ich tief Luft zu holen, um den „Ach du lieber Gott„-Seufzer loszuwerden. Meine Atmung war vollkommen durcheinander. Der HNO-Arzt meinte, die Beschwerden kämen von einer Nasenwand-Verkrümmung. Ich wurde immer kränker und ließ mich operieren.

Meine Seele kämpfte einen erbitterten Kampf. Verzweifelt dachte ich: „Wenn ich zugebe, dass das, was ich innerlich fühle, stimmt, dann muss ich mir eingestehen, dass meine Ehe am Ende ist." Ich ahnte mittlerweile, dass meine Krankheiten mit meiner Lebenssituation zusammenhingen.

Aber ich hoffte weiter – hoffte, dass Stefan wieder netter zu mir würde. Ich hatte schließlich eine kleine Tochter, die sehr an ihm hing. Ich wollte nicht, dass sie ohne Vater aufwuchs.

„Ich brauche Hilfe", dachte ich. Stefans Vater war vor vielen Jahren gestorben. Deswegen rief ich meinen Schwager an und bat um ein Gespräch. Stefans älterer Bruder war so etwas wie der Vaterersatz in der Familie. Als wir im Wohnzimmer saßen und ich ihm meinen Kummer erzählte, meinte er nach einer Weile: „ Ich bin froh, dass ich schon so lange verheiratet bin. Ihr Frauen aus dieser Generation kennt keine Diplomatie mehr."

Ich bat ihn, mit Stefan zu sprechen. Mein Schwager versprach es mir. Zwei Tage später besuchte er meinen Mann im Büro. Sie sprachen über Computer und alles Mögliche, nur über *meine Ehe* wurde geschwiegen. Ich war sehr enttäuscht von meinem Schwager.

Eines Tages hatte ich eine Eingebung. „Stefan kontrolliert dich," hörte ich in meinem Innersten. Schon immer war er sehr eifersüchtig. Ich suchte im Keller und wurde fündig. Ich fand einen Ordner, indem sich Kopien aus meinem Tagebuch und kleine Tonbänder befanden. Entsetzt stellte ich ihn zur Rede. Verlegen gab er zu, mich mit einem Diktiergerät abgehört zu haben. Er stellte es immer hinter das Bücherregal, wenn er zur Musikprobe ging. Stefan wusste, dass ich diese Abende nutzte, um mit Freundinnen zu telefonieren. Er entschuldigte sich, und es war im sichtlich peinlich.

Ich bekam Angst vor Stefan. Angst – vor meinem Mann – wieder diese Angst wie vor meinem Vater.

Im August 1995, nach einer ganz schweren Auseinandersetzung, war es soweit. Ich bat Stefan, sofort auszuziehen. An diesem Abend beschimpfte er mich aufs Niedrigste. Er legte seine Hände an meinen Hals und deutete an, mich zu würgen.

Ich hatte Todesangst. Nach einer Weile ließ er mich los und sagte lächelnd: „An dir mach' ich mich nicht schmutzig, das bist du nicht wert."

Das war das Ende meiner Ehe. Als ich mit fünfzehn Jahren daheim auszog, hatte ich mir geschworen, dass mich nie wieder ein Mann schlagen oder mich körperlich angreifen dürfte. Vielleicht hatte ich den *perfekten Stefan* provoziert, damit das Ende auch für mich endlich sichtbar wurde.

Er ging sofort, und ich war mit meinem Kind allein in unserem Haus. Die nächsten Tage lebte ich in ständiger Angst. Abends schloss ich die Türen ab und kontrollierte alle Fenster. Wenn eine Freundin zu Besuch kam, flüsterte ich leise. Ich hatte Angst, das Stefan wieder irgendwo ein Abhörgerät installiert hätte, von dem ich nichts wusste. Auch hatte ich Angst, dass Stefan heimlich ins Haus kommen würde und mir und Diana etwas schlimmes antun könnte. Ich fiel in eine unerklärliche Angst.

Als ich so überlegte, was eigentlich geschehen war und warum ich so kraftlos und angstvoll war, bekam ich innere Bilder:

Ich stand allein am Bahngleis. Ein Zug fuhr schnell in den Bahnhof ein. Ohne anzuhalten rauschte er an mir vorbei. Ich stand vor den Schienen und schaute wie gelähmt dem Zug nach.

Mein Inneres schrie: „Spring auf – du schaffst es!" Ich konnte nicht, hatte keine Energie. Meine Liebe – mein Herz – meine Kraft – dies alles hatte ich verschenkt in meiner Ehe. Wie eine leere Hülle stand ich mutlos am Bahnhof, unfähig abzureisen. „Ich schaffe es nicht", dachte ich traurig.

Plötzlich fing ich an zu rennen. Ich rannte und rannte – dem Zug nach. Meine Beine wurden immer schneller und schneller. Ich erreichte den Zug. Mit letzter – allerletzter Kraft klammerte ich mich an das Ende des letzten Waggons. Meine Hände schmerzten. Mein Körper wehte im Wind des rasenden Zuges. „Ich habe keine Kraft mehr, ich kann es nicht schaffen", dachte ich. Meine Hände wollten loslassen.

Irgendwie schaffte ich es doch, meinen Leib näher an den Zug zu pressen. Da öffnete sich eine Tür, und ich fiel in den letzten Waggon. Ich lag am Boden. Ich wusste nicht, ob ich mich jemals wieder würde erheben können, aber ich war im Zug. Ich setzte mich mit letzter Kraft ans Fenster und schaute hinaus. Schnell flog die Landschaft an mir vorbei. Meine bisherige Heimat – ruhig saß ich im Abteil und ließ die Erinnerung hinter mir.

Ich hatte es geschafft – ich hatte ihn verlassen – ich hatte den letzten Zug erreicht. Ich fuhr in mein neues Leben."

Die folgenden Nächte war ich einsam und ängstlich. Ich schlief im Gästezimmer, das ich mir schon vor Monaten eingerichtet hatte. Meine persönlichen Sachen befanden sich darin. Meine Lieblingsbücher und verschiedene Kindheits- und Jugenderinnerungen. In diesem Zimmer befand sich eine Collage, die ich 1993 angefertigt hatte.

Heute kann ich darin meine Ängste und den Ausbruch der Kundalini erkennen, zu dem es im Jahre 2000 kommen sollte.

Angst vor dem Wahnsinn

In der ersten Woche, nachdem Stefan ausgezogen war, passierten nachts seltsame Dinge. Ich hörte in den einsamen Nächten laute Töne und Geräusche in meinem Gästezimmer. Seit Stefan ausgezogen war, schlief ich darin. Ich wollte nicht mehr in unser Ehebett.

Es war das Weinen und Schreien meiner Geschwister aus meiner Kindheit, wenn mein Vater uns schlug. Ich schreckte aus dem Schlaf hoch. Hörte das Jammern und Winseln meines Bruders, der wieder einmal geschlagen wurde, obwohl ich die „Böse" gewesen war. Mein Vater fragte nicht – er schlug den, der in der Nähe war. Ich fühlte das schlechte Gewissen von damals und war gelähmt. Laut und hallend schrie es in meinem Zimmer. Ich war bei vollem Bewusstsein. Mein Vater stand in übergroßer Gestalt vor meinem Bett, und ich hörte seine Angst einflößende Stimme, die ich all die Jahre in mir verdrängt hatte. In entsetzlicher Panik saß ich im Bett – verzweifelt nach Atem ringend.

Es wiederholte sich Nacht für Nacht. Ich glaubte, dem Wahnsinn nahe zu sein. Nicht nur, dass ich das Weinen und Schreien wieder vernahm, nein, ich hörte auch die Schläge, ich spürte, wie sich die Luft spaltete, wenn mein Vater zuschlug. Gleichzeitig konnte ich meine seelischen Qualen, die meiner Geschwister – aber auch die meines Vaters fühlen –, es war entsetzlich. Alle Erinnerungen aus meiner Kindheit arbeiteten sich in Bildern und Gefühlen *unaufhaltsam* hoch.

Die darauf folgenden Tage verbrachte ich weinend im Wohnzimmer. Vor meiner Ehe hatte ich viele Jahre versucht, mit der Familie über meine Kindheit zu sprechen. Meinen Vater hasste ich jahrelang. Ich konnte ihm nicht verzeihen. Er und meine Mutter stritten alles ab. „Du warst so böse, wir mussten dich schlagen", hörte ich immer wieder von meinen Eltern.

Das Schlimmste war, dass mir meine Geschwister nicht glauben wollten. Meine Schwester betonte immer wieder, wie schön unser Elternhaus gewesen sei. Sie fand es *unverschämt* von mir, so über unsere Eltern zu sprechen. Mein Bruder schwieg. „Ich will nichts hören", sagte er. Immer wieder stritten wir uns deswegen, und ich wurde als Störenfried und Lügnerin bezeichnet. Alles blieb verdeckt, nur mein Unterbewusstsein gab keine Ruhe.

Mutig rief ich meinen Vater an und erzählte ihm, was geschah. Er kam sofort. Weinend und zitternd erzählte ich ihm von meinen nächtlichen Erlebnissen. Anfangs stritt er alles ab, doch nach einer Stunde gestand er mir unter Tränen die Wahrheit. Es stimmte, auch er hatte es verdrängt. Mein Vater sagte weinend: „Ich müsste mir eigentlich eine Kugel in den Kopf schießen." Ich sagte hart: „Ja, tu es – was du getan hast, war grausam."

Was dann folgte, war die Geschichte seines eigenen leidvollen Lebens. Er erzählte von meinem Großvater, der streng war und auch schlug, wenn die Kinder nicht folgten. Mein Vater sprach davon, wie jung und dumm er damals war, als wir zur Welt kamen, dass meine Mutter mit uns Kindern überfordert war und er dachte, *Vater sein* bedeute Strenge. Weinend entschuldigte er sich bei mir – es schüttelte ihn – es tat ihm alles so unendlich leid. Schweigend saßen wir traurig am Küchentisch. Meine Mutter, die zugehört hatte, stand wie eine Statue neben uns und zeigte keinerlei Gefühlsregungen.

Mit einer Härte in den Worten sagte sie: „So, jetzt habt ihr euch versöhnt, und jetzt müssen wir gemeinsam beten!" Meine Mutter war sehr gläubig. Wütend sagte mein Vater: „Bete, wo du willst, aber nicht hier in diesem Raum! Geh raus und knie nieder, vielleicht hilft es dir." Ich kannte diese Reaktion meiner Mutter. Wenn ich als Schulkind über Probleme sprechen wollte, sagte sie nur: „Das kann nur Jesus lösen. Lass uns hinknien und beten."

Auch ich bekam Wut. Ich konnte diesen Gott, den meine Mutter anbetete, nicht verstehen. Er hatte in all den Jahre nichts gelöst – er verursachte nur Scheinheiligkeit. Niemals hatte *dieser* Gott meiner *Mutter* die Wahrheit an die Oberfläche gebracht. Als Kind stand er wie ein großer Schatten über mir und machte mir Angst. Drohend und erschreckend schaute er auf mich, richtend nach Gut und Böse. Meine Mutter drohte mir mit ihm bei jeder Gelegenheit: „Er sieht dich von oben, Er möchte ein liebes Kind haben. Er straft dich augenblicklich, wenn du so böse bist." Sie hatte ihn jahrelang benutzt, um ihre Nervosität und Hilflosigkeit uns Kindern gegenüber zu vertuschen.

Beleidigt verließ meine Mutter den Raum. Sie wollte sich nicht mit meinen Vater und mir versöhnen – einzig ihr „Erlöser" konnte wieder alles gut machen. Die Ursache ihres Verhaltens lag in ihrer Erziehung; meine Oma war auch sehr gläubig. „Wir sind in Sünde geboren", war der Lieblingssatz meiner Mutter.

Von diesem Tage an konnte ich meinen Vater etwas besser verstehen und begann langsam, ihm zu verzeihen. Meine Mutter blieb mir fremd.

Mit der Trennung von Stefan begann gleichzeitig die tiefere Aufarbeitung meiner Kindheit. Mein Vater und Stefan … was war der rote Faden – die Verbindung? Warum zeigte sich gerade jetzt *wieder* meine Kindheit? Eigentlich dachte ich, dass ich sie schon längst verarbeitet hätte.

Mein Mann war nie zu einer Aussprache bereit; auch nachdem er ausgezogen war, sprach er kein Wort mit mir. In meiner Kindheit war es genauso: Keiner redete mit mir – keiner nahm mich ernst – ich hatte keinen Platz in der Familie, ich wurde ignoriert und lief so mit den *anderen* einfach mit. Meine Mutter betont heute noch, was für ein ruhiges, braves Kleinkind ich war. Sie hatte nicht bemerkt, dass ich in meinen eigenen Welten lebte.

Eigentlich bin ich gar nicht geboren. Nicht wirklich.

Zumindest gab es keinen Platz für mich, als ich 1958 das Licht der Welt erblickte. Meine Familie war schon komplett. Die Wohnung zu klein und das Geld viel zu knapp für ein drittes Kind.

Meine Eltern lernten sich im Osten kennen. Sie stammten aus sehr unterschiedlichen Verhältnissen. Meine Mutter kam aus einer Arbeiterfamilie, mein Großvater war stolzer Kommunist. In ihrer Jugend hasste sie dieses Klischee. Sie wollte etwas Edleres kennen lernen. Als sie meinem Vater begegnete, war sie von seiner Familie fasziniert. Er war aus *gutem Hause.* Sein Vater war Organist und Musiklehrer und hatte erst im Alter von achtundfünfzig Jahren geheiratet und noch fünf Kinder in die Welt gesetzt. Für meine Mutter, die zum Besseren strebte, war diese Familie ein Ideal. Mein Vater hingegen hasste das Klischee, in das *er* geboren wurde. Er mochte die *Einfachheit* der Arbeiterfamilie meiner Mutter – und so fanden sich die beiden. Sie lernten sich durch die Kirchengemeinschaft kennen. Beide waren gläubig, und mein Vater verliebte sich unsterblich in meine Mutter. Sie war eine sehr schöne Frau.

Meine Großeltern waren entsetzt und verboten diese Verbindung. Aber mein Vater wusste, was er wollte, und als sich meine Schwester ankündigte, mussten die Eltern einer Hochzeit zustimmen. Mein Vater hatte einen sehr starken Willen – er kämpfte für alles und stand hinter seinen Entscheidungen. Mit der Gründung unserer Familie erloschen seine Träume vom Musikerleben. Eigentlich wollte er in einem weltlichen Orchester Waldhorn und Trompete spielen, seine Lieblingsinstrumente. Als er meine Mutter kennen lernte, studierte er Kirchenmusik – das war der Wunsch seines Vaters. Ich glaube, die Schwangerschaft meiner Mutter kam ihm sehr recht. Er brach das Studium ab, um für seine neue Familie zu sorgen.

Meine Eltern zogen vom Osten nach Süddeutschland und fanden Arbeit in einer Fabrik. Jetzt hatte meine Mutter *wieder eine Arbeiterfamilie*. Ich glaube, da fing ihre Liebe schon an, weniger zu werden. Mein Vater war glücklich.

Meine Schwester, die noch *drüben* geboren wurde, blieb vorläufig im Osten bei den Großeltern.

1956 kam mein Bruder zur Welt. Gleichzeitig brachten meine Großeltern meine Schwester in den Westen. Zwei Jahre später meldete ich mich an.

Meine Mutter wollte diesmal keine Hausgeburt. Unter vielen Neugeborenen Babys erblickte ich am 14. 5. 58 das Licht der Welt. Bei der Einlieferung ins Krankenhaus war kein Zimmer frei, und es wurde ein Notbett in der Säuglingsstation aufgestellt. Beinnahe wäre ich im Krankenhausflur zu Welt gekommen. Die Krankenschwestern mussten in Windeseile ein Klappbett vom Dachboden holen, wie mir später meine Mutter berichtete. Von Anfang an gab es keinen Platz für mich. Die Tage nach der Geburt waren sehr unruhig. Die Krankenhauszimmer wurden renoviert. Jeder Raum bekam neue elektrische Leitungen. So zogen meine Mutter und ich in dieser Woche dreimal um.

Am zweiten Tag meines Erdenlebens besuchte uns der evangelische Pfarrer. Meine Mutter sang seit Jahren im Kirchenchor, und mein Vater war Mitbegründer des Posaunenchors. Er unterrichtete die Schüler. Herr Pfarrer von Hafner fragte nach meinen Namen. Meine Eltern hatten sich keine Gedanken darüber gemacht.

Ich war – namenlos. Herr von Hafner hatte eine Idee. „Nennt sie doch nach der heiligen Birgitta“, sagte er. Meine Mutter war einverstanden, und so bekam ich meinen Namen Birgit.

Jahre später sollte ich noch einen Namen bekommen. In der siebten Klasse hatte ich einen jungen Lehrer, der uns Schüler mit Spitznamen ansprechen wollte. Ich überlegte, aber mir fiel kein Name außer Birgit ein. Daraufhin sagte mein Lehrer: *„Ich hatte eine Studienkollegin, die deinen Namen trug, wir nannten sie Biggi.“* Von diesem Tag an riefen mich alle Biggi. Mein neuer Lehrer, der *erste Lehrer* sei Jahren, den ich gern mochte, hieß *Herr von Hafner*. Er war der Sohn des Pfarrers von Hafner. *Mein* Vater hatte *meinem* Lehrer als Jugendlicher das Posaunespielen beigebracht. Dass meine Familie mit dieser Pfarrerfamilie verknüpft war, wusste ich nicht.

In meiner Jugend, wurde niemals über die Hafners gesprochen. Leider erlebte ich meinen Vater nicht mehr als Musiker. In meiner Erinnerung hatte ich einen Vater, der *gar nichts* von Musik wissen wollte. Ich weiß nur noch, dass ich mich wunderte, warum mein Vater oft weinte, wenn das Radio lief und Blas- oder Kirchenmusik gespielte wurde. Es machte ihn immer sehr wütend, und wir mussten die Musik abstellen.

Viel später erfuhr ich, dass Pfarrer von Hafner damals meinen Vater als Chorleiter abgesetzt hatte. Ich habe nie erfahren warum. Mein Vater wollte darüber nicht sprechen. Ich glaube, mein Vater war der evangelischen Gemeinschaft zu modern. Er war ein Reformer – 1957 war das sehr gewagt, und er bekam die Macht der Dogmen zu spüren. Daraufhin wendete sich mein Vater von Gott ab. In meiner Jugend hörte ich ihn sagen: „Dieser Gott ist grausam, er hilft der Erde nicht, er lässt Kriege zu und Hungersnot."– „Für mich ist er ein ungerechter Gott, und seine Vertreter auf Erden sind falsche Priester" schimpfte mein Vater. „Wenn ich einmal sterbe, sage ich ihm meine Meinung." Meine Mutter war über solche Äußerungen empört und schimpfte mit ihm. Sie bekam ein schlechtes Gewissen, dass sie mit einen Ungläubigen zusammenlebte und ihn nicht zu Gott zurückführen konnte. Es gab in meiner Familie ständig Diskussionen über die göttliche Wahrheit. *Nicht nur* Gott ließ mein Vater los, auch die Musik. Er verkaufte unser Klavier und rührte Zeit seines Lebens nie wieder ein Instrument an.

Meine Kindheit war nicht einfach. Eigentlich konnte ich mich lange an fast gar nichts mehr erinnern außer an – Schläge! Ich wusste schon als Vierzehnjährige, dass ich so schnell wie möglich *hier* raus musste. Hier war eigentlich mein Zuhause, aber ich konnte mich nicht damit identifizieren. Alles war eng. Nicht nur die Wohnung – einfach alles.

Mein Zimmer teilte ich mit meinen zwei Geschwistern. Ein Wohnzimmer gab es nicht. Es fiel mir erst als Zehnjähriger auf, als ich bei Freundinnen eingeladen war. Die hatten eine Küche und ein Wohnzimmer. Bei uns gab es nur eine Küche, in der wir uns alle aufhielten. Da standen ein Tisch, an dem man nur mit bestimmter Sitzordnung Platz nehmen durfte, ein altes Küchenbüffet und einen Herd und Spüle. Meine Mutter rannte ständig nervös in diesem Raum hin und her. Meistens mit Lockenwicklern auf dem Kopf.

Mein Vater thronte am Ende des Esstisches, und ich musste immer neben ihm sitzen. Damals hatte ich schreckliche Angst bei den Mahlzeiten. Oft stocherte ich im Essen herum, weil es mir nicht schmeckte. Mein Vater gab mir ständig Kopfnüsse – er klopfte tatsächlich auf meinen Kopf und sagte: „Guten Morgen – aufwachen – essen!"

Es war schrecklich, ich konnte ihm nicht entrinnen. Manchmal, wenn ich meinem Vater zu langsam aß, zog er mich ohne Vorwarnung vom Tisch und verprügelte mich. Mein Vater hatte einen Lieblingsplatz für seinen Aggressionsabbau. Es war der Flur.

Jeder von uns Kindern wusste: Wenn er uns hierhin zerrte, geschah es! Es war Folter pur. Ich schrie mir die Seele aus dem Leib, und mein Vater schlug sich seine Enttäuschung aus dem Bauch.

Meine Mutter stand daneben und ging selten dazwischen. Es war ein Alptraum. Das Schlagen lief immer gleich ab. Er legte mich übers Knie und schlug mich auf den Hintern, bis er keine Kraft mehr hatte. Wenn seine Wut endlich nachließ, riss er die Tür zum Kinderzimmer auf und warf mich auf mein Bett. Er schrie: „Dreh dich um. Ich will keinen Mucks mehr hören!“ Gleichzeitig schloss er die Fensterläden.

Wenn es endlich vorbei war, herrschte absolute Finsternis und Stille im Raum. Nicht in meinem Körper, da vibrierte alles – ich schluchzte und bebte. Aber in meinem Inneren war es dunkel – meine Seele und mein Geist waren tot. Es fühlte sich an wie nach einem schlimmen Kampf. Eingerollt wie ein Embryo lag ich im Bett und traute mich nicht mehr zu atmen. Ich wiegte mich hin und her wie die Elefanten im Zoo. Mein Kopf war leer, und ich hatte keine Gefühle mehr. Es war weder Wut noch Zorn noch Verzweiflung – nichts – keine Emotionen – nur Taubheit, Zerschlagenheit und Leere. Nach einer Weile, als der Atem ruhiger wurde, schämte ich mich schrecklich – oft hatte ich in die Hosen gemacht. Da lag ich – im Dunkeln – allein. Fühlte mich schuldig, schlecht und dreckig. Vor Erschöpfung schlief ich jedes Mal ein.

Nach ca. einer Stunde wurde die Tür geöffnet, und ich durfte wieder zur Familie – sie taten, als wäre nichts geschehen. Es wiederholte sich meine ganze Kindheit lang: Schläge – im Dunkeln eingesperrt – aufstehen – so tun, als wenn nichts gewesen wäre. Keiner sprach mit keinem.

Manchmal hatte ich Glück, und mein Bruder oder meine Schwester waren an diesem Tage „unartig“ gewesen! Trotzdem litt ich genauso, als ob mein Vater mich geschlagen hätte. Einerseits war ich froh, dass er mich an diesem Tag in Frieden ließ, andererseits hatte ich ein schlechtes Gewissen, dass es eines meiner Geschwister war und nicht ich. Manchmal erwischte es auch alle drei. Abends, wenn wir im Bett lagen, sprachen wir noch leise miteinander. Das waren die schönsten Momente. Oft kicherten wir ausgelassen. Dann passierte es, dass die Türe aufging und mein Vater uns einzeln aus dem Bett riss. „Ihr sollt ruhig sein!“, schrie er. Dann schlug er uns ausnahmsweise auch einmal im Kinderzimmer. Er fragte nie, wer es war, er schlug einfach einen nach dem anderen. Mein Vater sagte immer: „Am besten steckt man euch in einen Sack und schlägt darauf – das trifft immer den Richtigen.“ Er war hart geworden ohne seinen Glauben und ohne die Musik.

Mit dreizehn Jahren fing ich an zu rebellieren und kämpfte gegen ihn an, wenn er mich schlug. Dadurch wurde alles schlimmer. Zu meiner Konfirmation hatte ich ein blaues Auge und eine gebrochene Nase. Mein Vater hatte mich so verprügelt, dass es diesmal sichtbar war. Ich erzählte es dem Pfarrer. Er meinte: „Du wirst schon frech gewesen sein." Ich war empört. Ich weiß noch genau, wie ungerecht ich das alles fand. Während der gemeinsamen Beichte einen Tag vor der Konfirmation, war ich voller Wut. Der Pfarrer wollte uns unsere Sünden vergeben (so viel hatte ich verstanden), und wir Konfirmanden mussten im Chor „Ja" sagen. Der Pfarrer erklärte uns, wie wichtig dies sei, sonst könnte er uns nicht konfirmieren. Ich weiß noch heute genau, wie ich mit meinem zerschlagenen Gesicht in der Kirche saß und trotzig den Mund zuhielt. „Ich bin nicht schuldig – ich habe keine Sünden begangen, hier stimmt etwas nicht", dachte ich wütend. Als alle „Ja" riefen, schwieg ich.

Innerlich freute ich mich. Ich hatte nicht „Ja" gesagt, also war diese Konfirmation ungültig. „Prima", dachte ich, „von so einem Pfarrer, der kein Mitgefühl zeigt, will ich nicht gesegnet werden." Das war meine Art, mich zu wehren und hart zu werden.

Mit fünfzehn schlug mich mein Vater das letzte Mal. Ich riss von zu Hause aus. Als ich mich nach drei Tagen meldete, sagte ich zu meiner Mutter am Telefon: „Ich komme nur zurück nach Hause, wenn er mich nicht mehr schlägt, sonst seht ihr mich nie wieder." Sie flehte mich an heimzukommen und versprach mir, mit meinem Vater zu sprechen. Das war das erste Mal, dass ich das Gefühl hatte, meine Mutter sorgte sich wirklich um mich. Es funktionierte – er schlug mich nie wieder.

Ich brach meine Lehre als Drogistin ab und ein halbes Jahr später fand ich einen Job in einer Bäckerei mit Unterkunft und Verpflegung. Das war meine Rettung – mit fünfzehn war ich endlich zuhause raus.

Nach der Trennung von Stefan tauchten die Erinnerungen an meine Kindheit aus dem Nebulösen auf. Unaufhaltsam arbeiteten sie sich ans Tageslicht. Es folgte eine sehr schwierige Zeit. Ich weinte viel. Vor jeder Nacht fürchtete ich mich. Jetzt war ich ganz allein mit meiner Tochter. Ich suchte mir eine neue Wohnung; in unserem Reihenhaus konnte ich keinen Tag mehr länger bleiben. Schnell fand ich ein neues Zuhause. Eine Dachwohnung – ohne Balkon – mit geheimer Telefonnummer – keiner sollte mich finden oder beobachten. Ich zog mich zurück – ich hatte Angst.

Die ersten Wochen im neuen Heim verbrachte ich in hilfloser Einsamkeit. Wer war ich? Was war passiert? Wo lag die Wahrheit? Wer hatte Recht? Wo gehörte ich hin? Wer war noch mein Freund? Wem konnte ich noch trauen?

Meine Mutter war entsetzt über meine Trennung und machte mir Vorwürfe. Frühere gemeinsame Freunde waren auf einmal *nur* noch an Stefan interessiert. Im

Geschäft verlor ich eine Kundin nach der anderen. Ich bekam deutlich zu spüren, dass ich nicht mehr die Frau des „Herrn Dipl.-Geologen" war. Wir lebten in einer kleinen Stadt mit ca. 20.000 Einwohnern am Rande der Berge; hier war es wirklich in jeder Richtung eng.

Es ging soweit, dass eines Tages eine meiner Kundinnen, selbst mit einem angesehenen Arzt aus unserer Stadt verheiratet, in mein Studio stürmte und meinte: „Frau H., ich mache mir ernsthaft Sorgen um sie. Wieso bleiben sie nicht bei ihrem Mann? So eine Position verlässt man nicht einfach."

Ich sagte: „Mein Mann ist nicht liebevoll zu mir und hat mich betrogen." Darauf antwortete sie mir: „Darüber *sehen wir Frauen*, die mit *solchen Männern* verheiratet sind, doch hinweg; dann können *wir doch auch tun was wir wollen.*" Sie zwinkerte mir vertraut zu, während sie sprach. Ruhig antwortete ich: „Es geht mir um Ehrlichkeit, Offenheit und Wahrheit in meinem Leben." Sie stierte mich an, als ob ich sie geschlagen hätte. Entsetzt sagte sie: „Offenheit – wo gibt es denn so was? Darum geht es doch gar nicht."

„Doch", sagte ich, „mir schon." Empört verließ sie ohne Gruß mein Studio – ich sah sie nie wieder.

Die ganze Stadt sprach über mich, und Diana weinte, wenn ich sie vom Kindergarten abholte. Ihre Freundinnen spielten nicht mehr mit ihr. Eine Mutter, deren Kind in Dianas Gruppe ging, rief mich an. Sie sagte: „Ich muss mit dir sprechen. Du tust mir Leid, der ganze Kindergarten spricht über dich." Ich sagte: „Wieso? Die kennen mich doch gar nicht." „Am besten, ich komme auf einen Kaffee zu dir und erzähl dir alles", sagte sie. Ein paar Tage später saßen wir bei mir im Wohnzimmer, und sie berichtete.

Die Mütter mochten mich nicht, weil ich nie bei Bastelnachmittagen mitgemacht hatte. Außerdem fanden sie mich arrogant. Damals war ich immer sehr gepflegt und gut angezogen, wenn ich Diana in den Kindergarten brachte. Ich musste ja gleich anschließend ins Geschäft. Mir fehlte die Zeit, mit den Müttern zu sprechen, und ich mochte diese Art von „Kindergesprächen" auch nicht. Jede Mutter wusste noch besser, wie man Kinder erzieht.

Mein Mann zeigte sich da ganz anders. Am Martinstag ging er mit Diana zum Laternenumzug. Ich weigerte mich jedes Jahr, da ich diese zwanghaften Feste nicht mochte. Stefan hingegen liebte sie. Er genoss, es sich mit den Müttern zu unterhalten und der Hahn im Korb zu sein. Sie waren begeistert von ihm. Diana war damals mit fünf Jahren ein bisschen zurückhaltend und schüchtern. Daraus schlossen die Damen, dass ich mit meiner angeblich kühlen Art diejenige sei, die Diana unterdrückte. „Das arme Kind – so eine strenge Mutter", erzählten sie sich gegenseitig. Durch die Trennung bekam ihre Boshaftigkeit reichlich Nahrung.

Ich sprach mit der Kindergartenleitung – aber es änderte nichts. Schweren Herzens gab ich Diana in einen anderen Kindergarten.

Unser Alltag änderte sich komplett. Alles war neu: die Wohnung, der Kindergarten und die Nachbarn. Freunde hatten wir nur noch wenige. Jedes zweite Wochenende holte Stefan unsere Tochter ab. Wenn Diana zurückkam, hatte sie jedes Mal Atemfunktionsstörungen, klagte über Kopfweh, war schlapp und müde. Ich machte mir Sorgen um sie und war froh, das andere Wochenende in Lindau zu verbringen. Dort hatte ich einen fest stehenden Wohnwagen, direkt neben meiner Familie. Der Campingplatz bot einer Fünfjährigen viel Abwechslung. Diana war glücklich, Oma, Opa und ihre Tante um sich zu haben. Für mich war es schwieriger, vor allem wegen meiner Mutter. Ich spürte, dass sie mir nicht verzieh. Oft musste ich mir anhören: „Das arme Kind, was hast du ihr nur angetan.“ Nach mir fragte keiner, schließlich war ich ja *selber schuld*.

Irgendwann fing etwas Merkwürdiges mit mir an. Es geschah, dass ich nicht mehr *da* war. Während meine Eltern grillten oder sich unterhielten, konnte ich mich nicht mehr wahrnehmen. Ein furchtbarer Zustand. Es kam mir vor, als wäre die Welt von mir „ent-rückt“. Alles um mich herum schien in weiter Ferne, ich war von allem getrennt und wie in „Watte“ gehüllt. Ich weiß noch, wie ich immer dachte: „Jetzt wirst du doch noch verrückt.“ Meistens ging ich in meinen Wohnwagen, um allein zu sein. Dazu kam noch, dass ich immer öfter plötzlich heiße Ohren bekam, und ein merkwürdiges Kribbeln kroch mir im Leib hoch. Ich sprach mit meiner Schwester darüber. Sie lernte damals gerade Altenpflegerin. Bestimmt hat sie es gut gemeint, aber sie machte mir große Angst mit ihren Erklärungen, wie „krank“ ich sei. Ständig fühlte sie mir den Puls und kontrollierte meinen Blutdruck, da mein Herz oft raste. Meine Mutter rannte mir mit Beruhigungstabletten hinterher und war überzeugt, ich sei wie immer *selber schuld*, wenn ich diese Medikamente nicht nähme. Bei *ihr* half *immer* eine Tablette, betonte sie.

Es waren wirklich sehr anstrengende Wochenenden für mich, aber meine liebe Diana war hier glücklich. Deswegen hielt ich durch und hoffte auf baldige Besserung meiner „Zustände“.

Mein Geschäft lief durch die Trennung von meinem Mann nicht mehr so gut. Viele meiner Stammkundinnen (aus gutem Hause) kamen nicht mehr, da ich nicht mehr die „Frau Stefan“ war. Vielleicht berührte ich sie ja auch mit ihren eigenen Schmerzen, und es wurde für sie unangenehm in meiner Gegenwart. Ich hatte 1994 eine Kosmetikerin eingestellt, und sie musste bezahlt werden. Meine Schulden auf der Bank wurden täglich höher. Jeder Brief von meinem Anwalt an meinen Mann kostete 250 DM. Es wurde sehr viel Unnötiges hin und her geschrieben, und ich beschloss, dem Ganzen schnellstens ein Ende zu bereiten.

Ich lernte, die Verantwortung für meine Tochter alleine zu tragen. Der Haushalt musste erledigt werden, und meine Kunden wollten auch noch bedient sein. Ich hatte ja keine Ersparnisse, und Stefan hatte sofort nach seinem Auszug die Konten gesperrt. Die Zeit verging schnell – ich hatte viel zu tun.

Stefan beauftragte einen knallharten Anwalt (einen früheren Studienkollegen) und fing einen regelrechten Krieg gegen mich an. Er forderte Geld von *mir*. Schlau wie er war, hatte er sofort, als er auszog, sein Geschäft vergrößert. Jetzt behauptete er, ich hätte die ganzen Jahre mehr verdient als er. Ich war fassungslos.

Mein Schwager rief mich an und drohte mir: „Erst machen wir deinen Anwalt fertig und dann dich – du bekommst keinen Pfennig von uns.“ Was sollte ich tun? Geld und Macht siegt immer. Ich wollte nur noch meine Ruhe.

Stefan wollte „gewinnen“, er *gewann* immer. Er hatte seine reichen Brüder hinter sich. Ich war allein, hyperventilierte und wusste: Ich kann es nicht gegen diese Familie schaffen.

Mein Anwalt riet mir, nicht aufzugeben, und wollte unbedingt gegen meinen Mann prozessieren. Auch er wurde von meinem Schwager bedroht. Dieser behauptete, dass mein Anwalt ein wichtiges Schriftstück ins Büro meines Mannes gefaxt hätte, ohne Stefan zu informieren. Mein Anwalt, ein solider sechzigjähriger sehr lieber Mensch, war empört. Er hatte in seiner ganzen Laufbahn noch nie so eine Korruption erlebt und betonte immer, dass er sich sehr sorge um mich. „Machen sie die Augen auf und schauen Sie, was ihr Mann noch so alles tut“, sagte er zu mir. Bei jedem Termin saß ich weinend, zitternd und nach Luft ringend vor ihm.

Zuhause überlegte ich mir, was mein Anwalt damit meinte. Sollte Stefan vielleicht ein festes Verhältnis mit einer anderen Frau haben, fragte ich mich. War er deshalb so ekelhaft zu mir? Ich rief Franzi an und erzählte ihr davon. Sie meinte: „Stefan – nein, das glaube ich nicht.“ Ich überlegte krampfhaft weiter. Eines Mittags, ich hatte mich hingelegt, erwachte ich und sah *innere* Bilder vor mir:

Helga, *unsere Putzfrau, wie sie im Auto meines Mannes einkaufen fuhr.* ***Helga,*** *wie sie mir Spielsachen für* ***Diana*** *brachte und ich ahnungslos mit ihr Kaffee trank.* ***Stefan,*** *der mit einem viel zu großen Fahrrad für Diana nach Hause kam – von* ***Helgas Tochter.***

Ich suchte aufgeregt das Telefonbuch – wo wohnte Helga? Ich wollte wissen, ob er bei ihr übernachtete, seitdem er aus unserem Haus ausgezogen war. Abends rief ich Franzi an und bat sie, zu kommen. Während sie auf Diana aufpasste, fuhr ich aufgeregt zu Helgas Wohnung. Erst sah ich nichts. Doch dann lief ich hinter das Haus und wurde fündig. Der dicke fette BMW meines Mannes stand versteckt in einer Ecke. Mir wurde schlecht. Natürlich, fiel es mir wie Schuppen von den Augen. Helga – auf der letzten Weihnachtsfeier konnte sie nichts essen. Sie behauptete, Diät zu machen. Trank aber einen Schnaps nach dem anderen. An Stefans vierzigstem Geburtstag entschuldigte sie sich wegen Krankheit.

„Mein Mann war ein Lügner, ganz klar“, dachte ich. Irgendwie fand ich die Erkenntnis erleichternd. Auf mich war er immer eifersüchtig, behauptete, ich würde ihn betrügen. Immer gab es Streit, wenn ich nur mit Franzi Pizza essen ging. Klar, dämmerte es mir, er ging von sich aus. Wer selber Dreck am Stecken hat, traut dem anderen nicht. Wie konnte ich nur so naiv sein. Endlich begriff ich tiefer, was geschehen war. Helga, unsere Putzfrau, die *ich* aus Mitgefühl eingestellt hatte, da sie allein erziehende Mutter war – ausgerechnet *die.* „Wahrscheinlich war gerade keine andere in der Nähe“, dachte ich verletzt und boshaft. Meine sichere Burg, die ich mir aufgebaut hatte, zerbrach.

Am nächsten Morgen fuhr ich wütend ins Büro meines Mannes. Jetzt reichte es mir. Ich musste mir Luft verschaffen. Wütend stelle ich ihn zur Rede. Er grinste frech und sagte: „Ich musste mich ja irgendwo trösten, muss ja auch schauen, wo ich bleibe.“ Ich holte aus und schlug ihm ins Gesicht. Das war das einzige Mal in meinem Leben, dass ich jemanden geschlagen habe. „Du hast keine Würde vor den Frauen“, schrie ich. „Du kannst gar nicht lieben.“ Zitternd rannte ich zu meinem Auto. Stefan lief mir hinterher und rief: „Was machst du jetzt?“ Ich drehte mich um und sagte: „Zu Helga fahren und das Gleiche machen wie mit dir.“ Er wurde nervös. „Das kannst du nicht machen, sie arbeitet doch im Supermarkt“, meinte er unruhig. „Und ob ich das kann“, brüllte ich. „Die ganze Stadt kann es erfahren. Ich habe nichts zu verbergen, aber du.“

Ich setzte mich noch immer wütend in mein Auto und fuhr los. Direkt am Supermarkt fand ich einen Parkplatz. Helga arbeite dort halbtags an der Kasse.

Als sie mich sah, bekam sie einen feuerroten Kopf. „Birgit, hallo, was machst du denn hier?“, flüsterte sie leise. Es war vormittags und das Geschäft brechend voll. Hinter mir bildete sich eine lange Schlange. Ich rückte ganz nah an ihr Gesicht und schrie laut: „Weißt du eigentlich, was du mir und meinem Kind antust? Du schläfst mit meinem Mann – er benützt dich doch auch nur, kapierst du das nicht?“

Alle Leute stierten uns an. Sie sagte: „Aber doch nicht hier.“ Ich schrie immer noch:

„Doch, hier und jetzt sprechen wir. Es sollen alle hören. Dieses Versteckspiel hört jetzt endgültig auf.“ – „Du wirst ihn schon noch kennen lernen“, schrie ich laut und rannte aus dem Supermarkt.

Daheim beruhigte ich mich erst einmal und rief Franzi an, um ihr alles zu erzählen. Während ich mit ihr sprach, bekam ich *wieder Bilder. Franzi und mein Mann mit peinlichen Gesichtern an meinem Krankenbett.* Sie hatte für ihn ein paar Mal gekocht, während ich an der Nase operiert wurde – *Franzis Haarspange unter meinem Wohnzimmertisch.* Auf einen Schlag wurde ich ganz ruhig und gelassen und sagte am Telefon zu ihr: „Und was hattest *du* mit meinem Mann?“ Franzi fing sofort an zu weinen.

„Also doch“, dachte ich, „meine beste Freundin, Patentante meines Kindes.“ Ein erschreckter Schmerz machte sich in meinem Magen breit, aber meine Atmung funktionierte besser denn je. Ich fuhr sofort zu Franzis Wohnung. Als wir uns in die Augen sahen, konnte ich ihre Verzweiflung erkennen. Ich wollte kein Mitleid mit ihr haben und schrie sie an. Ich schrie mir meinen ganzen Schmerz und meine Verzweiflung aus der Seele. „Wieso hast du es mir nicht erzählt, warum hattest du kein Vertrauen zu mir – wieso habt ihr so gelogen? Jetzt weiß ich endlich, warum es mir so schlecht ging.“ Franzi weinte und schluchzte. „Wir haben uns nur geküsst - mehr war nicht“ betonte sie. „Das reicht mir schon - es geht nicht darum, was ihr getan habt, es geht um die Lüge - das ist das Schlimmste, was sich Menschen antun“ schrie ich.

Ich erzählte alles meinen Anwalt. Er war nicht erstaunt. Trotzdem wollte ich keinen Prozess; ich war mir sicher, er würde Jahre dauern. Ich rief die Anwälte zu einem Gespräch zusammen und sagte klar und deutlich: „Ich verzichte auf alles und nehme die geringe Abfindung, wenn ich das alleinige Sorgerecht für Diana bekomme.“

Stefan setzte mich seit der Trennung unter Druck. Er wollte das alleinige Sorgerecht auf Grund meiner psychischen Verfassung. Ich hatte Angst, mein Kind zu verlieren. Ich kannte Stefan, Geld war ihm wichtiger als alles auf der Welt. Mein Anwalt sah mich verzweifelt an. Es war Schweigen im Raum. Diese Machtkämpfe, die sich Menschen während einer Scheidung antun, wollte ich auf keinen Fall, erklärte ich ihnen. Ich schaute Stefan in die Augen und sagte: „Ich habe dich geliebt und genau mit dieser Liebe gehe ich aus deinem Leben.“ Wenigstens ich wollte meine Würde behalten.

Ich hätte mich an Stefans Stelle geschämt, aber das war ihm fremd. Erleichtert willigte er in alles ein und lächelte triumphierend. „Wie traurig", dachte ich mir. „Er versteht überhaupt nichts. Soll er doch mit seinem Geld glücklich werden; er muss sich jeden Tag im Spiegel anschauen und eines Tages mit sich selbst ins Reine kommen."

Meine Bekannten fanden meine Entscheidung nicht richtig. „Wieso machst du das?", hörte ich oft. „Den hätte ich bluten lassen. Diana ist fünf Jahre alt, du müsstest nicht arbeiten, dir steht viel mehr zu", erklärten sie mir.

Ich hatte meine Entscheidung nach meinem Gewissen gefällt und war damit zufrieden. Ich wollte von ihm frei sein, wollte mein Leben selbst leben – ohne monatlichen Scheck – wollte wieder lachen, statt zu hyperventilieren, wollte meine Angst vor dem neuen Leben überwinden.

Begegnung mit meinem Seelenpartner

Doch die nächsten Wochen ging es mir sehr schlecht. Immer noch bekam ich keine Luft. In meiner neuen Wohnung fühlte ich mich nicht zuhause. Alles war neu – alles fremd – ich fühlte mich allein und hatte Angst vor der nächsten Panikattacke. Ich fragte mich: Wo gehöre ich hin, wie geht jetzt alles weiter? Muss ich doch noch in eine Klinik – schaffe ich das?

Ich hatte keine Freude mehr, mein Kühlschrank blieb leer und nichts machte Sinn. Kochen – einkaufen – putzen – für was – für wen?

Als am 26. September 1995 mein Telefon klingelte, hatte ich bohrende Kopfschmerzen. Der Abend zuvor war voll beladen gewesen mit Kompromissen, die ich einging, und Masken, die ich aufsetzte, wenn ich das Haus verließ. Niemand sollte meine Traurigkeit und Hoffnungslosigkeit sehen. Ich war bei Franzi eingeladen, wir feierten ihren Geburtstag. Die Gäste waren lustig, und ich spielte die „starke, lebenslustige Verlassene". Der Wein war reichlich – zu reichlich, und meine Depression am nächsten Tag war schlimmer denn je.

Das Klingeln wollte nicht aufhören. Als ich endlich abnahm und unlustig meinen Nachnahmen nannte, kam mir eine bekannte warme Stimme entgegen. Mein Name wurde wiederholt – diese Stimme – ich kannte sie. „Biggi, bist du es?", rief es in mein Ohr. Diese Stimme, wie aus ferner Zeit schien sie in mein Leben zu dringen. „Wo bist du?", rief es. „Ich bin zufällig in der Stadt – wollen wir einen Kaffee trinken?"

Mir wurde heiß und kalt – war das der Alkohol? Mein Kopf schien blockiert zu sein, alles wehrte sich in mir.

Es dauerte – Ronny – es ist Ronny – ***er*** ist es!

Bilder tauchten aus dem Nebel auf, der mich umringte: *Eine Schulklasse – 1972/73 – Ronny, Klassensprecher – ich, Klassensprecherin – wir sitzen gemeinsam beim Rektor – kämpfen für neue Reformen – gegen Unterdrückung der Schüler – wir sind die Störenfriede – die Unangenehmen – die Außenseiter – die Unanständigen.*

Zuhause geschlagen und missverstanden – in der Schule die Helden – schämen uns für unser Elternhaus und sprechen *nie* miteinander darüber.

Weitere Bilder folgten: *1972: Ronny prügelt sich mit einem Jungen aus der Parallelklasse wegen mir – 1973: Ronny spioniert mir hinterher und fällt vor Eifersucht vom Hausdach – Ronny, wie er mich zaghaft küsst – Szenen laufen vor meinen Augen ab – er hält meine Hand – Rodeln im Winter, wir sind verliebt – mein Jugendzimmer, wir streiten, ignorieren uns – 1974: Ronny ist nicht mehr in der Stadt – 1975: Klassentreffen, wieder zarte Küsse – 1979: Er sitzt in meinem Lokal, das ich mit meinem Freund eröffnet habe – Jahre hörte ich nichts – 1993: Klassentreffen – er kann nicht kommen – ein halbes Jahr später steht er vor meiner Tür – ich bin verheiratet – er, mein Mann und ich sitzen am Tisch, schauen Fotos vom Klassentreffen an ...*

Wie lange ist das alles her – ich habe kein Zeitgefühl mehr. Immer noch höre ich ihn am Telefon rufen – „Biggi, wo bist du?", klingt es unaufhörlich in mein Ohr. Mein Mund wird trocken. Ronny – meine Gedanken rasen ***er*** – ausgerechnet er – nein, er darf mich nicht sehen. Nicht in *diesem* Zustand. Ich schämte mich plötzlich. Wie sehe ich denn aus? Oh Gott, so elend darf er mich nicht sehen.

„Ach, hallo Ronny", stammele ich. „Mir geht's gut – nein – ich habe keine Zeit, wollte gerade zum Einkaufen", log ich. „Ja, war nett, dass du dich gemeldet hast – wir sehen uns das nächste Mal – wenn du wieder in der Stadt bist."

Bohrend kam die Frage von ihm: „Wo wohnst du jetzt?" – „Nirgendwo", dachte ich. Ich will niemanden sehen – und schon gar nicht dich. Freundlich sage ich: „In der Sonnenkopfstraße." Er ließ nicht locker: „Welche Hausnummer?" – „Gott", dachte ich ängstlich, „nein – wieso hört er nicht auf – Hilfe – nur das nicht."

„Ich habe gar keine Zeit, ich muss einkaufen gehen", betonte ich erneut.

„Wo ich wohne, erkläre ich dir ein andermal", sagte ich bestimmend. Damit beendete ich schnellstens das Telefonat.

Als ich den Hörer auflegte, musste ich mich setzen. Nur nicht nachdenken, dachte ich. Am besten ich gehe wirklich zum Einkaufen, der Kühlschrank ist tatsächlich leer. Fluchtartig verließ ich die Wohnung. Brot, Butter, Milch – das Einkaufen lenkte mich etwas ab. Gott sei Dank gab es Aldi. Diana wollte Cornflakes. Ich rannte mit meinen vollen Einkaufswagen durch die Gänge.

Meine Beine wackelten – „Nie wieder trinke ich einen Tropfen", dachte ich. Um mich herum war alles grau und dumpf. Wie eine Marionette kaufte ich ein. Ich holte gerade ein Päckchen Zucker aus dem Regal, als ich eine Stimme hörte. Wer sprach mit mir? Laut sprach es: *„Geh nach Hause, er steht gleich vor der Tür."*

Die Stimme kam *aus* mir. ***Es sprach in mir!***

Jetzt wurde ich schlagartig lebendig. „Schnell Diana, wir müssen heim“, sagte ich aufgeregt zu meiner Tochter. Sie schaute mich entgeistert an. Wir rasten an die Kasse – *„Schnell“, rief es in mir – „schnell.“*

Kaum waren wir in der Wohnung angekommen, klingelte es an der Haustür – ich wusste schon wer kam.

Langsam stieg er die Treppe herauf – langsam – unendlich langsam. Da stand er vor mir – groß – braun gebrannt – lässig – sehr gut aussehend. Sein besorgter Gesichtsausdruck sprach Bände, aber von seinen Lippen kam nur ganz locker: „Hi, ich war gerade zufällig in der Nähe. Dachte, ich schau mal rein.“

Als er die Sonnenbrille abnahm, trafen sich unsere Blicke. *Ich* kannte *ihn* – ich kannte ihn haargenau – jede Mimik – jeden Gedanken – jedes verstellte, qualvolle Lächeln. Nach außen immer noch der große Held – tief im Inneren traurig und allein. Mein Herz dehnte sich aus – „Gott“, dachte ich, „wie ich ihn liebe – wie unendlich sehr ich ihn liebe.“

Diana durchbrach das Schweigen. Jetzt erst sah er sie. Liebevoll hob er sie hoch und nahm sie in seine Arme – der große Mann das kleine Mädchen – und er sagte zu ihr zärtlich: „Da bist du ja, meine kleine Biggi.“ Zu dritt standen wir im Flur. Raum und Zeit lösten sich auf. Es kam mir vor, als wenn Goldregen auf uns nieselte; alles in mir wurde warm, ruhig und rund. Es fühlte sich geborgen und vollkommen vertraut an.

Diana himmelte ihn an, und er flüsterte ihr leise etwas ins Ohr. Begeistert lauschte sie seinen Worten. Ewigkeiten schienen zu vergehen, bis er sie wieder losließ. Diana lief in ihr Zimmer, um ihm ein Bild zu malen.

Wir setzten uns in die Küche. Der Kaffee lief langsam durch die Maschine, und er redete unentwegt. Ich holte Tassen und hörte Ronny zu, ohne etwas zu verstehen. „Was redet er nur?“, frage ich mich, und innerlich sprach es in mir: *„Wieso ist er da? – Wieso ist er da?“*

Langsam drehte ich mich um und sagte: „Warum bist du hier? Wie hast du mich gefunden? Warum tauchst du immer wieder in meinem Leben auf?“

Ronny unterbrach seinen Redeschwall und senkte den Kopf. „Dir kann ich nichts vormachen, du bist die Einzige, die jede Lüge durchschaut.“ Unruhig zog er an seiner Zigarette. „Ich liebe dich“, brach es aus ihm heraus „schon immer, du bist die Frau in meinen Träumen.“

Ruhig setzte ich mich an den Tisch. Staunend sah ich ihn an. Alles geschah in Zeitlupe. Ernst sprach er weiter: „Ich weiß es schon lange, aber jedes Mal, wenn ich den Mut fand, es dir zu sagen, warst du mit einem anderen zusammen. Damals, 1980 in deinem Lokal – du hattest nur Augen für deinen Freund, und ein paar Jahre später wollte ich es noch einmal versuchen. Ich lebte damals in Italien und in meinen Träumen sah ich eine Frau – sie hatte *dein* Gesicht. Ich reiste nach Deutschland, aber ein guter Freund erzählte mir, du hättest dich schon wieder neu verliebt."

Das stimmte, in dieser Zeit lernte ich gerade Stefan kennen. Ich erinnerte mich bei Ronnys Worten. Auch ich hatte Zeit meines Lebens Träume – nur der Mann in meinen Träumen hatte *kein* Gesicht.

Da saßen wir – in der Sonnenkopfstraße – nach all den Jahren und schwiegen – schwiegen – nach dieser Offenbarung.

Diana betrat den Raum und zeigte stolz ihr Bild. Wir sahen einen großen Mann, in der Mitte ein kleines Mädchen und daneben eine Frau. Sie hielten sich die Hände.

„Und jetzt?", durchbrach ich die Stille. Er zuckte mit den Achseln. „Wenn du es nicht weißt, wer dann? Du bist doch der Mensch, der auf alles eine Antwort findet, das war schon immer so – hast du das vergessen?"

„Ja", dämmerte es mir langsam. „Ich hatte vieles vergessen!"

„Ich kann nicht mit dir zusammensein; du bist verheiratet und hast Kinder", sagte ich in die Stille.

„Ich weiß", meinte er traurig. „Ich kann sie auch nicht verlassen. Keiner würde es verstehen – sie ist eine gute Frau und Mutter, sie liebt mich – ich wäre der Böse."

„Wie immer", dachte ich, *„das kennst du ja schon."*

„Wieso vertraust du mir das an?", sagte ich verzweifelt. „Meine Scheidung ist noch nicht durch, und überhaupt – woher weißt du, dass ich mich getrennt habe?"

„Ich wusste es nicht", sagte er. „Letztes Wochenende besuchte ich eine Ausstellung in Mainz. Beim Essen erzählte mein Freund von seiner Jugendliebe. Plötzlich kamen alle Erinnerungen an dich, und ich redete den Rest des Abends unaufhörlich von dir. Bis dahin hatte ich mit niemanden darüber gesprochen. Er lächelte und meinte: „Diesmal, dachte ich, schaffe ich es, dir meine Liebe zu gestehen. Egal, ob wir verheiratet sind oder nicht."

Ich schaute ihn entgeistert an und sagte: „Wie hast du mich gefunden und woher hast du meine Telefonnummer, sie ist geheim?"

„Ich bin direkt von Mainz hierher gefahren", erzählte er mir. „Zuerst suchte ich dich in deiner alten Wohnung, es war niemand zuhause. Ich dachte, du bist ja jetzt Mutter, vielleicht bist du einkaufen. Dann bin ich durch die Stadt gefahren, überall, wo wir als Kinder waren. Auf einmal sah ich deine Schwester. Ich hatte sie schon zwanzig Jahre nicht mehr gesehen. Sie lief gerade in einen Supermarkt. Ich hielt an, rannte ihr hinterher und rief: ‚Wo ist Biggi?'. Zögernd erzählte mir deine Schwester von der Trennung und dass du niemanden sehen willst. Ich konnte sie überreden, mir deine Telefonnummer zu geben. Dann rannte ich sofort zur nächsten Telefonzelle und rief dich an – und jetzt bin ich hier!"

„Was für eine Odyssee", dachte ich.

Es war nicht der letzte Nachmittag, an dem wir uns trafen. Diese Liebe überrollte uns beide wie eine Lawine. Wir waren hilflos, machtlos und verzweifelt. Ronny eröffnete in diesen Monaten ein Lokal, und ich kämpfte mit meiner Scheidung. Wir telefonierten ununterbrochen. Klagten uns gegenseitig unser Leid und versuchten, uns zu trösten.

Unsere Liebe war einfach, selbstverständlich und tief – wir spürten diese reine Liebe – die keine Worte braucht und nichts mit niedriger Körperlichkeit zu tun hat. Jede Berührung dauerte Ewigkeiten – war vollkommen neu – und sehr zerbrechlich.

Wenn wir uns trafen, sprachen wir nicht über unsere Probleme. Wir saßen vor dem Kaminfeuer, und Ronny spielte für mich auf der Gitarre. Ich hörte ihm zu und war glücklich. Wir hielten uns im Arm, hielten unsere Hände und waren damit zufrieden. Einmal erklärte er mir freudig, dass er ein Lied mit seiner Band einstudierte – um es für mich zu singen.

Von Elvis Presley – „Can't help falling in Love". Ich hörte nur mit halbem Ohr zu; egal was er sang – ich liebte es.

Wir waren achtunddreißig Jahre alt, und nichts hatte sich geändert. Die gleiche Hoffnung und die gleiche Empfindsamkeit – die gleichen hohen Ideale zur Liebe und zum Leben und die gleiche Angst, alles wieder entrissen zu bekommen.

Bei dir bin ich zuhause – kann ich sein, wie ich bin, bestätigten wir uns gegenseitig wie zwei Ertrinkende. Wir saßen wieder im gleichen Boot. Im Boot der Liebe, der Wahrheit und der Echtheit – wo wir *endlich* keine Masken mehr aufsetzen mussten, die wir sonst für das tägliche Leben brauchten.

Ronny sagte oft traurig: „The never ending story …", wenn nicht in diesem Leben, dann im nächsten. Der Tag der Trennung war vorprogrammiert. Wir spürten es, ich wollte nicht daran denken. Es blieben uns nur drei glückliche Monate, dann war es soweit: Seine Frau hatte von uns erfahren. Sie machte eine Riesenszene, beschimpfte ihn stundenlang, brach dann in Tränen aus und versprach, alles für ihn zu tun, wenn er sie nicht verließe.

Ich gehörte nicht zu diesen Frauen, das war mir klar. Ich besaß nicht so viel „Diplomatie“ oder wie das in unserer Gesellschaft benannt wird.

Ich wollte Ronnys Ehe nicht zerstören. Er war verheiratet und hatte Kinder, wir konnten nicht zusammensein, so einfach war das. Es wäre mir gar nicht in den Sinn gekommen, mein Glück auf der Asche anderer aufbauen. Dazu hatte ich zu viel durchgemacht.

Wie „edel und stark“ ich damals war. Niemanden wollte ich verletzten. Wie immer meinte ich, alles zu schaffen und auch diesen Schmerz zu überwinden. Ich sollte mich diesmal täuschen.

Wenn Ronny anrief, konnte ich meine Trauer nicht verbergen, und oft weinte ich hemmungslos ins Telefon. Er konnte mich nicht mehr besuchen, seine Frau kontrollierte ihn Tag und Nacht. Ende Januar sahen wir uns ein letztes Mal. Er nahm mich in den Arm – wiegte mich wie ein kleines Kind. Er sagte: „Ich kann nicht mehr kommen, Biggi, aber ich kann es auch nicht beenden. Das Lokal ist eröffnet, und ich habe so viele Schulden gemacht, ich kann das jetzt nicht hinschmeißen.“ Als wir uns verabschiedeten, wusste ich, dass wir uns lange nicht mehr sehen würden.

Ich schwankte zwischen Wut und verzweifelter Liebe hin und her. Dazu kam, dass ich versuchte, mit meiner Schwester und ein paar Freundinnen darüber zu sprechen. Sie verunsicherten mich: „Ronny ist doch ein Sonnyboy, ein Musiker, das weiß doch jeder“, sagte meine Schwester. „Der liebt dich doch nicht – was glaubst denn du, der hat doch tausend Frauen“, hörte ich von anderen. Stimmte das? Ich hatte ihn nicht so erlebt. War ich wieder so naiv, dass ich nichts verstand? Nein, ich wollte mich nicht noch einmal so täuschen lassen wie bei meinem Mann.

Stur und streng verbot ich mir diese Liebe – ich musste ihn vergessen – sofort! Er war es gar nicht wert, redete ich mir ein. Ich versuchte mich abzulenken, ging viel aus und suchte mir einen „Liebhaber“. Jetzt wollte ich den Spieß umdrehen. „Mein Herz schenke ich keinem Mann mehr – Liebe, alles Blödsinn – gibt es nicht“, dachte ich und setzte mir wieder eine Maske auf. Diesmal die der „Coolen“, meine Lieblingsmaske.

Innerlich traurig, lachte ich nach außen. „Was für ein altbekanntes Spiel“, dachte ich. Keine Stunde verging, in der mir Ronny nicht sehnsuchtsvoll fehlte. Ich glaubte manchmal, nicht den nächsten Atemzug zu überstehen – ohne ihn. Verzweifelt kämpfte ich, ihn zu vergessen.

Wenn er sich bei mir telefonisch meldete, erzählte ich ihm stolz, wie gut es mir ging. Meine Trauer und mein Schmerz waren groß. Trauer über meinen Mann, über Ronny, über den Verlust meiner Freunde und meines Lebens.

Wenn mich keiner sah, weinte ich viel, war wütend, einsam und enttäuscht. Im Studio spielte ich die starke Geschäftsfrau.

Im gleichen Monat erlitt meine Schwiegermutter einen Schlaganfall und starb. Ich machte mir Vorwürfe. Seit der Trennung von Stefan hatte ich keine Gelegenheit gehabt, mit ihr zu sprechen. Stefans Familie verbot mir, sie zu besuchen. Es wäre zu aufregend für seine Mutter, erklärte mir mein Mann. Ich hatte mich von diesem Verbot abhalten lassen. Jetzt war keine Möglichkeit mehr. Ich liebte meine Schwiegermutter sehr. Wir hatten uns immer gut verstanden. Sie war eine sehr gläubige, liebe Frau.

Allein fuhr ich zum Friedhof. Zu Stefan sagte ich: „Ich laufe direkt hinter dem Sarg, egal ob wir getrennt sind oder nicht, egal was deine Familie dazu sagt. Das nimmst du mir nicht.“ Wir gingen zur Leichenhalle; ihr Sarg stand geschmückt im Raum. Es herrschte absolute Stille. Meine Beine zitterten. Ich stand ganz allein mit Stefans Verwandtschaft in der Halle. Mit einem leichten Kopfnicken begrüßte mich die Familie. Nur Anna, eine fast neunzigjährige Tante, nahm meine Hand und sagte weinend: „Danke, dass du gekommen bist.“

Ich blieb in ihrer Nähe. Der Weg zum alten Friedhof war weit. Wir liefen durchs ganze Dorf. Viele Menschen waren da, und ich spürte ihre Blicke. Ich dachte immer nur an meine Schwiegermutter. Still sprach ich mit ihr: „Mama, es tut mir alles so Leid, aber ich konnte nicht mehr. Ich habe wirklich alles versucht, du weißt das doch, oder? Ich gebe nicht einfach so auf. Ich kämpfe im Leben, aber ich musste deinen Sohn verlassen. Verzeih mir, ich liebe dich so sehr, ich wollte dir keinen Kummer machen.“ Ich redete und redete mit ihr. Heute, im Nachhinein denke ich, nur so konnte ich es durchstehen. Ich war nur ihretwegen gekommen, um sie auf ihrem letzten Weg zu begleiten.

Stefan lief neben mir – er tat mir Leid. Nach der Beerdigung ging es zum Leichenschmaus. Mein Mann kam auf mich zu und meinte: „Meine Familie hat beschossen, dass du nicht mitkommen darfst.“ Er schaute dabei auf den Boden.

„Ist schon gut“, sagte ich, drehte mich schnell um und lief zu meinem Auto. Tränen rannen mir über das Gesicht, ich wollte nicht, dass Stefan sie sah.

Erste Erfahrungen mit Ärzten und Therapeuten

Ich lernte immer mehr, das *Alleinsein* auszuhalten. Der Fernseher blieb aus. In meiner Ehe hatte ich lange genug davor gesessen. Endlich konnte ich in Ruhe in meinen Büchern lesen und fand Zeit, mich tiefer mit mir und dem Göttlichen zu befassen. Gott – er beschäftigte mich schon mein ganzes Leben lang. Wer war Er wirklich, und wieso war die Welt so unvollkommen?

Mein gesundheitliches Befinden in diesem Jahr war nicht gut. Mein Rücken schmerzte ständig. Immer wieder bekam ich keine Luft, was mir große Angst machte. Das ständig auftretende Kribbeln, das sich von der unteren Wirbelsäule bis zum Bauchnabel bewegte, beunruhigte mich. Auch mit meinen Ohren stimmte etwas nicht. Es geschah immer öfter, dass sie plötzlich knallrot und heiß wurden. Manchmal durchfuhr mich ein stechender kurzer Schmerz am großen Zeh.

Mittlerweile hatte mein Lungenarzt Asthma bei mir diagnostiziert und mich mit Medikamenten eingestellt. Er meinte, meine Angstattacken kämen vom Hyperventilieren. Das sei ganz normal beim Asthmatiker. Er empfahl mir eine Beruhigungsspritze, die drei Monate anhalten würde.

„Wie eine Katze, die sterilisiert wird“, dachte ich. „Was geschieht mit mir, was, wenn ich diese Spritze zulasse? Dann fühle ich wahrscheinlich gar nichts mehr – dann haben sie es geschafft mich vollends abzutöten“, überlegte ich.

Damals las ich das Buch, „Krankheit als Weg“ von Thorwald Dethlefsen und wusste, ich müsste einen Weg finden, meine Atemnot anders zu heilen. Die Spritze ließ ich mir nicht geben. Ich besuchte Kurse für autogenes Training. Ruhig zu liegen und auf mein Inneres zu hören, war für mich nicht einfach. Diese Stille machte mir *auch* Angst.

Es dauerte über ein Jahr, bis ich endlich lernte, mich fallen zu lassen – loszulassen. Unsere Lehrerin führte uns durch „Erlebnisreisen“. Oft hatte ich sehr schöne Momente. Aber einmal mussten wir uns Ketten an die Füße legen und durch ein Stück Wald laufen. Sofort tauchte wieder meine Angst auf – Beklemmung – Enge – Atemnot. Doch ich hielt durch.

Als ich das autogene Training beherrschte, warf ich meine gesamten Medikamente weg. Jetzt wollte ich mir selbst helfen.

Gleichzeitig arbeitete ich an meiner Wut und meinem Zorn in einer Bioenergetik-Gruppe. Bei einer Übung stellten wir uns in einer bestimmten Körperhaltung auf. Nach ein paar Minuten schmerzte es am ganzen Leib. Wir durften diese unangenehme Haltung erst lösen und uns setzen, wenn wir aus dem gespürten Schmerz heraus sagten: „Ich gebe auf, ich kann nicht mehr." Alle Kursteilnehmer saßen längst, nur ich stand unbeweglich wie ein Fels. Ich spürte die Schmerzen, es tat weh, aber es war mir unmöglich, diese Worte über die Lippen zu bringen. Meine Kursleiterin wiederholte diese Übung sehr oft. Es dauerte Monate, bis meine Starrheit brach. Als ich endlich am Boden lag, weinte ich hemmungslos. Langsam – ganz langsam ließ ich zu, dass es auch noch eine weiche, verletzliche, sensible, weibliche, passive Seite in mir gab.

In Rollenspielen und Aggressionsabbau konnte ich meine gesammelte Ohnmacht loswerden. Diese Art von Therapie bewirkte bei mir Wunder. Es machte mir Spaß. Endlich durfte ich brüllen und laut werden, weinen und schreien, und alles war erlaubt. Meine Atmung wurde täglich besser.

Die anderen Seiten meiner Emotion bearbeitete ich mit Tanztherapie. Am Anfang war ich sehr gehemmt. Es war mir peinlich, meine Gefühle im Tanz auszudrücken. Aber nach und nach lernte ich, die Hemmschwelle zu überwinden, und fing an, meinen Körper im Rhythmus zu bewegen.

Erinnerungen an meine Kindheit zeigten sich: Tanzen war eine meiner Lieblingsbeschäftigungen als kleines Mädchen gewesen. So ging meine Heilung stetig bergauf, und ich brauchte keine Medikamente mehr. Nur das Kribbeln und die heißen Ohren beunruhigten mich noch.

Ich konnte damals nicht ahnen, dass sich meine Kundalini längst aktiviert hatte. Sie arbeitete am Wurzelchakra, an schmerzvollen, emotionalen Erfahrungen aus meiner Kindheit und seiner Reinigung. Die Shakti in ihrer Liebe prüfte und rüttelte an meinen falschen Identitäten. Sie zerbrach schmerzhaft meine Vorstellungen vom Leben und von der Liebe. Meine engen moralischen Ansichten, die ich oft laut verkündet hatte – nach gut und böse – richtig und falsch.

Für mein damaliges Bewusstsein war ein Verhältnis mit einem verheirateten Mann – völlig falsch. Frauen, die sich darauf einließen, waren für mich dumm. Die Geliebten waren die Bösen, die Ehefrauen die Guten. Ich hatte eine ganz klare Meinung darüber; auch Sexualität ohne Liebe gab es für mich nicht und wenn ein Partner, dann fürs Leben. Damit lebte ich bis dahin recht gut – wie unfrei und intolerant ich war, merkte ich nicht. Meine Ideale waren zwar hoch und echt, aber ohne lebendige Erfahrung. Das Leben sollte mich lehren! Ich kam an meine Grenzen und versuchte verzweifelt, meine Vorstellungen aufrechtzuerhalten.

Von Ronny hörte ich nichts mehr. Ich versuchte, nicht darüber nachzudenken. Es gab auch so viel anderes aufzuarbeiten. Am Campingplatz fand ich nach und nach sehr schöne Gespräche mit meinem Vater. Wir saßen so manches Mal die halbe Nacht zusammen – und er erzählte mir aus seinem Leben. Er weinte oft. Das tat uns gut; ich lernte, die Angst vor meinem Vater zu verlieren, lernte eine andere Seite an ihm kennen, die sensible und enttäuschte. Diana und Opa waren unzertrennlich. Er hatte sich geschworen, nie wieder ein Kind zu schlagen. Ich freute mich an ihrer Liebe. Diana schmuste liebevoll mit Opa, und ich sah, wie er sich oft heimlich eine Träne abwischte. Ich war froh, dass mein Vater seine Gefühle wieder zuließ.

Angst vor meiner Weiblichkeit

Im Mai 1996 las ich in der Zeitung, dass Ronny mit seiner Band einen Auftritt hatte. Mutig rief ich ihn an. „Es ist schön, deine Stimme zu hören", kam von der anderen Leitung. Ronny versprach, sich zu melden.

Diana verbrachte viel Zeit am Bodensee mit meinen Eltern. Ich genoss ein bisschen Freiheit und ging viel aus. Ich wollte alles vergessen, ging tanzen und versuchte, mich zu amüsieren.

An einem Freitag Vormittag, den Abend zuvor hatte ich tanzend mit viel Wein in einer Diskothek verbracht, klingelte es in meinem Geschäft. Als ich die Tür öffnete, stand Ronny vor mir. Erschrocken dachte ich: „Oh – wie sehe ich denn aus? Warum kommt er immer wenn ich einen dicken Kopf habe?" Schnell setzte ich mir meine *coole Maske* auf und begrüßte ihn lässig. Es ging mir ja schließlich blendend, die Männer rannten mir hinterher und eigentlich hatte ich Ronny gar nicht nötig.

Er blieb zwei Stunden. Mein Herz klopfte wie wild, und meine Hände zitterten. Ich ließ mir nichts anmerken. Wir sprachen nur über Belangloses. Ich war nicht fähig, meine Gefühle auszudrücken, und erzählte ihm lässig vom gestrigen Tanzabend. Ich war zu sehr verletzt und verunsichert. Ich hatte Angst – ohne es zu merken. Als er ging, umarmten wir uns nur kurz. Keine Nähe – keine Zärtlichkeit – wir waren schon wieder beide die „Coolen" aus der Schulzeit. Ronny war sicher auch sehr hilflos, aber damals tat mir das alles nur weh. Von da an rief er wieder öfter an. Wir redeten über unsere Geschäfte, über die Kinder, aber niemals über uns.

Entschieden entschloss ich mich, nicht mehr zu leiden. Es reichte jetzt endgültig mit Ronny und Stefan und meiner Einstellung zum Lieben. Ich empfand mich als spießig und unerfahren. Jetzt wollte ich erst einmal lernen, wie Sex auch ohne Liebe funktionierte. Weiterhin ging ich viel aus, um alles nachzuholen, was ich meinte, noch nicht gelebt zu haben. Ein paar Wochen später, mein „neuer Liebhaber" war gerade bei mir, klingelte das Telefon. Es war Ronny. „Ich spiele mit meiner Band in Westerfurt im Freien, bitte komm – ich freue mich so", rief er aufgeregt. „Toll", dachte ich, „was mach ich jetzt?" Gerade hatte ich mit meinem „Zeitgenossen" vereinbart, heute Abend mit ihm auszugehen. Wie sollte ich ihn denn jetzt loswerden? Ich war wirklich gemein. Schnell erfand ich eine Ausrede. Misstrauisch ging er und meinte noch an der Tür: „Wir sehen uns später – ab 11

Uhr bin ich an der Sektbar."

„O. k. – o. k. – ich komme", sagte ich und schob ihn zur Wohnung hinaus. Ich kam mir wirklich schlecht vor und das alles wegen Ronny. Schnell rief ich Franzi an und bat um ihre Begleitung . Eine halbe Stunde später fuhren wir los. Cool sah ich aus. Ich hatte meine schwarze Lederhose an, setzte meine Sonnenbrille auf und fand mich superunnahbar. Ich wollte ja nur mal schauen, wie es ihm so ging. Ich hatte mich ja schon befreit von ihm, ich war mir sicher.

Meine verletzte Seele arbeitete tief. Männer, sie taten mir nur weh – cool und unnahbar musste ich sein – damit konnte ich alles steuern, dachte ich. Ich konnte damals noch nicht wahrnehmen, wie sehr ich mich vor meiner weiblichen Seite fürchtete.

Als ich Ronny von Weiten sah, waren alle meine guten Vorsätze weg. Ich liebte ihn – es gab keinen Zweifel. Er freute sich, mich zu sehen. In den Spielpausen saßen wir dicht nebeneinander und hielten uns verstohlen unterm Tisch die Hände. Wir wurden von seinen Musikerfreunden genau beobachtet. Trotzdem genoss ich jede Minute und war unendlich glücklich. Die Stunden vergingen wie im Flug.

Ich weiß bis heute nicht, warum ich es getan habe. Aber um kurz vor 11 Uhr sagte ich lässig zu ihm: „Wir fahren jetzt, ich habe noch ein Verabredung."

Ronny schaute mich traurig an und meinte: „Bitte Biggi, warte noch kurz, wenigstens bis wir wieder anfangen zu spielen." Als er auf die Bühne ging, suchte ich schon nach meiner Handtasche unter dem Tisch. Er sprach irgendetwas ins Mikrofon, ich verstand es nicht. Franzi stupste mich an und sagte: „Er meint dich Birgit." Ich schaute zu ihm. „Ja, dieses Lied spiele ich für dich", sagte er von der Bühne herunter. Alle Gäste schauten mich an. Ich stand wie angewurzelt auf meinem Platz, als er zu spielen begann. „Can't help falling in Love" – sang er von der Bühne. Erst fühlte ich nur diese Wärme und Vertrautheit, bis ich begriff, was es für ein Lied war. Ronny stand auf der Bühne und sang – für mich – unser Lied.

Ich drehte mich um – *und ging.* Er sollte meine Berührung nicht sehen. Franzi und ich liefen über den freien Platz, und ich hörte seine Stimme laut und deutlich hinter mir. Es drang in jede Pore meines Körpers und meines Herzens. Ich lief weiter – weiter – „Nur nicht umschauen", dachte ich.

„Shall I stay? – Soll ich bleiben? – Would it be a sin? – Ist es eine Sünde? If I can't help falling in love with you – Ich kann mir nicht helfen, ich verliebe mich wieder in dich – Like a river flows – surely to the sea – Der Fluß fließt immer ins Meer – Darling so it goes – something are meant to be – So ist es, Liebling, es ist Bestimmung – Take my hand, take my whole life too – Nimm meine Hand und mein ganzes Leben – For I cant't help falling in love with you …", tönte es weiter.

Die Tränen liefen mir übers Gesicht – aber – *ich* schaute nicht *einmal* zu ihm zurück – ich lief und lief – nach vorn – nach vorn. Der Weg, über den freien Platz, zum Auto kam mir unendlich weit vor.

Selbst im Cabrio hörte ich noch das Lied. Es hallte durch den ganzen Ort. Der Text tat mir weh. „Take my hand – nimm meine Hand – take my whole life too – und mein Leben dazu“ – so ist es, Darling – es ist Schicksal …

Ich konnte nichts mehr sehen. Meine Tränen liefen unaufhaltbar. Am Straßenrand hielt ich an und weinte hemmungslos. Franzi weinte leise mit. Sie sagte: „Kehr um.“ Aber ich wollte nicht. Ich wusste, er würde es immer schaffen, mein Herz zurückzugewinnen – egal was passierte. Ich wollte nicht, dass er wusste, dass ich seiner Liebe hilflos ausgesetzt war. Ich musste damit allein fertig werden – so wie er. Es gab für uns keinen gemeinsamen Weg.

Die folgenden Monate rief Ronny nur noch selten an. Unsere Gespräche gingen um alltägliche Dinge. Er tröstete mich, wenn ich traurig war, und gab mir Mut zum Weitermachen, aber nur, wenn es um materielle Dinge ging. Ich kämpfte damit, diese Liebe loszulassen. Es gelang mir nicht. Einerseits wollte ich, dass er nie mehr anrief, andererseits wartete ich stündlich am Telefon. In den Wochen, wenn ich nichts von ihm hörte, versuchte ich, ein glückliches Leben zu führen. Es gelang mir auch teilweise. Dann reichte ein Anruf, um alles wieder zu zerstören. Eine kleine Nachricht auf der Mailbox: „Hallo Prinzessin, ich wollte deine Stimme hören … – ich hab dich lieb.“ Auf dem Anrufbeantworter brachte er es fertig, ein wenig seine Liebe zu zeigen, aber wenn er mich persönlich am Telefon erreichte – kam nichts. Beide hatten wir Angst vor dieser Liebe.

Nach jedem Anruf weinte ich die halbe Nacht. Ich war wirklich verzweifelt. Wie sollte ich es schaffen? Es sollte endlich aufhören.

Im Herbst 1996 entschied ich mich, Ronny in seinem Restaurant zu besuchen. Ich wollte mir seine Frau und die Kinder ansehen. Vielleicht half mir das, ihn zu vergessen. Völlig aufgeregt und mit zitternden Knien betrat ich sein Lokal. Franzi begleitete mich wie immer. Nach außen lässig und cool strahlte ich ihn an. Er erschrak, als er mich sah. Aber auch er ist ja „Meister der Verstellung“, und so rettete Ronny cool die Situation.

„Hi,“ rief er laut, „welche Freude – meine alte Klassenkameradin“, drückte mich rechts und links auf die Wange, so wie man das halt macht bei alten Klassenkameraden. Er stelle mich seiner Frau vor. Sie lächelte mich an, aber ich spürte ihr

Misstrauen. Franzi und ich setzten uns an einen Tisch und bestellten Pizza. Ronny saß den ganzen Abend bei uns und redete wie ein Wasserfall. Seine Frau bediente uns ohne ein böses Wort. Sie brachte ihm sogar noch seine Zigaretten an den Tisch: „Willst du rauchen, Schatz?“, säuselte sie zuckersüß. Sie waren wirklich eine Bilderbuchfamilie.

„Mein Gott“, dachte ich, „ist diese Welt grausam – und ich sitze mitten drin.“

Einen Monat später trafen wir uns allein. Ronny spielte in der Nähe, und wir fuhren nach seinem Auftritt zu mir nach Hause. Es war das erste Mal seit einem Jahr, dass wir wieder allein waren. Ich kann niemand beschreiben, wie viel Kraft es mich kostete, ihm immer wieder zu begegnen. Wir sprachen über unsere Liebe, aber auch darüber, dass er seine Frau nicht verlassen konnte. Er konnte sich nicht vorstellen, ohne seine Kinder zu leben. Ronny liebte sie über alles. Ich konnte ihn gut verstehen – ich wäre *nie* ohne meine Diana gegangen.

Nur einmal küssten wir uns zaghaft an diesem Abend. Ich spürte seine Angst um mich. Als er ging sagte er: „Wie geht es dir jetzt?“

„Gut“, sagte ich. „Warum habe ich dann so ein komisches Gefühl?“, sagte Ronny.

„Mir geht es gut“, betonte ich. „Es ist alles in Ordnung?“ Als die Tür ins Schoss fiel, schmiss ich mich aufs Bett und weinte verzweifelt.

Ich liebte ihn so tief, dass ich nicht nur seelische, sondern auch körperliche Schmerzen hatte. Ich litt und war unfähig, meinen Alltag zu bewältigen, so energielos fühlte ich mich. Oft fiel ich in einen melancholischen Zustand. Weinend fertigte ich eine Collage an. Ich erschrak mich, als sie fertig war.

Meine schlimmsten Befürchtungen waren, dass Ronny nur noch Mitleid mit mir hatte. Wenn es ganz schlimm wurde, kam ich mir vor wie eine seiner Ex – Geliebten, die nicht damit fertig wurden, dass er sie verlassen hatte. Ich hörte immer wieder, dass er Freundinnen hätte und seine Frau betrügen würde. Ich wusste nicht, ob es stimmte und was ich glauben sollte und ob das, was mit uns geschah, das Gleiche war.
Ich hatte noch keine tieferen Erkenntnisse der Liebeskräfte entwickelt und konnte damals die Situationen nur im Weltlichen sehen. Es war eine Qual. Kundalini reinigte zielstrebend diese Bereiche ohne mein Wissen.

Im Sommer 1997 lernte ich Thun kennen, einen Vietnamesen. Sofort hatte ich ein tiefes liebendes Gefühl für diese Kultur. Von Anfang an spürte ich eine starke Bindung zu Thun. Damals ging ich noch zu meiner Bioenergetik-Gruppe, um meine Angstattacken zu bearbeiten. Thun kannte diese Probleme. Er war mit dreizehn Jahren als „Floßpeople“ von Vietnam geflüchtet und auf vielen Umwegen nach

Deutschland gekommen. Thun war ein Einzelgänger. Er konnte sich sehr gut in mein Leben einfühlen. Angst war für ihn kein Fremdwort. In diesem Leben hatte er Erstaunliches durchgemacht. Nächtelang erzählte er mir von seinem Land und dessen Schicksal. Ich war tief bewegt und fühlte eine starke Verbundenheit mit Asien. Erinnerungen aus meiner Kindheit zeigten sich. Bilder aus dem Fernseher schossen mir bei seinen Erzählungen durch den Kopf. Verzweifelte Menschen in kleinen Booten auf dem offenen Meer. Die Welt sprach darüber. Welches Land nahm sie auf?

Weitere Erinnerungen tauchten auf. Als Jugendliche sang ich für Südasien. Ich fand Kriege so grausam, dass es mich sehr beschäftige. Ich identifizierte mich mit den Song von Juliane Werding: „Bangladesh„. Der Text lautete: „Seht ein Land, das im Krieg ertrinkt – ihre Soldaten gehorchen Bild – eine Mutter gibt ihr letztes Blut – damit ihr Kind nicht stirbt – sobald es Abend wird – ist der Monsun da und die Cholera – und die letzten, die für den Frieden sind – ihre Wahrung schlägt man in den Wind – Soldaten kamen im Morgengrauen – drangen in die Häuser ein – erschlossen sie in Schlaf – der Himmel wurde blass – und erstickt im Todesschrei …"

Laut und voller Leidenschaft sang ich als Vierzehnjährige dieses Lied mit meiner Gitarre öffentlich auf der Straße und vor Freunden. Damals war mein „Rebell im Dienste" des Lebens und der Wahrheit noch sehr aktiv. Thun erinnerte mich an meinen Kampfgeist und meine Liebe für den Frieden. An meine aufgewühlte Jugendseele, die nicht verstehen konnte, dass es so viel Grausamkeit und Ungerechtigkeit auf dieser Erde gab.

Wir hatten eine schöne Zeit. Ich liebte ihn nicht wie Ronny, aber ich spürte eine echte, tiefe Gemeinsamkeit zu ihm.

Ich schrieb Ronny einen Brief. Darin beendete ich unsere „Beziehung". Liebevoll versuchte ich, ihm zu erklären, dass ich jetzt bereit sei, ihn ganz loszulassen. Ich wollte endlich Klarheit. Wollte nicht zwei Männer lieben, das war für mich damals unmöglich. Mein schlechtes Gewissen hätte das nicht ausgehalten. Ich glaubte damals noch, ich könnte es mit meinem Verstand regeln, sah nur schwarz oder weiß.

Ronny antwortete mir nicht. Ich hörte gar nichts mehr von ihm.

Tagebuchauszug – Sommer 97

Ich habe die Lektion „loslassen“ gelernt. Unser ganzes Leben ist ein Werden und Vergehen. Es ist so, wie unsere Welt – rund –, es dreht sich alles im ewigem Kreis. Solange jeden Tag wieder die Sonne scheint, so sicher kommt die Dunkelheit – so ist unser Leben. Die Dinge kommen und vergehen, und nur dadurch kann „ Neues“ entstehen.

Einlassen und Vertrauen ins Leben, das ist das Allerwichtigste. Wir haben einen Schöpfer und wir bekommen von ihm alles, was wir brauchen. Wir müssen es nur zulassen und hinhören, sehen und wahrnehmen. Zum richtigen Zeitpunkt im Leben kommt immer das, was man gerade zu seiner Entwicklung braucht. Oft ist es schmerzhaft und voller Verzweiflung – aber wenn man es annimmt, dass auch dies zum Leben gehört, funktionieren die natürlichen Gesetze der Polarität, und es gleicht sich alles wieder aus. Dann, wenn wir ständige Glückseligkeit erleben – sind wir nicht mehr in dieser Welt.

Alles will „neu" werden

Ich dachte nicht mehr an Ronny und konzentrierte mich auf mein Leben. Ich war mir sicher, dass ich diese Liebe jetzt endgültig überwunden hatte.

Mein Verstand hatte ihn zwar losgelassen, aber nicht mein Herz. Ich konnte noch nicht greifen, dass es um die Liebe ging. Die Liebe, die frei ist und sich nicht bedingt – die einfach nur ist. Mein Herz wollte sich öffnen und weiten, und ich schloss es aus Angst und Moral immer wieder zu.

Durch die Kurse und Seminare lernte ich viel, zumindest theoretisch. Langsam veränderte sich mein Leben. Ich suchte Freiheit und Wahrheit – ich erinnerte mich: Schon als Kind interessierten mich diese Themen. Was bedeutete Wahrheit? Was war Freiheit? Was ist die Liebe? Diese Fragen bekamen eine enorme Wichtigkeit.

Ich spürte deutlich in mir, alles wollte jetzt „neu" werden. Das war mein Weg!

Neu – und echt zu werden war mein Ziel. Ich wollte mich von niemandem mehr aufhalten lassen. Jetzt begriff ich allmählich – es ging um mich – um meine Entwicklung. Nicht um die von anderen. Mein Kopf verstand das jetzt alles ganz klar, und überzeugt von mir belehrte ich schon andere damit.

Thun kam nur am Wochenende. Es war mir sehr recht. Wir sahen uns nicht ständig. Ich spürte seinen Freiheitsdrang und auch ich wollte Unabhängigkeit. Es war eine vollkommen neue Erfahrung für mich, einen Mann freizulassen und selbst frei zu bleiben.

Mit Franzi war es nach wie vor schwierig. Ich liebte sie sehr, spürte aber auch, dass es Zeit wurde, mich endgültig von ihr zu trennen. Mit einer inneren Kraft, die alles zerstörte, was nicht mehr zu meinem Weg gehörte, löste ich mich vom Alten. Es tat mir selber sehr weh, aber Franzi gehörte eigentlich schon lange nicht mehr in mein neues Leben. Ich sprach mit ihr und beendete nach siebzehn Jahren diese Freundschaft. Franzi verstand die Welt nicht mehr. Wir litten beide.

Unerbittlich arbeitete Kundalini in mir. Ich hatte keine Ahnung. Ich spürte nur, ich musste mich endlich lösen – da und dort und fast überall. Noch ein paar meiner langjährigen Freundinnen verließ ich. Sie verstanden nichts – wie auch? – ich wusste selbst nicht, warum ich es tat.

Ich trank keinen Tropfen Wein mehr – auch davon wollte ich mich lösen. Hatte ich nicht jahrelang viel zu viel getrunken? Täglich beobachtete ich meine Süchte. Es war sehr interessant. Tatsächlich hatte ich Lust auf Wein. Abends, wenn ich vom Geschäft nach Hause kam, war mein erster Gedanke: „Jetzt hast du dir ein schönes Glas Wein verdient." Jeden Tag redete ich mit meinem „inneren Verführer". „Nein", sagte ich laut, „wir trinken heute Abend gemeinsam einen guten Tee." Ich versuchte es spielerisch und mit Humor. Es funktionierte, und ich fühlte mich gut.

So arbeitete ich intensiv an mir und fing sogar eine Therapie an, um noch tiefer mein „Vaterthema" aufzulösen. Doch nach ein paar Sitzungen brach ich die Therapie wieder ab. Irgendwie hatte ich keine Lust, tiefer mit Psychologen zu arbeiten.

Diana hatte endlich ihren ersten Schultag. Seit Wochen war sie aufgeregt. Stefan und Oma kamen auch zum Schulanfang. Diana war glücklich, ihre Eltern gemeinsam bei sich zu haben. Ich war freundlich zu meinem Ex-Mann und hörte seinen Anekdoten lächelnd zu. Es ging mir einzig um meine Tochter, nicht um meine Verletzungen. Ich hatte mich schon lange innerlich von ihm gelöst, hatte meinen Schmerz verarbeitet. Ich wollte, dass Diana ihren Vater weiterhin liebte. Ein Vater ist wichtig für die Tochter, und als Vater war er ganz in Ordnung. Es war ein wirklich schöner Tag, und wir genossen alle die freudigen Augen von Diana. Sie ging von Anfang an gerne in die Schule. Sie liebte ihre Lehrerinnen, war interessiert und fand das Lernen toll. Sie war überhaupt ein einzigartiges Mädchen. Ich dankte Gott täglich dafür, dass sie bei mir war.

Wir bekamen durch die Schule einen völlig neuen Lebensrhythmus. Früh fuhr ich Diana zur Schule, und nachmittags war sie bei meiner Mutter. Nach der Arbeit holte ich sie wieder ab. Wir hatten viel zu tun, aber es funktionierte alles sehr gut. Nur mit meiner Mutter gab es Probleme. Sie hatte ganz andere Vorstellungen von Erziehung als ich.

Natürlich meinte sie es gut – das *arme Kind*, hatte ja so viel durchgemacht. Es musste ein bisschen verwöhnt werden. Wenn ich etwas dagegen sagte, stritten wir uns, und ich musste den Mund halten. Ich brauchte sie.

In mir reifte täglich der Gedanke, mein Geschäft ganz zu schließen. Vielleicht gelang es mir, zuhause zu arbeiten, überlegte ich mir. Schon wieder loslassen – nein, das konnte ich nicht – wovon sollte ich leben, dachte ich ängstlich. Mein Wunsch wurde immer größer, mich mehr und mehr zurückzuziehen. Unabhängig von meiner Mutter zu werden. Mein Kind alleine zu erziehen. Die vielen Kunden lenkten mich von meiner *inneren* Arbeit ab. Ich spürte es deutlich. Im Geschäft war ich rein die Kosmetikerin. Alles andere in mir konnte ich nicht leben. Ich verkaufte teure Kosmetika und beriet die Frauen, wie sie mit Make-up und Schminke umgehen sollten. Es wurde immer schwieriger für mich. Plötzlich kam mir das alles so unwichtig vor. Eine Nachtcreme für 50 Euro zu verkaufen. Für was – war das nützlich? Wie diente es der Welt? Solche Fragen schossen mir durch den Kopf, und ich bekam Angst vor mir selbst – was wollte sich noch alles auflösen?

Wieder kämpften zwei Meinungen in mir. Es war eine sehr schwere Entscheidung. Mein letztes Geld steckte in meinem Geschäft. Gerade vor einem halben Jahr hatte ich ein großes Reklameschild an der Hauswand anbringen lassen. Meine Einrichtung bestand aus maßgeschneiderten Einbaumöbeln, die ich mir für viel Geld beim Schreiner bestellt hatte. Ich überlegte: Wenn ich das Geschäft zumachte, musste ich alles auf den Wertstoffhof fahren. Eine schreckliche Vorstellung. Andererseits wollte ich mehr Zeit für mich und Diana haben. Wollte Ruhe – wollte aus der Öffentlichkeit.

In diesen schweren Wochen half mir eine Bibelstelle, die ich täglich laut sprach:

Joh. 8, 31,32

Wenn ihr in meinem Wort bleibt, so seid ihr wahrhaftig meine Jünger, und ihr werdet die Wahrheit erkennen, und die Wahrheit wird euch frei machen.

Der Herbst 1997 kam, und Ronny besuchte mich. Wir tranken Kaffe in meinem Studio. Sein neues Lokal lief recht gut, und er hatte viel Arbeit. Die Kinder waren gesund, und „*man*“ war so weit zufrieden. Ich erzählte ihm von meinen alltäglichen kleinen Problemen. Wie immer gab mir Ronny gute Ratschläge, ermunterte mich und nahm mich tröstend und freundschaftlich in den Arm. Ich fragte ihn, was jetzt mit uns beiden wäre nach diesem Brief, den ich ihm geschrieben hatte. Darauf antwortete er mir ärgerlich: „Willst du auf einen Knopf drücken und es beenden oder es dir aus dem Herzen reißen? Was willst du tun? Glaubst du wirklich, dass du das kannst?. Es geht nicht; wie willst du es machen? Spuck sie doch endlich einmal aus, deine Gefühle für mich – nicht einmal das schaffst du!“

Ich ärgerte mich über ihn. Dieser arrogante Kerl, was bildete er sich ein. Warum sollte ich ihm meine Gefühle zeigen? Wofür, fragte ich mich. Es änderte doch nichts daran, dass er verheiratet ist. Was wusste Ronny denn von meinem Leid, dachte ich mir. Er hatte schließlich seine Familie.

Wir trennten uns wie gute Freunde. Bussi rechts und Bussi links auf die Wange. Ich hasste diese Art der Verabschiedung.

Ich wollte die Wahrheit finden und ich wollte frei sein – auch von Ronny.

Das neue Jahr 1998 begann, und ich kündigte meinen Mietvertrag. Herr S., mein Vermieter, sah das gar nicht gerne. Er schaltete sofort einen Anwalt ein und machte mir Druck. Ich fühlte mich hilflos. Wieder musste ich mich mit „dieser Welt" auseinander setzten, die ich gar nicht mochte. Ich verstand solche Menschen nicht. Die nie zu einem Gespräch bereit waren und wenn, dann nur zum Vorteil ihrer egoistischen Überzeugungen.

Ich hielt durch, nahm mir auch einen Anwalt und gewann.

Am 1. März 1998 war es soweit. Ich schloss mein Kosmetikstudio in der Stadt. Meine Geschäftsauflösung war mit sehr viel Arbeit verbunden. Gott sei Dank fand ich noch ein paar Leute, die mir dabei halfen. Auch Ronny kam. Er klingelte an meiner Wohnungstür, aber ich war gerade beim Renovieren im Studio. Ein Freund meiner Schwester öffnete, und Ronny dachte sicher, dieser Mann sei ein neuer Freund von mir. Er drehte sich um und ging. Wieder trafen wir uns nicht. Der Umzug ging fast über meine Kräfte. Meine Seele litt, als wir mein Reklameschild „Kosmetik Biggi" mit einem großen Hebekran herunterholten. Wie betäubt stand ich daneben und sah zu, wie alles, was ich mir aufgebaut hatte, auf dem Sperrmüll landete.

Unserer Kleinstadt hatte wieder einmal etwas zu erzählen. Sie wussten mehr – viel mehr als ich. Angeblich war ich pleite und hatte eine Zwangsräumung, tuschelten die Einheimischen. Mein Einkauf wurde zum Spießrutenlauf. Manchmal war es für mich nicht auszuhalten in diesem Nest. Aber ich lächelte freundlich nach rechts und links, so wie es hier alle tun.

Mein Leben wurde immer einfacher. In meiner Dachwohnung richtete ich mir eine kleine Ecke ein, nur mit einem Tisch, an dem ich Kunstfingernägel modellierte. Zuhause arbeiten war die beste Entscheidung, die ich seit langem getroffen hatte. Meine Stammkundinnen kamen regelmäßig, und es reichte für die Miete. Wir konnten uns nicht mehr so viel leisten wie früher, aber wir waren glücklich. Den ganzen Tag war ich zuhause. Mittags, wenn Diana von der Schule kam, stand schon das dampfende Essen auf dem Tisch, und nachmittags arbeitete ich, wenn Diana Hausaufgaben machte oder mit den Kindern in der Siedlung spielte, malte oder puzzelte. Wir hatten einen geregelten Alltag und fanden neue Freunde im Haus.

Die Wochenenden verbrachten wir in Lindau. Thun begleitete uns manchmal mit seiner Tochter.

Im Januar 1998 fing ich eine Ausbildung zur „ärztl. gepr. Gesundheits-, Ernährungs- und Lebensberaterin“ an. Eine Kollegin aus Augsburg überredete mich. Wir waren Freundinnen und hatten schon einmal die Schulbank zusammen gedrückt, während wir zur Kosmetikerin ausgebildet wurden. Ich dachte, es würde mir vielleicht gut tun, wieder etwas zu lernen. Mich interessierte die Ernährung nicht so sehr, wohl aber die Lebensberatung. Ich fuhr alle paar Monate für eine Woche auf Intensivschulung, den Rest lernte ich zuhause. Die Schulungen taten mir gut. Ich wurde *Vegetarierin* und lernte alles über Ernährung. Es war interessanter, als ich dachte. Die Zusammenhänge der Seele und des Körpers waren meine Lieblingsunterrichtsstunden. Ich lernte liebe Menschen kennen, mit denen ich wunderbar reden konnte. Das war meine Welt – Gespräche über die Seele.

Wenn ich nach einer Schulung wieder nach Hause kam, fehlte mir richtig etwas.

Im Mai bekam ich Besuch von einer ehemaligen Klassenkameradin, die jetzt in Australien lebt. Sie wollte Ronny sehen.

Ich fuhr mit ihr nach Auental in sein Lokal. Einerseits freute ich mich, ihn zu sehen, andererseits hatte ich Angst. Wie wird es mir danach gehen?

Er zeigte sich von seiner netten Seite. Spendierte uns Sekt und redete ununterbrochen. Schweigsam saß ich daneben, unfähig, etwas zu sagen. Die beiden unterhielten sich über Australien und die wirtschaftliche Lage, übers Geld und waren sich einig, wie schwer die Zeiten sind. Ich fand sie furchtbar oberflächlich. Man konnte direkt spüren, dass jeder nur eine Show abzog. Ronny beherrschte solche Gespräche perfekt und meine Freundin aus Australien auch. Mir war schrecklich langweilig, und ich vermisste ein ernsthaftes, interessantes Gespräch. Ich war froh, als wir wieder heimfuhren. „Ronny“, dachte ich, „was wird nur aus ihm – er wird immer unnahbarer.“ Dieses Lokal war ein Fehler – er hätte es nicht aufmachen sollen. Den ganzen Tag musste er belanglose Gespräche führen, seine Seele bekam keine Nahrung mehr. Wie lange würde das gut gehen?

Ich wollte mir keine Sorgen um ihn machen, aber es gelang mir nur mühsam. *Langsam* gestand ich mir ein, dass ich ihn immer noch liebte. *Langsam* begriff ich, dass ich vielleicht auch beide lieben durfte, Thun und Ronny. Ich schadete niemanden damit, dachte ich.

In diesem Sommer war ich viel mit Thun zusammen. Er war sehr lieb zu mir, half mir beim Bügeln, Putzen und war ein hervorragender Koch. Seine asiatische Küche war ein Hochgenuss. Mit Liebe kochte er für mich auch vegetarisch. Aber es tauchten auch Probleme auf. Er war ein Einzelgänger. Wenn wir ein paar Tage zusammen waren, spürte ich seine Unruhe. Ich sagte dann schon zu ihm: „Fahre lieber nach Hause und tue die Dinge, die dir Spaß machen.“ Ich wusste, dass er gerne mit seinen Freunden ausging, und ich wusste auch, dass er gerne Karten spielte. Thun war ein lieber Mensch, aber kein Mann für ein Familienleben. Dazu hatte er schon zu lange keine Wurzeln mehr.

Thun wusste von Ronny. Manchmal war er eifersüchtig. Aber ich sagte immer zu ihm: „Beruhige dich, es ist eine rein platonische Liebe“, und so war es ja auch. „Ich kann in meinem Herzen mehrere Menschen lieben“, erklärte ich Thun. Das konnte er gut verstehen. Durch seine buddhistische Erziehung wusste er viel von karmischen Verbindungen und von der dienenden Liebe. Manchmal sah ich Thun wochenlang nicht. Aber wenn er da war, verstanden wir uns gut, und er half mir in meinen Schmerzprozessen, die sich jetzt immer häufiger in Schüben zeigten. Es war eine nicht alltägliche „ Beziehung“, für die ich noch heute dankbar bin.

1998 wurde ein sehr anstrengendes Jahr. Ich lernte ununterbrochen für die Ausbildung neben meinen alltäglichen Verpflichtungen. Mein Magen rebellierte, ich bekam wieder Blasenentzündungen und meine Angstattacken waren immer noch nicht ganz vorbei. Ich ließ mir eine Magenspiegelung machen – es war alles in Ordnung. Rannte von einem Arzt zum anderen ohne ein Ergebnis. Bei allen Ärzten hörte ich das Gleiche: Überanstrengung des vegetativen Nervensystems. Ich konnte es schon lange nicht mehr hören.

Ich fand einen Mediziner, der mich mit Bachblüten behandelte. Monatelang schluckte ich sie tröpfchenweise. Ich freute mich und dachte: „Endlich ein Arzt, der offen ist.“ Aber meine körperlichen Symptome blieben. Ich erzählte dem Arzt von meiner unerreichbaren Liebe und von Thun. Er sagte arrogant: „Wenn ich in so verwirrenden Beziehungen leben würde wie Sie, ginge es mir auch schlecht.“ Das war das letzte Mal, dass ich bei ihm war. Ich erfuhr später von meiner Mutter, dass dieser Arzt bei ihr im Kirchenchor sang und schon das dritte Mal verheiratet war. Ich kam mir wirklich unfähig vor. „Wie schaffen das die Menschen alle?“, dachte ich. Alles war geregelt und perfekt – nur bei mir nicht. So sehr ich mich auch bemühte.

Manchmal schweiften meine Gedanken zu Ronny, von dem ich nichts mehr hörte. Es war seltsam. Es konnten Wochen vergehen ohne einen Gedanken an ihn. Dann plötzlich überfielen mich eine Trauer und eine Sehnsucht, die ich mir nicht erklären konnte. Es hielt mich wie gefangen. Mein Schmerz war dann so groß, dass ich es nicht aushalten konnte. Selbst im Körper fühlte ich den Trennungsschmerz. In diesen Momenten schmiss ich meine ganzen guten Vorsätze und meine Kontrolle über Bord. Ich wollte einfach nur mit ihm zusammensein. Wollte seine Augen sehen, mit ihm lachen und seine Stimme hören. Verstand nicht, warum er verheiratet war und wir unsere Liebe nicht leben konnten. Fühlte mich schwach und wie ein kleines Kind, das einfach nur lieben und geliebt werden wollte. Ich kannte solche starken Emotionen nicht an mir, wollte sie beherrschen und in den Griff bekommen. Es schwankte ständig zwischen hingebungsvoller Liebe und Verzweiflung. Nächtelang weinte ich mich in den Schlaf. Ich versuchte, es mit dem Verstand zu verstehen – es misslang. Vor dieser Begegnung mit Ronny hatte ich eine feste Partnerschaft und meine Ehe. Beide hielten viele Jahre. Als Stiergeborene gehörte ich zu den Frauen, die nur in einer festen Beziehungen glücklich waren. Ich konnte nicht begreifen, dass *dies* kein drittes Mal klappte. Schließlich hatte ich ihn ja gefunden – meine große Liebe.

Am 6. Juli 1998 rief ich Ronny spontan an. Er war gerade in einer Besprechung. Es ging mir an diesem Nachmittag schlecht. Meine Emotionen waren sehr instabil.

Im Aufstieg der Kundalini sind solche Gefühlsschwankungen ganz normal – aber ich hatte ja noch keine Ahnung. Später begriff ich, wie wichtig Ronny für meine spirituelle Entwicklung war. Ich fand fünf Jahre später, 2003, beim Lesen eines Buches von Dr. B. S. Goel, der diese Emotionen und starken Liebesgefühle im eigenen Kundalini-Prozess beschreibt, die Antwort. Dr. Goel ist der Meinung, dass während eines Kundalini-Prozesses das Ereignis des Verliebtseins gewöhnlich in Personen stattfindet, deren Seele spirituell hoch entwickelt ist. Entweder muss der Verliebte den *anderen in Besitz nehmen oder Gott im Tor des Scheitelchakras erreichen.* Geschieht beides nicht, erleidet der Verliebte einen klassischen Nervenzusammenbruch. Ich kann Dr. Goels Erklärung nur bestätigen.

Aber an diesem Nachmittag wusste ich nicht, warum ich so kindlich weinte, und rief Ronny an, weil ich dachte, es hinge *nur* mit ihm zusammen. Es war sicher ein unglücklicher Moment, meine Gefühle auszudrücken. Aber ich war froh, dass ich *endlich* sprechen konnte. Ronny reagierte schrecklich. Er meine: „Wir haben doch schon alles besprochen; du weißt, ich verlasse meine Frau nicht.“ Meine schlimmsten Befürchtungen waren eingetroffen. Genau diese Situation hatte ich verhindern wollen. Wieder war ich das kleine Kind, das belehrt wurde, wie es sich zu verhalten hat. Ich hasste ihn wirklich in diesem Moment. Ich wolle nie mehr etwas mit ihm zu tun haben. Er tat mir so sehr weh!

Ich wusste noch nichts von meiner Schlangenkraft, die sich kontinuierlich bewegte und meine Emotionen um das Vielfache verstärkte. Meine Kundalini stieg beständig höher, bis sie 1998 – 1999 an den Solarplexus und das Herzchakra kam. Ein sehr schwieriger Knotenpunkt. Ich hatte keine Ahnung, dass es *jetzt* erst richtig anfangen sollte und ich mich langsam im Übergang zur dritten Stufe befand.

Wenn Betroffene die initiatische Kundalini durchwandern, ist *dies* noch einmal etwas ganz anderes als während des Aufstiegs. Es ist nicht zu vergleichen. Ich finde es sehr wichtig, dass hier mehr aufgeklärt wird. Viele Menschen geben Kurse für Kundalini-Yoga oder Kundalini-Meditation, ohne die geringste Ahnung von der Shaktikraft zu haben. Dies finde ich persönlich gefährlich. Die Kundalini-Lehrer müssen die tieferen Bewegungen der Schlangenkraft verstehen. Sie sollten in der Lage sein, Erwachende in *jedem* Kundalini-Prozess zu begleiten. Keiner sollte mit Kundalini arbeiten, auch nicht mit der *Vitalen,* wenn er nicht zumindest in seiner Nähe einen erfahrenen Menschen weiß, der bei einem Kundalini-Durchbruch helfen kann. *Nicht* einer, der sich *belesen* hat – *der weiß nichts* –, sondern ein Betroffener, der alle Stufen der Kundalini wahrhaft erklommen hat. Wer das größte Abenteuer sucht – die Vereinigung von Shakti und Shiva –, sollte die Augen weit aufhalten und sehr wachsam sein, wem er sich anvertraut.

Nur noch ein kleines Beispiel dazu. Viele Esoteriker sprechen vom Öffnen der Chakras in ihren Kursen. Wenn sich wirklich ein Chakra spontan öffnet, kann ein Mensch sterben. Die Unwissenheit, die herrscht, ist für mich nach meinem heutigen Wissen beängstigend. Viele Kursleiter haben keine eigenen, wirklich lebendigen Transformationsprozesse erlebt. Diese Menschen sollten aufpassen, dass sie nicht einen Esoterik-Jahrmarkt bilden, in dem es zwar bunt zugeht, aber der eigentliche Sinn – die Vereinigung mit Gott – verloren geht. Diese überquellende Liebe und Hingabe an das Göttliche ist der wahre Impuls, zu dienen. Dazu muss das Ego weichen. Ich glaube nicht, dass dies durch ein paar Steine, ein bisschen Feng Shui oder Reiki geschieht. Damit wird in unserer Zeit leider schon wieder sehr viel Geld verdient; dies ist nicht der Auftrag. Der Suchende mit einem guten Impuls könnte in diesem Dschungel hängen bleiben.

Es sind alles nur Schritte auf dem Weg – wichtig ist weiterzugehen. Auch ich habe einiges aus der Esoterik durchwandert und mich zeitweise auf das Karussell eingelassen.

Aber damals, im Oktober 1998 fand erst mal das fünfundzwanzigjährige Klassentreffen statt. Ich saß in der Gondel des Lebens, und es schaukelte ordentlich. Ich musste Ronny wiedersehen.

Mein Herz klopfte bis zum Hals, so aufgeregt war ich. Bis zum Schluss überlegte ich, ob ich wirklich hingehen sollte. Seit dem letzten schrecklichen Telefonat hatte ich nichts mehr von Ronny gehört. Es war Monate her.

Als ich das Lokal betrat, in dem das Klassentreffen stattfand, wusste ich – es hört nie auf! Er war da – und mein Zorn weg. Alle Tische waren schon besetzt, nur neben Ronny war noch *ein* Platz frei. Flehend schaute er mich an und sagte: „Setz dich zu mir." Mit der Hand deutete er auf die gepolsterte Bank, auf der er saß. Natürlich setzte ich mich neben ihn, innerlich überglücklich, nach außen nicht mehr ganz *so cool* wie früher. Wir saßen ganz nah, rückten keinen Millimeter von einander weg und genossen diese Vertrautheit. Wir hatten uns einen ganzen Abend.

Später ging der harte Kern noch in eine Bar. Es war wirklich eine lustige Nacht, auch mit den anderen. Wir waren so herrlich unbeschwert – wie früher. Ich trank an diesem Abend keinen Alkohol; immer noch war ich „vegetarische Nichttrinkerin". Ronny schaute mich an und sagte: „Wenn du so weitermachst, wirst du mich in ein paar Jahren nicht mehr lieben." Das glaubte ich nicht. Meine spirituelle Entwicklung hatte nichts mit meiner Liebe zu tun. Ich liebte ihn so, wie er war. Auch wenn er sich in eine andere Richtung entwickelte. Ich war mir ganz sicher, zumindest an diesem Abend.

Später sagte er plötzlich: „Kann ich bei dir übernachten?" Mir fiel fast das Glas aus der Hand. Jahrelang träumte ich davon, Ronny in meine Arme zu nehmen und das sollte „jetzt" sein? „Natürlich", antwortete ich locker.

Später in den frühen Morgenstunden, als wir in meiner Wohnung ankamen, lief Ronny gleich in mein Schlafzimmer. Mir ging alles viel zu schnell. Ich stand wie angewurzelt im Raum und beobachtete, was geschah. Ronny lachte mich an und meinte wie immer lässig: „Wir hören jetzt auf mit dem Scheiß, wir sind erwachsen, wir gehen jetzt endlich einmal miteinander ins Bett." – „Wieso zerstört er alles?", dachte ich. Wieso ist er so gefühlskalt?

Ich wollte nur noch weinen; eine unendliche Traurigkeit überfiel mich. Aber wie immer konnte ich ihm meine Gefühle nicht zeigen.

Ich verstand mich selbst nicht. Ich spürte seine Enttäuschung und war unfähig, mein Herz zu öffnen, um ihm die „ Tiefe" meiner Liebe zu zeigen. Ich hatte Angst, dass unsere Liebe ins Triviale gezogen würde, weil wir unfähig waren zu verstehen. Außerdem spürte ich, dass es so nicht stimmte zwischen uns.

Ich war damals noch nicht fähig, Liebe – Hingabe und Zärtlichkeit zu vereinen und mich in tiefer Liebe ohne Erwartung und ohne Angst zu schenken. Das sollte ich erst viel später lernen.

Ronny verstand gar nichts. Er war sichtlich enttäuscht von mir, und ich konnte ihm ansehen, dass er glaubte – ich würde ihn abweisen und andere Männer nicht. Am nächsten Morgen verabschiedeten wir uns ziemlich geknickt voneinander. Betonten aber noch, wie „schön der Abend“ gewesen war.

Mein Körper ist hyperempfindlich

Ich wusste von Kundalini immer noch nichts und bereitete mich im Dezember 1998 auf meine Prüfungen zur Gesundheit-, Ernährungs-, und Lebensberaterin vor. Es war eine anstrengende, aber wunderschöne Zeit. Während der Schulungen hatte ich Richard, Rainer und Renate kennen gelernt. Drei liebe Menschen. Sie halfen mir sehr, da es mir teilweise körperlich und seelisch nicht gut ging. Meine Freundin aus Augsburg hatte weniger Verständnis. Sie hatte ein rein körperliches Bewusstsein. Von Seelenbewegungen wollte sie nichts hören und verstand meine Empfindsamkeit nicht. Nachts fror ich schrecklich. Meine Körpertemperatur war schon längere Zeit hyperempfindlich. Ich schlief mit Evelin in einem Zimmer. Ihr war ständig heiß, und sie riss alle Fenster auf. Mir war kalt, und ich brauchte meine Wärmflasche. Sie verstand mich überhaupt nicht. In der Frühe trank sie auf nüchternen Magen eine halbe Flasche Sauerkrautsaft. Wenn ich ihr zuschaute – wurde mir schlecht. Evi meinte: „Du kannst nicht gesund werden, weil du dich nicht richtig ernährst. Trink auch Sauerkrautsaft, und dir geht es besser.“ Ich durfte lernen, dass die Vegetarier sehr von sich überzeugt waren. Abends ging Evi in die Sauna – machte einen Gang nach dem anderen und schwamm im eiskalten Wasser. Sie war nicht umzubringen.

Ich hatte ständig heiße Ohren, Stechen im Körper, Hitze oder Kälte. In der Sauna machte ich höchstens einen Gang mit – danach bekam ich Panik, weil mein Leib merkwürdig reagierte. Wir waren schon ein sehr ungleiches Paar.

Damals irritierten mich Menschen wie Evi. Ich machte mir dann Vorwürfe, warum ich nicht mehr so fit reagierte wie früher. Wahrscheinlich war ich wirklich schwer krank, dachte ich dann verzweifelt.

Die ganze Gruppe freute sich mittags aufs Essen. Ich war froh, wenn ich ein paar Bissen zu mir nehmen konnte. Alkohol vertrug ich überhaupt nicht mehr. Manchmal probierte ich ein Glas Bier oder Wein. Ich musste mich jedes Mal danach übergeben; so ging es mir auch bei bestimmten Lebensmitteln, selbst Vegetarische. Auf jede Kleinigkeit reagierte ich – wenn ein Gruppenmitglied in meiner Nähe war, das ich nicht mochte, fing mein Körper an zu rauschen. Ich bekam jedes Mal Angst. Was war mit mir los? Ich bemühte mich, wieder so zu sein, wie ich früher gewesen war, aber es gelang mir nicht. Dadurch verschlimmerten sich meine „Zustände“.

Früh am Morgen konnten wir freiwillig an einem Thai-Chi-Kurs teilnehmen. Die

Übungen machten mir Freude, und es ging mir sehr gut dabei. Zwei Frauen aus der Gruppe beobachteten mich. Sie kamen nach der Stunde auf mich zu. Es waren keine deutschen Frauen. Die eine kam aus Russland und die andere aus der Türkei. Sie sprachen mich gemeinsam an: „Bist du eine Deutsche?“ Als ich die Frage bejahte, sagten sie: „Wir waren uns nicht sicher, du siehst arabisch oder indisch aus.“

Sie hielten mir ihre Hände entgegen und meinten freundlich: „Liest du uns aus der Hand?“ Ich war verwirrt. „Ich kann nicht handlesen, wie kommt ihr darauf?“, sagte ich. Sie lachten und meinten: „Doch, doch, du kannst das, wir sehen es in deinen Augen.“

Etwas *in mir* wollte ihre Hände nehmen. „Nein“, sagte ich und schüttelte mit dem Kopf. Mein Verstand meldete sich. So ein Blödsinn – Handlesen – ich – Quatsch! Die beiden ließen nicht locker. „Bitte“, flehten sie mich an. Sie waren so nett, und spontan nahm ich die Hand der Russin. Ich schloss meine Augen und fing an *zu sprechen.* Es flossen die Worte aus mir heraus. Ich überlegte nicht – sie kamen einfach. Die Frauen umarmten mich und bedankten sich freudig. Ich weiß bis heute nicht, was ich ihnen erzählt habe.

Solche Erfahrungen machte ich jetzt öfter. Ich brauchte nur jemandem in die Augen zu schauen und konnte sein tiefstes Seelenleid erkennen. Was mich oft sehr schmerzte.

Vor der mündlichen Prüfung machte ich autogenes Training. Mit einer tiefen inneren Stille betrat ich den Prüfungsraum. Die Prüfer stellten mir Fragen, und jede beantwortete ich mit Sicherheit und absoluter Ruhe.

Nach der Prüfung stellte sich ein Heilpraktiker vom Prüfungskomitee neben mich. Er sagte: „Ich hätte sie gerne etwas über die Mondphasen und ihren Zusammenhang mit der Seele gefragt. Sicher hätten sie mir das genau beantworten können.“ Er strahlte mich an. Mondphasen gehörten nicht zu unserem Lehrstoff. Richard und Rainer nannten mich neckisch „unsere Zigeunerin“.

Die Ausbildung ging zu Ende, und ich bestand mit einem Notendruchschnitt von 1,3. Ich war mächtig stolz und erleichtert.

Weihnachten kam, und ich feierte das erste Mal *nicht* bei meinen Eltern. Meine Mutter schimpfte ständig über das „vegetarische Essen“. Sie machte sich Sorgen, dass ihr Enkel verhungern würde. Diana liebte Fleisch, und ich kochte es ihr zusätzlich, aber das konnte meine Mutter nicht wissen. Sie fragte ja *nie* richtig nach. Immer hörte sie nur mit halben Ohr zu – warum auch, sie hatte ja schließlich über alles eine feste Meinung vom Leben. Dazulernen brauchte meine Mutter nicht. Ihr Worte waren: „Wir brauchen nichts dazulernen. Wir sind Sünder und bleiben es, dafür ist Jesus für uns gestorben. Er hat uns erlöst."

Ich distanzierte mich von ihr. Es strengte mich an, ihrem einfachen Glauben zuzuhören. Damals konnte ich die Menschen noch nicht stehen lassen, wo sie waren. Ich wusste ja selber nicht, wo ich stand. Für mich war alles wie im Nebel. Was war jetzt die echte Wahrheit? Diese Frage beschäftigte mich am meisten.

Die Zeit verging. Manchmal besuchte mich Thun, aber er war – Gott sei Dank – auch sehr mit sich beschäftigt. Wir waren glücklich, wenn wir zusammenwaren, und glücklich, wenn wir uns wieder eine Weile trennten. Meistens sahen wir uns an den Wochenenden, die meine Tochter bei ihrem Vater verbrachte.

Diana war mit ihren acht Jahren eine kleine Persönlichkeit, und dementsprechend wollte sie keinen Mann in unserer Wohnung. Sie hatte ja ihren Papa. Es gab jetzt immer öfter Streit zwischen ihr und meinem Freund. Ich entschied mich generell – für Diana. Sie und meine seelische Entwicklung waren mir viel wichtiger als ein Mann.

Ich wurde immer autonomer, klarer und freier. Den Kontakt mit Evi und einer anderen Freundin, die auch auf dem Seminar war, brach ich ab. Menschen wie sie waren für mich im Moment nicht förderlich. Ich spürte, dass ich sie mit meiner *Wahrheit* nervte. Sie wollten lieber im Dunkel bleiben. Scheinbar fühlten sie sich wohl. Ich hatte das zu akzeptieren. Aber jetzt kam eine neue Kraft in mir. Auch *mich* hatten die anderen in *meiner Art* zu akzeptieren. Ich war nicht hysterisch oder verweichlicht. Ich war auf dem Weg – mich selbst tiefer kennen zu lernen. So viel wusste ich damals.

Ronny spielte im Fasching bei uns in der Stadt die Zunftbälle. Ich ging grundsätzlich auf keinen Ball. Früher verkleidete ich mich gern und liebte den Fasching. Aber jetzt war das alles nicht mehr interessant für mich. Außerdem wollte ich Ronny nicht begegnen.

Meine Schwester, die sich angeblich Sorgen um mich machte, natürlich auch ohne tiefer zu verstehen, ging sehr gern auf Faschingsbälle. Sie traf Ronny. Der Wein war wohl schon etwas zu viel, als sie auf die Bühne rief: „Hi – ich bin in der Bar. Komm, ich muss mit dir reden." Ronny packte gerade die Instrumente ein. Der Abend war eigentlich zu Ende. Nicht für meine Schwester. In der Bar wartete sie beschwingt auf Ronny. Er kam. Sofort überfiel sie ihn mit einem Redeschwall:

„Jetzt muss ich aber mal als große Schwester über Birgit mit dir reden. So geht das doch nicht weiter. Birgit ist so kindisch verliebt in dich, du musst mit ihr mal ernsthaft reden. Sag ihr doch endlich, dass sie sich das alles nur einbildet. Wir wissen doch, dass du kein Interesse hast, das ist ja schon peinlich."

Ronny reagierte gelassen: „Jaja, ich rede mal mit ihr." Und ging.

Sie rief mich an und erklärte mir stolz, wie sie mein „Problem" jetzt endgültig für mich geklärt hätte. Ausgerechnet meine Schwester, die schon das zweite Mal geschieden war und eine Partnerschaft nach der anderen lebte, wollte mir helfen. Bei der jeder Freund nur „der Mann" hieß; Namen sprach sie nie aus. Die alle Gefühle in Sex umwandelte und sich vor der Liebe wahnsinnig fürchtete. Die sich bei dem Wort „Gott" schüttelte und am liebsten vor dem Fernseher einschlief.

Ich war enttäuscht und wütend. Ich wusste, sie verstand einfach nichts von meiner Art zu lieben. Das tat mir sehr weh.

Am nächsten Tag rief ich Ronny an. Ich wollte mich für meine Schwester entschuldigen. Er war froh, meine Stimme zu hören, und meinte: „Wir müssen uns sehen; komm bitte am Faschingsdienstag um 1 Uhr ins Le soleil", ein Lokal in der Stadt.

Eigentlich wollte ich ihn nicht sehen, aber wie immer ging ich doch. Als er kam, hatte ich das Gefühl, zu Eis zu erstarren. Ich konnte mich kaum bewegen. Es strengte mich höllisch an. In diesem Lokal waren viele Leute, die uns kannten.

Er nahm meine Hand und bat mich an einem kleinen Tisch in der Ecke Platz zu nehmen. „Trink erst mal ein Glas Wein mit mir, damit du etwas lockerer wirst, du bist total verkrampft", sagte er und strich mir liebevoll über die Schultern. Gott sei Dank vertrug ich an diesem Abend etwas Wein. Mit der Zeit wurde ich ruhiger, ich konnte es zulassen – ich saß schon wieder neben ihm. Mein innerer Kampf war grauenvoll.

Wir hielten unsere Hände und waren glücklich. Ein paar Stunden ging alles gut. Doch dann sprach ich mutig den Abend mit meiner Schwester an. Er winkte nur ab: „Das ist kein Problem, so ist deine Schwester nun mal. Sie ist ein lieber Kerl, die musst du so lassen." Jetzt wurde er ernst und sagte: „Wenn das stimmt, dass du mich so liebst, warum bist du dann mit Thun zusammen? Ich sage es dir ehrlich: Gott sei Dank habe ich meine Frau nicht verlassen – du hättest ja nie auf mich gewartet."

Mir schnürte es bei seinen Worten die Brust zu. Ich bekam keine Luft. Wusste er denn nichts von meiner Verzweiflung? Verbittert und verletzt sagte ich: „Was willst du denn – dass ich Jahre meines Lebens alleine lebe, nur um auf dich zu warten? Welchen Liebesbeweis brauchst du noch von mir? Du lebst doch auch mit deiner Frau." Ich fand ihn schrecklich egoistisch und fing an zu weinen. „Das auch noch", dachte ich, „jetzt heule ich noch öffentlich im Lokal." Aber – meine Tränen liefen unaufhaltsam. Er versuchte, mich zu trösten. Meine Verletzung war schon wieder viel zu groß. Zu oft war ich von Männern in meiner Liebe missverstanden worden.

Ich winkte nur noch ab und sagte mit schwacher Stimme: „Du bist ein Egoist." Wir stritten uns, und er meinte beleidigt: „Neulich klingelte ich nachts an deiner Wohnung. Ich hatte so große Sehnsucht nach dir. Aber du", sagte er verzweifelt, „du liegst ja mit einem anderen im Bett und machst mir nicht auf. Weißt du eigentlich, wie blöd ich mir vorgekommen bin?", schrie er. Ich konnte nicht sprechen, ich schluchzte nur. Wie sollte ich ihm auch erklären, dass ich jede Stunde auf ihn wartete, jede Nacht hoffte, dass er an meiner Tür klingelte? Er würde mir nicht glauben. Deswegen schwieg ich. Der Weinkrampf wollte nicht aufhören, und ich weinte – weinte um unsere furchtbaren Missverständnisse. Ronny wurde immer verletzender.

Wir hatten vorher darüber gesprochen, dass er bei mir übernachten würde. Jetzt sagte er trotzig: „Ich schlafe bei meinem Freund; in dein Bett lege ich mich nicht. Ich lege mich *nie* in ein Bett, wo vorher ein anderer lag."

Ich wollte nur noch nach Hause, und bestellte mir ein Taxi. Es hatte doch alles keinen Sinn, dachte ich resignierend. Er und sein Freund ließen sich nicht abhalten, mich nach Hause zu begleiten. Immer noch weinend saß ich neben Ronny im Taxi. Er versuchte, den Arm um mich zu legen. Ich schlug nach ihm. „Lass mich", rief ich schluchzend. Ich rannte aus dem Taxi, ohne mich umzudrehen.

Am nächsten Tag telefonierten wir. Ronny war traurig, dass *nicht einmal er* mich trösten könnte, wenn ich in solchen „Zuständen" wäre. Wieso verstand mich keiner, fragte ich mich. Welche Zustände meinte er? Für mich war es ganz normal, mich zu schützen, wenn ich verletzt wurde. Ich wusste wenigstens, dass ich bockte, auch wenn ich es im Moment im Gegenteil zu Ronny nicht lösen konnte. Er schien ja alles zu beherrschen. Seine Gefühle, sein Leben und unsere Liebe, dachte ich verletzt.

Was sollte ich tun? Und so sagte ich am Telefon: „Du hast Recht, es ist nicht richtig, dass ich mit Thun zusammen bin. Ich liebe dich, ich beende die Beziehung mit ihm." Ronny war überglücklich und – sein Ego bestärkt.

„Ich freue mich so; das fühlt sich echt und rund an“, sagte er – und im gleichen Atemzug kam: „Aber ich kann dir nicht versprechen, regelmäßig zu kommen.“ – „Schon gut, melde dich wenigstens ab und zu, damit ich weiß, ob du noch lebst“, sagte ich traurig und hatte das Gefühl, schon wieder den Platz der „wartenden Geliebten“ einzunehmen.

Ich machte tatsächlich ein paar Tage später mit Thun Schluss. Damals dachte ich, es wäre die beste Lösung für uns alle. Ich wollte versuchen, Klarheit in meine Gefühle zu bringen. Mittlerweile war es 1999, und ich fand, wir waren keinen Millimeter weiter.

Alleine ging es mir besser. Irgendwie war ich erleichtert. Ich fand viel mehr Zeit für mich. Tanzte viel, meditierte, sang und schrieb Tagebuch. Ich hörte auf meine inneren Wünsche und Bedürfnisse. Auch wenn mein „Verstand“ es nicht zulassen wollte. Löste mich von meinen Schuldgefühlen und verzieh mir selbst, dass ich Ronny so liebte. Ich hörte auf, gegen mich und meine Gefühle zu arbeiten. Ich hatte immer noch Vorstellungen vom Leben, von der Liebe und vom dem, wie ich mit allem umzugehen hatte. Langsam begriff ich: Ich weiß *gar nichts, und genau das ist es.*

Es befreite mich, endlich anzunehmen, was das Leben mir gab. „Du wartest auf eine Illusion“, hörte ich von meinen Freundinnen. Sie konnten meine Beziehung zu Ronny nicht nachempfinden.

Es war für mich ein ständiges, immer wiederkehrendes tiefes Ringen. Aber alles im Leben hat seine Berechtigung, egal wie es ausgeht. Das verstand ich immer besser. „Es wird schon einen Grund haben, warum es so ist, wie es ist“, dachte ich. Ich mache es jetzt wie Scarlett O‘Hara im „Vom Winde verweht“ und sage mir: „Morgen ist auch noch ein Tag.“ Wieso fanden die Liebenden nie zusammen?

Gott sei Dank hatte ich noch ein wenig Humor, und durch mein Sternzeichen im Stier mit Aszendent Jungfrau war ich sehr geerdet. Ich konnte über mich selbst lächeln. Ich lebte in diesen Wochen nur noch im *Jetzt*.

Auch von meinen Eltern schaffte ich es, mich noch tiefer zu lösen. Zum Leid meiner Mutter verkaufte ich meinen Wohnwagen. Ich hatte keine Lust mehr, auf diesem Campingplatz meine Wochenenden zu verbringen.

Die nächsten Wochen hörte ich nur selten von Ronny. Wenn ich seine Nummer am Handy wählte, tönte es mir mit dieser furchtbaren Automatikblechstimme in mein

Ohr: „The person is not available at the moment." Ich konnte es schon lange nicht mehr hören nach all den Jahren. Oder er sprach mir aufs Band. Ausgerechnet in dem Moment, als er anrief, war ich mit meinem Hund spazieren.

Wie immer liefen wir aneinander vorbei. Zwei Königskinder, die nicht zueinander fanden.

Wenn wir uns zufällig sprachen, redete er nur von seinem Stress. Die Kinder waren krank, die Kneipe musste laufen und zum hundertsten Mal versuchte er ein „Comeback" mit der Musik. Ich berichtete über mein Alltagsleben und erwähnte mit keiner Silbe, dass ich ihn vermisste. Auch meine körperlichen Probleme sowie meine spirituellen Entwicklungen behielt ich für mich. Ich wollte ihn nicht damit belasten, wusste auch, dass er in einer anderen Welt lebte.

Dann kam, was kommen musste. Meine innere Ruhe und meine Geduld hielten nicht lange an. Ronny war mit einem Freund in Italien. Ich wusste nichts davon. Als ich ihn erreichte, erzählte er mir vergnügt, wie lustig der letzte Abend in Diano Marina gewesen sei. „Toll" – dachte ich, „und *ich* sitze hier blöd herum und warte auf ihn." Mein temperamentvolles Wesen meldete sich, und ich schrie in das Telefon: „Wähle bitte nie wieder meine Nummer! Du versaust mir mein ganzes Leben, lasse mich endlich in Ruhe."

„Damit kann ich leben", kam es trocken von der anderen Leitung. Wir legten den Hörer gleichzeitig auf. Ronny – wie ich ihn hasste – „Wäre ich doch nur damals, 1995, nicht ans Telefon gegangen", dachte ich ohnmächtig vor Wut. Es war wie ein langsames Sterben – diese Liebe.

Ich wusste damals noch nicht, dass ich relativ kurz vor meinem Kundalini-Durchbruch stand. Shakti bewegte sich im Solarplexus und Herzchakra, um es zu reinigen. Die Beziehung zu Ronny war ganz wichtig. Dadurch begannen sich meine falschen Identifikationen tiefer zu lösen. Ich konnte meine Blockaden schmerzhaft spüren, meine Eifersucht und mein Hauptthema – als Frau nicht würdig behandelt und geliebt zu werden. Meine falsche Sturheit, mein falscher Stolz und meine Angst vor Abhänigkeit rüttelte es mächtig durcheinander.

Ich glaube, es war der richtige Zeitpunkt, Ronny eine Weile aus meinem Kopf zu verbannen. Denn jetzt kamen die „Träume".

Ab jetzt begann ich die verschiedenen inneren Welten stärker wahrzunehmen. Durch das Öffnen des Herzchakras stiegen erstmals Wellen der Glückseligkeit auf.

In diesem Stadium traten weitere Fähigkeiten auf. Hellsichtigkeit, Heilkräfte, Tantra-Zustände.

Tantra muss ich erklären, möchte ich erklären. Es hat nicht nur etwas mit Körperlichkeit zu tun. Tantra ist eine hohe Bewusstseinsebene; sie ähnelt dem Schlafzustand, ist aber grundverschieden vom Traumzustand. Die Visionen im Tantra sind nicht wie Halluzination oder Traumbilder, sondern sie sind real wie Dinge, die man mit dem physischen Auge sieht. Ein sehr hoher Bewusstseinszustand, gelöst vom Körper. In diesen Tantra-Zuständen durchwanderte ich in den nächsten Jahren andere Welten, den Himmel und die Hölle.

Wenn ich im weiteren Erzählen von Träumen spreche, meine ich nicht die normalen Träume, wie wir Menschen sie kennen. Ich spreche von Tantra-Zuständen (Tiefentrance), die während eines Kundalini-Prozesses eine normale Begleiterscheinung sein können. Wie gesagt, all das wusste ich immer noch nicht.

Deswegen suchte ich mir im Mai 1999 einen Heilpraktiker; ich wollte meine Beschwerden endlich los werden. Von Thun, den ich wieder öfter traf, hatte ich von Herrn B. gehört. Dieser Heilpraktiker hatte seine Angstattacken geheilt. Nach langem Überlegen vereinbarte ich einen Termin.

12. Mai 1999 – Tagebuchauszug

Heute geht es mir phantastisch. Innerlich, ohne bestimmten Grund, bin ich voller Freude. Endlich habe ich nach langem Suchen den richtigen Heilpraktiker gefunden. Ich mag ihn, ich glaube, dass er mir wirklich helfen kann. Er behandelt mich und bringt Körper und Seele wieder ins Gleichgewicht. Einmal pro Woche gehe ich zur manuellen Atemtherapie in seine Praxis. Bald werde ich alles verstehen, worum es in meinem Leben geht.

Tantra-Träume … Ent-wicklungstraum

Nach diesem Eintrag in mein Tagebuch und der Klarheit, die sich in mir zeigte, träumte ich,

dass ich in einem Zimmer saß, in dem ein vermummter Mann in der Ecke stand. Ich konnte nicht erkennen, wer es war. Meine Angst war furchtbar stark, und ich hatte in der Bauchgegend unangenehme Gefühle. Er sah aus wie eine Mumie. Eine Stimme sagte zu mir: „Wickle ihn aus und schau dir alles richtig an, dann siehst du die Wahrheit, dann kannst du ihn loslassen! Es muss sein!“ – Ich weinte und fühlte mich grauenvoll. Ich wollte es nicht tun. Aber die Stimme sagte wieder: „Tu es, schau hin! Es ist der Letzte, den du loslassen musst, dann ist alles vorbei. Du musst dadurch!“ – Ich wehrte mich dagegen und jammerte „Nein, nein, nein, bitte nicht!“, aber die Stimme war stärker als ich, und ich überwand meine Angst und wickelte diesen Mann aus. Sein Gesicht konnte ich nicht erkennen. Ich weiß nicht, wer er war, aber als ich es geschafft hatte, war die Angst weg und ich fühlte mich harmonisch und vollkommen friedvoll.

Tagelang hüllten mich diese Erkenntnisse ein, und ich ließ sie in Ruhe in mir wirken. Ich überlegte: War ich dieser Mann, oder war es Ronny?

Indianertraum

In der darauf folgenden Nacht schreckte ich im Schlaf hoch und saß angstvoll in meinem Bett. Ich hatte starke Beklemmungen, mein Körper verkrampfte sich, das, was ich sah, war wahrscheinlich aus einer Zeit aus einem früheren Dasein. *Es befanden sich viele Ur-Indianer um mein Bett herum. Einer davon war sehr mächtig. Er hatte ein Medaillon um den Hals; es war sehr schön. Mein Gefühl oder meine innere Stimme sagten mir, dass diese Mächte nicht gut für mich wären oder dass diese Kräfte mich zurück haben wollten. Es kämpfte in mir, aber ich war mir sicher, ich wollte nicht zurück!*

Trotz meines Wachzustands bedrängten mich diese Wesen mit ihrer Kraft. Ich half mir durch Gebete und Atemtechniken. Mehrere Stunden ließen sie mich nicht los. Mein Wille war stark. „Nein, ich will diese Kräfte nicht mehr wirken lassen. Lasst mich in Ruhe! Es sind sehr starke Kräfte, aber in diesem Leben möchte ich mit ihnen nichts mehr zu tun haben", schrie ich sie innerlich an. Ich wusste und verstand nicht, warum ich das sagte, aber ich sagte es.

In den Morgenstunden hatte ich das Gefühl, dass diese Mächte aufgaben. Ich fiel in einen tiefen Schlaf.

Mit meinem neuen Heilpraktiker konnte ich gut über diese *Träume und Begegnungen* sprechen. Für ihn schien es ganz normal zu sein. Dadurch bekam ich etwas mehr Sicherheit. Nach drei Behandlungen sagte Herr B.: „Sie sind soweit geheilt, aber wenn sie wollen, helfe ich ihnen, an ihre Berufung schneller heranzukommen." Ich wusste nicht, wovon er sprach. Er meinte: „Sie könnten eine ähnliche Arbeit wie ich machen." – „Arbeit? – Ich bin froh, wenn ich mich selbst auf den Beinen halten kann", dachte ich. Trotzdem sagte ich: „Ja, ich möchte gerne an mir weiterarbeiten, es gefällt mir bei ihnen." Ich freute mich auf jede Behandlung und mochte Herrn B. wirklich sehr.

Schlosstraum

In der folgenden Nacht träumte ich wieder.

Ich wohnte in einem wunderschönen Schloss, das golden glitzerte. Wenn die Sonne darauf schien, leuchtete und glänzte es. Zwei meiner damaligen Freundinnen wohnten bei mir. Wir konnten alle fliegen. Es war ein schönes Gefühl, als wir schwebend durch die Räume tanzten, sehr fröhlich und vergnügt. Ich hatte einen eigenen Trakt in diesem Schloss.

Die nächsten Tage und Nächte waren voller Erkenntnisse. Alles entwickelte sich jetzt sehr schnell.

Am 18. Mai 99 trug ich Folgendes in mein Tagebuch ein:

Es geht jetzt rasend schnell. Alles ist klar und leicht. Meine Liebe zu Gott, zur Unendlichkeit ist so stark. Ohne diese Liebe kann ich nicht existieren. Mein ganzes Sein richtet sich darauf aus, alles andere lasse ich los, um dieser unerklärlichen Sehnsucht zu folgen. Mein Leben gehört nur der göttlichen Liebe, sie nur ist meine Daseinsberechtigung. All mein Leid war darauf ausgerichtet, niemals hätte ich es verstanden ohne dieses Leiden und immer sich wiederholendes Loslassen bis zum Kern meiner Seele. Zum Schluss gab es nur noch mich und Gott, und ich spürte, es ist das einzig Wahre, warum wir leben, und so bin ich glücklich!

Erste Erkenntnisse über Psychologen

Zu Pfingsten, nach dieser intensiven Traumperiode, fuhr ich mit meiner Tochter nach Italien. Mutig, dachte ich, ich würde es schon schaffen: „Ich *muss* ein ganz normales Leben weiterführen. Diana hat ein Recht darauf." Wir fuhren mit dem Bus.

In Jesolo fanden meine Seele und meine Gedanken Ruhe. Das Meer befreite mich von meiner eigenen Enge. „In meiner Heimat ist alles so kleinkariert und katholisch, ich kann dem gar nicht ausweichen", dachte ich. In diesem Urlaubsland spürte ich die Freiheit und ließ alles Betrübliche hinter mir. Das stundenlange Blicken aufs Meer und die warme Sonne auf meinem Körper waren wohltuend und beruhigend. Ich konnte fühlen, dass die vielen Stimmen und Gedanken meiner Kunden auch sehr belastend für mich waren. Wie immer sah ich auch hier die Probleme der Urlauber in den Augen. Aber ich wollte den Sorgen der Menschen aus dem Weg gehen, gab alles an Gott weiter, sprach fast mit niemandem und suchte meine innere Mitte.

Zu diesem Zeitpunkt überlegte ich noch ernsthaft, eine Therapie zu besuchen. Ich konnte mir meine Träume, die Angst, das Kribbeln im Leib und die vielen seltsamen Symptome immer noch nicht erklären. Ich fand vor dem Urlaub einen Therapeuten, und schon im ersten Gespräch meinte der Psychologe, ich hätte ein Autoritätsproblem und könnte mir von einem Mann nichts sagen lassen.

Mich irritierte seine Aussage – hat er Recht? Jetzt am Meer wurde ich klarer. Meine Angstzustände waren noch da, aber ich konnte damit umgehen.

Ich fragte mich: „Wie kann ein Psychologe meine Seele heilen, wenn er sie gleich in eine Schublade steckt? So musst du sein! Wenn du nicht ‚so' bist, hast du ein Problem – fangen wir gleich Mal beim Vaterthema an!" – Er hatte ein Bild davon, wie ich zu sein hätte!

Ich wusste auf einmal, hier am Meer, dass dieser Mann mir nicht helfen konnte! Er war ein Analytiker – und noch dazu ein schlechter, der an seinen eigenen Fähigkeiten zweifelte. Hier in der Ruhe konnte ich ihn wahrnehmen und wusste, er war selbst nicht von sich und seiner Arbeit überzeugt. Diese Gedanken kamen wie Eingebungen.

Das Jahr 1999 wurde sehr bewegend. Meine inneren Wahrnehmungen wurden immer stärker, und ich spürte augenblicklich am Körper, wenn ich etwas tat, was nicht in meiner Wahrheit stand. Alte Verhaltensmuster funktionierten nicht mehr. Nichts ging mehr, mein Umfeld reagierte entsetzt und ich wurde als noch schwieriger und empfindsamer bezeichnet.

Ich löste mich trotz Angst vor dem Alleinsein von Menschen, die meine Wahrheit nicht verstanden. Mir war klar, dass ich eine Zeit des Alleinlebens in Kauf nehmen musste, um mich wirklich zu finden. Die Kraft dazu wurde immer stärker.

Nach diesen tieferen Ablösungsprozessen von Ronny und Freunden reagierte mein Körper mit Migräneanfällen, Übelkeit und Verdauungsstörungen. Dazu zeigte sich immer öfter ein unangenehmes Brennen in der Brustmitte und zwischen den Schulterblättern.

Trotz der gesundheitlichen Beschwerden spürte ich, das alles seine Richtigkeit hatte. Meine Angst, ich könnte schwer krank sein, wurde etwas geringer, und ich bekam ein wenig Vertrauen in meinen Körper und zu meiner wahren Seele. Es war mir klar, dass die alten übergestülpten Verhaltensmuster sich ablösten und dass dies durchaus über den Körper geschah. Dass dieser Prozess sehr heftig vonstatten ging, war für mich ein Zeichen meiner starken Sensibilität. Dies bedeutete für mich, dass ich nicht hysterisch war (wie jahrelang von meinem Umfeld behauptet wurde), sondern sehr feine Empfindungsnerven hatte, die natürlich meinem wahren Wesen entsprechend reagierten. Über mehrere Jahrzehnte hatte ich diese Symptome nicht beachtet und sie mit Medikamenten zum Schweigen gebracht. Jetzt war der Zeitpunkt gekommen, meinem Körper Gelegenheit zu geben das Alte, Verderbte, Kranke abzustoßen.

Ich war Gott dankbar, Zeit und Raum zu finden für diese Prozesse. Meine Arbeit konnte ich noch stundenweise verrichten, wobei ich viel weniger leistete als früher. Die Angst, nicht genügend Geld zu verdienen, um für meine Tochter und mich zu sorgen, war sehr schlimm. Aber ich spürte auch, dass ich getragen wurde von einer Kraft und lernen musste, ihr zu vertrauen. Die Worte: „Nicht mein Wille – dein Wille geschehe!“ halfen mir in dieser Zeit.

Ich ruhte viel, weinte viel. Wenn Ängste kamen, ließ ich sie zu. Das war völlig neu für mich, da ich die letzten Jahrzehnte funktioniert hatte. So wie es mein Umfeld tat.

Interessanterweise klingelte mein Telefon an den energielosen Tagen, an denen ich keine Kraft hatte zum Arbeiten, nicht. Sobald ich die schwersten Prozesse hinter mir hatte, kamen meine Kunden in Scharen, und ich verdiente in ein paar Tagen so viel wie früher in einer Woche. Dadurch wuchs mein Vertrauen zur göttlichen Führung immer mehr.

Erstes außerkörperliches Erlebnis

Eines Morgens bekam ich einen Impuls, eine Freundin zu besuchen, die ich schon Monate nicht mehr getroffen hatte. Da ich langsam wieder lernte, meiner inneren Stimme zu vertrauen, fuhr ich ohne Anmeldung zu ihr.

Schon beim Öffnen der Tür sah ich ihren schlechten Gesundheitszustand. Sie zitterte am ganzen Körper und war sehr unruhig. In einem anschließenden Gespräch vertraute sie mir ihre seelischen Probleme an. Mir war nicht bewusst, dass ich zum Helfen da war. Wir unterhielten uns, und ich hörte meistens nur zu.

Im Laufe des Gesprächs ging es meiner Bekannten besser, aber ich spürte einen deutlichen Energieverlust bei mir.

Mittags fuhr ich nach Hause, um für meine Tochter zu kochen. Daheim legte ich mich sofort ins Bett. Meine Tochter musste sich selbst versorgen, da ich nicht mehr dazu in der Lage war. Meine Gedanken kreisten um diese Tatsache: „Diese Energie, die mir fehlt, hat jetzt meine Freundin."

Während ich einschlief, fiel ich in einen anderen Bewusstseinszustand.

Plötzlich befand ich mich schwebend wie ein Vogel über dem Haus meiner Bekannten. Ich fand das sehr erstaunlich, hatte aber überhaupt keine Angst. Im Gegenteil, neugierig betrachtete ich die Bilder und dachte dabei: „Aha, so sieht das von oben aus. Der Baum, das Haus, der Garten – alles ist mir bekannt. Jetzt sehe ich es von einer anderen Perspektive. Hoffentlich kann ich mir das alles merken, das ist ja einfach fabelhaft!" Ich genoss den Flug.

„Was will ich hier eigentlich?", schoss es mir durch den Kopf. Als Antwort kam: „Du musst ihr etwas zurückgeben." Was muss ich ihr geben? Es kam nur ein dumpfes, graues Gefühl, ich konnte es nicht definieren.

Ich wusste nur, es gehörte nicht zu mir, sondern zu ihr. Ich gab dieses „Etwas" zurück und in dem Moment befand ich mich wieder in meinem Bett. Danach schlief ich ein.

Als ich wach wurde, hatte ich zumindest so viel Energie, dass ich arbeiten konnte. Am Nachmittag rief mich meine Freundin an. Sie sagte: „Es geht mir so gut wie seit Wochen nicht mehr. Ich kann alles erledigen, was in letzter Zeit nicht möglich war."

Sie bedankte sich bei mir, da ihr klar war, dass diese Kraft von mir gekommen war.

Das war mein erstes, bewusstes außerkörperliches Erleben. Zu diesem Zeitpunkt erschreckte es mich sehr, und ich wusste nicht, was mit mir geschah! Was ist mit mir? Ist das etwas Tolles? Ist es etwas Normales? Ist es eine Gabe? Muss ich auf sie stolz sein? Bin ich etwas Besonderes? Werde ich jetzt verrückt? Wie gehe ich damit um?

Was kommt noch alles? Hilfe, Hilfe, Hilfe … Angst machte sich breit vor dem Phänomenalen, vor dem Außergewöhnlichen. Das können doch nur Yogis oder wie man die nennt. Ich hatte keine Ahnung, und für mich war alles nur verwirrend.

Ich rief meinen Heilpraktiker an, bei dem ich hoffte, eine Antwort auf meine Fragen zu bekommen. Er sagte mit ruhiger Stimme, so als wenn er mir erklären wollte, wie man Butter auf ein Brot streicht: „Ich weiß schon, dass du sehr gut aus deinem Körper kannst, aber es ist zu früh. Bleibe in deinem Leib. Du musst dich erst richtig erden."

Diese Aussage half mir nicht viel. Im Gegenteil, sie machte mir Angst. „Toll", dachte ich, „wie soll ich mich denn erden und in meinem Körper bleiben? Wie stellt der sich denn das so einfach vor? Ich will ja gar nicht aus meinem Leib! Ich mache das doch nicht zum Spaß! Diese Experimente liegen mir gar nicht, dazu bin ich viel zu ängstlich. Ich getraue mich nicht einmal in ein Flugzeug oder in eine Gondel. Wie kommt er darauf zu sagen, dass ich sehr gut aus meinen Körper kann?"

Fragen über Fragen! Weit und breit keine Antworten, zumindest keine, die mich beruhigten!

Wiederbesuch aus einer anderen Inkarnation

Ab Juni 1999 besuchten mich nachts die Wesen aus einem anderen Leben wieder. Ich versuchte, mich in einen Schutzwall zu hüllen, die kraftvollen Schamanen erschreckten mich sehr.

Ich wollte in dieser Inkarnation, nichts mehr mit ihnen zu tun haben. Innerlich sprach ich mit ihnen: *„Lasst mich in Ruhe. Diese Kräfte, die ihr gleich habt mit mir, werde* *ich im **Hier** und **Jetzt** nicht mehr gebrauchen! Sie sind zu rituell, und es wird mit zu viel Kraft gegen ‚DAS BÖSE' angegangen.* In diesem Leben finde ich andere Kräfte!"

Das Böse wird so nur verdrängt und nicht aufgelöst! Es gibt andere Wege!

Ganz klar war mein Wille! Ich spürte und fühlte diese Wahrheit – ich hinterfragte nicht, woher sie kam.

Einer der *Indianer* zeigte mir nach einer Weile dieses Medaillon wieder. Er hielt es in beiden Händen und bot es mir dar wie in einer schenkenden Gestik. Ich nahm das Medaillon nicht an und sprach innerlich: „Lasst mich in Ruhe!"

In den Morgenstunden fand ich ein wenig Schlaf. Beim Frühstück dachte ich über diese Begegnung nach. Plötzlich durchzuckte es mich im Bauch. Das Medaillon – irgendwie kam es mir bekannt vor. Hatte ich es schon einmal gesehen? Aber wo? Schnell holte ich ein Blatt Papier und skizzierte das Medaillon. Ich betrachtete es eine Weile und erschrak. Ronny – er trägt den gleichen Schmuck, dachte ich aufgeregt. Ich suchte Bilder von ihm. Als ich sie fand, bestätigte sich mein Verdacht. Auf einem großen Foto von Ronny hing an einer Kette um seinen Hals ein Medaillon. Ich verglich meine Zeichnung mit dem Schmuck. Die Anhänger waren identisch.

Ich erinnerte mich. Ronny hatte die Halskette einmal bei mir liegenlassen. Als er es bemerkte, rief er sofort bei mir an. Es war ihm damals ganz wichtig, das Schmuckstück so schnell wie möglich wieder zu besitzen. Er erzählte mir, warum er so an der Kette hing. Aber so sehr ich überlegte, es fiel mir nicht ein, was Ronny damals über das Medaillon gesagt hatte.

Ich trank einen Schluck Kaffee und dachte: „Vielleicht spielt mir mein Unterbewusstsein einen Streich mit diesem Medaillon, oder hatte es eine Verbindung zu einem früheren Leben?" Ich fand keine Antwort.

Das veränderte soziale Verhalten

Die Zeit verging. Die Nächte waren sehr intensiv, und ich spürte, dass ich jetzt sehr schnell in etwas Neues eintauchte. Altes löste sich schmerzhaft und erschreckend ab.

In meiner realistischen Welt, die ganz anders war als meine unsichtbare Welt, veränderte sich auch vieles. Mein soziales Verhalten wurde viel humaner und toleranter. Ich merkte, wie wenig ich beurteilte und kritisierte. Wie viel mehr ich die Menschen verstand, in ihren verschiedenen Arten zu leben und zu fühlen. Selbst sehr introvertierte, egozentrische, gefühlskalte Menschen konnte ich zumindest tolerieren und sie da stehen lassen, wo sie sich befanden, ohne mich von ihnen verletzt zu fühlen. Das war sehr befreiend für mich, und es machte mir nichts mehr aus, wenn sie mich beleidigend, unliebsam und gemein behandelten. Es richtete sich nicht gegen mich persönlich. Ich hatte auf einmal eine klare Unterscheidungsfähigkeit.

Immer mehr floss eine kraftvolle Stabilität in mich ein, die mir sagte: *„Sie wissen nicht, was sie tun! Es ist ihr Lernprozess, sie selbst können wählen."*

Meine Sehnsucht, die immer in meiner Herzensmitte brannte wie Feuer, fand ein klein wenig Ruhe mit dem Erkennen: „Ich bin – ich bin – ich und damit nicht ein anderer. Mein Wesen ist einmalig und gleichzeitig verbunden mit allem. Aber das heißt nicht, dass ich jeden lieben muss. Ich darf mich liebevoll verbinden mit der wahren göttlichen Seele eines Menschen, aber nicht mit seinem Ego-Ich."

Voller Schrecken erkannte ich, dass diese Gedanken, die Menschen demütig und hingebungsvoll zu lieben, aus altem, dogmatischem Glauben meiner anerzogenen Religion stammten. Meine Mutter hatte sie mich gelehrt und sie mir vorgelebt. Jetzt, mit fast 42 Jahren, erkannte ich, dass in mir ein großer Teil meiner Mutter und meiner Urgroßmütter lebte. „Was war den wirklich *mein* Denken, Handeln und Fühlen?", fragte ich mich.

Zu all diesen Erkenntnissen bekam ich jetzt Zugang, und es geschah mit mir tatsächlich etwas: Ich lernte meine Mutter besser kennen und konnte jetzt verstehen, aus welchem Gedankengut sie sprach.

Es ging einzig und allein darum, diese falschen Ideale oder Gesetze aufzulösen, die mich meine Mutter gelehrt hatte, die jedoch nicht von Gott, sondern von den Machtblöcken der Kirche geschaffen waren. Das war das Leben meiner Mutter und ihre Glaubenswahrheiten, daran konnte sie sich festhalten und sich orientieren, das war ihre Sache, aber mit *mir* hatte das überhaupt nichts zu tun. Ich durfte jetzt erst einmal erkennen und erforschen, was *mein* Glaube war und wer *ich war*. Ich hatte mir viel vorgenommen.

Jeden Abend hatte ich Angst vor der Nacht: „Was bringt sie mir heute?" Ab Sommer 1999 zeigte sich das schmerzhafte Brennen in der Brust verstärkt. Ich versuchte es zu lindern und legte eine Wärmflasche auf. Es stach und brannte wie Feuer. Dazu kam ein unangenehmer Druck im Rücken und Brustbereich. Das Herz raste und schlug unregelmäßig. Manchmal so schnell, dass ich große Angst bekam. Ich war mir dann ganz sicher, einen Herzinfarkt zu bekommen. Stundenlang tobten die Schmerzen nachts in meinem Körper. Ich hatte Todesangst. Morgens versuchte ich, Klarheit zu bekommen. „Es wird schon alles einen Grund haben, ich bin nicht krank", sprach ich zu mir, um mich zu beruhigen. Ich fühlte mich einsam und zermürbt und müde.

Ich versuchte, ganz zentriert in meiner Mitte zu bleiben und besser auf meinen Körper zu schauen. Die Achtung vor meinem Körper kam mir auf einmal sehr gering vor. Hatte ich meinen Leib überhaupt bemerkt?

Meine tägliche Affirmation war daraufhin: „Ich bin bereit, meine Berufung zu leben, ich will in meinem Körper bleiben!"

Erste Verschmelzung mit dem Tierreich

Eines Abends setzte ich mich traurig an meinen Lieblingsplatz in der Küche. Ich sank in einen Zustand der Leere. Ich stierte vor mich hin, machte eine Kerze an, löschte alle Lichter und merkte, dass ich in einen innerlichen Singsang verfiel. Es war sehr angenehm, und ich ließ es zu. Ich wurde immer ruhiger und ruhiger. Die Worte, die sich in meinem Inneren formten, die ich nicht kannte, wohl aber im Kopf laut hörte und innerlich laut aussprechen konnte, waren eine mir in diesem Leben unbekannte Sprache.

Trotzdem und *doch sprach* sie *in mir* ganz deutlich und schien mich zu beruhigen. Ich fühlte, wie meine Beine anfangen wollten zu tanzen, aber ich traute mich nicht. Meine Tochter würde es hören und denken, dass ich jetzt total spinne, waren meine Gedanken. Ich hörte Klänge und leise sang ich die Worte und die Melodie. Nach einer Weile wusste ich plötzlich: „Es ist ein Kraft- und Dankbarkeitsritual. Ich kenne es!" Meine Kraft wurde immer stärker, je mehr ich innerlich sang. Und ich sah einen Tiger vor mir – ich war der Tiger – diese enorme Geschmeidigkeit, diese Kraft, seine Bewegungen, sein Geruchssinn, seine absolute Aufmerksamkeit – das alles war in mir. Ich und der Tiger waren eins.

Später ging ich ganz ruhig und zufrieden zu Bett. Ich schlief sofort ein. Nach einer Stunde erwachte ich: keine Luft, Angst, Herzrasen. Ich sagte mir: „Es ist alles gut; ich habe sehr viel zugelassen, was mein normaler Verstand nicht fassen kann." Da es sich um Phänomene und Übernatürliches (wie ich es früher selbst bezeichnet hätte) handelt und wir Menschen und ich das als abnormal oder verrückt erklären, war es nur natürlich, dass mein Herz raste. So versuchte ich, mich zu beruhigen und eine Logik in meine Erfahrungen und Ängste zu bringen.

Die Schmerzen werden unerträglich

In den nächsten Monaten kämpfte ich mit immer schmerzhafter werdenden Prozessen. Wieder zeigten sich starke Blasenentzündungen. Der permanente Schmerz der chronischen Entzündungen war zeitweise so schlimm, dass ich die Nächte in der warmen Badewanne verbrachte, weinend und winselnd vor Schmerzen.

Tagsüber war der Schmerz der Blase auszuhalten; ich nahm diesmal keine Antibiotika. Dazu zeigten sich stärkste Magenschmerzen und Herzrhythmusstörungen. Die Schmerzen im Solarplexusbereich waren täglich über Stunden so intensiv, dass ich dachte, es nicht aushalten zu können. Sie hörten schlagartig auf, fingen aber eine halbe Stunde oder Stunde später wieder an. Oft war es so, dass ich ins Bett ging und friedlich und ohne Schmerzen einschlief, nachts von diesen Schmerzen geweckt wurde und nur noch schreiend in das Kissen biss, um meine Tochter und die Nachbarn nicht aufzuwecken.

Ich flehte zu Gott: „Bitte lass mich hinter diesen Schmerz schauen und bitte gib mir die Kraft, dass ich das aushalten kann – hilf mir, steh mir bei!“ Wenn der Schmerz nicht zu groß war, halfen mir autogenes Training und Atemübungen. Auch half mir eine visuelle Übung. Indem ich liebevoll in meinen Körper eintauchte, die Organe, das Sonnengeflecht und die Nerven streichelte und sie um Verzeihung bat. Meine Liebe, die dadurch zu meinen Organen floss, war sehr intensiv, sodass augenblicklich, wenn ich dieses „wahrhaftige“ Gefühl fließen lassen konnte, die Schmerzen aufhörten. Auch eine Sonnenmeditation half mir, indem ich mich als leuchtende Sonne im Solarplexus wahrnahm und meine Strahlen auf die Erde strömten und in meine Organe. Das linderte zeitweise meinen Schmerz.

Bei den Herzrhythmusstörungen konnte ich mir weniger helfen. Sie waren sehr Angst einflößend, und ich hatte zeitweise das Gefühl, das Herz bliebe stehen. Es polterte, wie es wollte, es raste und stach. Ich hatte im Sternum so brennende Schmerzen, dass ich meinte, jeden Moment einen Herzinfarkt zu bekommen – aber langsam merkte ich, dass sich das Nacht für Nacht wiederholte und sich zeitweise wieder vollkommene Ruhe in meinem Brustkorb ausbreitete. Ich linderte den Schmerz mit einer Wärmflasche, die ich ständig auflegte – mit viel Ruhe, unterstützt von Atemübungen und Lobpreisungen an Gott. Die linke Seite schmerzte am schlimmsten – auf der rechten Seite hatte ich kaum Beschwerden. Alles lag im linken Bereich.

Es folgten Monate, in denen ich diese permanenten Schmerzen hatte. Unerträgliches Brennen am Sternum, der linke Arm taub und voller Stiche und Schmerzen, das Herz im unteren und oberen Bereich von starken Stichen, Hieben und Rhythmusstörungen gepeinigt. Ebenfalls wurde der hintere linke Schulterbereich in Mitleidenschaft gezogen. Ich hatte das Gefühl, als wenn mir ein Messer im linken Schulterblatt säße und vorne eins in meiner Brust. Das größte Problem war meine Angst, einen Herzinfarkt zu bekommen. Die Angst war nicht, diese Erde zu verlassen, sie war, dass mein Leib das, was sich in mir vorbereitete, nicht aushalten würde. Wenn diese Angst überhand nahm, ging ich wiederholte Male zu einem Internisten. Zu den Herzrhythmusstörungen sagte der Arzt, sie würden sich wieder beruhigen, er möchte mir keine Medikamente geben. Er meinte, es käme von meiner Psyche, ich hätte es ja nicht so leicht als allein erziehende Mutter und dann noch selbstständig. Er empfahl mir, ich sollte mir einen netten Mann suchen. Ich schwieg über das, was sich innerlich in mir bewegte – weil ich wusste, dass ich darüber mit einem Mediziner nicht sprechen konnte. Jedoch war ich nach einem Besuch bei ihm jedes Mal beruhigt.

Ich glaube, dass während solcher Prozesse ein guter Internist notwendig ist. Das Organische sollte überprüft werden. Es können ganz normale Krankheiten auftreten. Zumindest hilft es, die Angst, sterbenskrank zu sein, zu überwinden oder für eine Weile zu besänftigen.

Meistens konnte ich noch arbeiten, aber es kam jetzt auch häufiger vor, dass ich die eine oder andere Kundin wegschicken musste. Ich erklärte ihr, ich hätte starke Magenschmerzen oder ein Magengeschwür und ich würde sie in der kommenden Woche anrufen. Meine Angst nahm zu, mein Vertrauen zu Gott schwankte und mein Zweifel wuchs. In diesen schweren Tagen, Wochen und Monaten, in denen ich keine anderen Einkünfte als meine selbstständige Arbeit hatte, hoffte ich täglich auf Heilung.

Es folgte eine Zeit, in der ich fast nicht mehr unter Menschen gehen konnte. Ganz schlimm war es in den Supermärkten, wo ich mich schon vorher konzentrieren musste, um überhaupt einkaufen zu gehen. Die Wurst- und Fleischabteilung und da, wo sich die Menschen zusammendrängten, waren für mich fast nicht mehr zu ertragen. Es konnte vorkommen, dass ich mich während des Wartens an der Kasse vor Schmerzen krümmte. Dieses Phänomen kam jetzt auch, wenn ich mit Freunden zusammensaß. Es folgten Tage und Wochen, in denen ich sehr vorsichtig war im

Umgang mit Menschen. Im Freundeskreis zog ich mich zurück, da ich die Kraft brauchte für meinen Alltag.

In dieser Zeit sprach ich nicht über meine Prozesse, die in mir vorgingen. Das Umfeld nahm es auch so hin, als wäre es relativ normal. Ich durfte vertiefend lernen, dass der Mensch sich nicht mit dem Leid des anderen identifiziert – im Gegenteil. Wenn ich auf meine Schmerzen zu sprechen kam, erhielt ich immer nur eine Antwort: „Ach, du Arme, wieso musst du so leiden!“ – „Es wird schon wieder besser werden“ und „Geh halt mal zum Arzt!“. Damit wurde es abgetan. Und im gleichen Atemzug sprachen sie von ihren eigenen Problemen, die anscheinend wesentlich wichtiger waren als meine Schmerzprozesse.

Ich stellte mehr und mehr fest, dass die Menschen enorm egoistisch sind. Diese Feststellung machte mich sehr traurig. Ich nahm mit Erschrecken wahr, was diese *unbewussten Seelen* für eine Beengung und eine Kurzsichtigkeit haben. Dass sie sich in ihren eigenen dummen Gedanken drehen, in ihrem eigenen Bemühen, ihr kleines Umfeld ihres Egos aufrecht zu erhalten, und nicht im geringsten einen erweiterten Bewusstseinskreis wahrnehmen können. Es kam mir oft vor, als wenn sie schon gestorben wären und doch verzweifelt um ihr Leben rangen. In Zeiten, wenn ich diese Erkenntnis erlangte, kam gleichzeitig in mir ein starkes Schuldgefühl hoch. Wie konnte ich nur so hart über die Menschen urteilen? Doch all mein Ringen, mich zu bemühen, sie zu verstehen, wieder so zu sein wie sie, scheiterte, und ich spürte, dass ich mich noch tiefer lösen musste, um mein eigenes Wesen zu finden.

Im Nachhinein weiß ich nicht, wie ich diese Zeit, in der so intensive Prozesse liefen, aushalten konnte. Wie ich das, was sich im Innersten bewegte, und wie ich das, was sich im Äußersten bewegte, in Einklang brachte mit meinem Alltag – mit meiner Arbeit im Kosmetikstudio, mit meiner Tochter, mit den alltäglichen Dingen des Haushalts, Schularbeiten kontrollieren, kochen, einkaufen – wie ich es schaffte, durch diese Prozesse zu gehen, ohne verrückt zu werden und an den Schmerzen zu verzweifeln.

Langsam verstand ich, dass diese nächtlichen Attacken etwas bewegen wollten. Durch das Nichtzulassen in ein anderes Bewusstsein, eine andere Dimension oder Sphäre zu gelangen, verkrampfte sich mein Körper, und die Angst dominierte.

Es fühle sich wie Sterben an. Meine Persönlichkeit (Ego-Ich) oder Menschenseele wehrte sich vehement gegen diese Erfahrungen.

Tagebuchauszug

Alles in mir ist die Quelle allen Seins, und alle Geheimnisse und Erfahrungen liegen einzig und allein in mir.

Ich erkannte, dass die Sterbeprozesse, von denen ich hoffte, dass sie hinter mir lägen, mich auf eine Geburt vorbereiteten. „*Ich werde neu geboren.*" – Diese Wahrheit kam immer wieder in meine Gedanken – oder war es die innere Stimme oder das Göttliche? – Ich wusste es nicht.

Ich wusste nur, ich bereitete mich auf irgendetwas vor, und ich hatte Angst! Gleichzeitig war ein starker Strom in mir, der mich immer weiter führte. Ich wusste nicht, wohin!

Ende Juni 1999 schrieb ich in mein Tagebuch:

Bis zum Jahr 2000 werde ich wieder als Helfer der universellen Energie geboren sein!

Als ich diese Zeilen später las, schüttelte ich den Kopf und dachte: „Wie konnte ich diesen Satz schreiben?" Ich wusste zu diesem Zeitpunkt noch immer nichts von Kundalini. Noch nie in meinem Leben hatte ich das Wort gehört. Universelle Energien waren mir ebenfalls völlig fremd.

Das Sterben geht weiter …

Die nächtlichen Sterbeprozesse gingen unaufhaltsam weiter. Ich zerbrach fast an ihnen. Ich konnte nichts mehr essen, weinte und war verzweifelt. Ich schleppte mich tagsüber wie eine Halbtote durch den Alltag. Sah blass, abgemagert und traurig aus. Ich erschrak an meinen Gesichtszügen, wenn ich in der Frühe in den Spiegel schaute. Ich hatte Augenringe und an nichts mehr Interesse. Es kam jetzt immer öfter vor, dass ich eine Nachbarin bitten musste, Diana in die Schule zu fahren, weil ich morgens weinte oder gekrümmt auf dem Sofa lag.

Verzweifelt holte ich mir einen Termin bei meinem Heilpraktiker: Dieser meinte ganz ruhig: „Je schneller du jetzt stirbst, desto besser." Irgendetwas in mir spürte, dass er Recht hatte, aber er nahm mir nicht meine höllische Angst und zeigte wenig Mitgefühl. Ich hatte Diana zu versorgen – war Mutter, trug eine große Verantwortung. Wieder tauchte die Angst auf, in eine psychosomatische Klinik zu müssen, und dann würde Stefan mir Diana wegnehmen. Außerdem zeigte sich eine unglaubliche Angst, so krank zu sein, dass ich sterben müsste. Ununterbrochen quälten mich die Todesattacken. Es gab keine Erholungspausen mehr. Nacht für Nacht starb ich die nächsten Monate. Ende 1999 steuerte ich auf einen Höhepunkt zu.

Tagebuch 18. 09. 1999

Gottes Wahrheit bedeutet die Freiheit der Seelen. Frei von Ängsten und frei von Manipulation, ohne Kontrolle des Äußeren. Dafür tief im Leib und fest auf Erden – im Inneren diszipliniert und in seiner Mitte zu sein, ist das wahre Bestreben des Menschen. Nur so kann göttliche Energie von oben nach unten fließen. Wenn ich Gott lobpreise, muss ich auch die Erde lobpreisen. Wenn ich nicht geerdet bin, kann ich nicht göttlich sein. Es muss ein Kreislauf entstehen.

Todeserlebnis

Mein Unterleib war taub, und meine Arme gehorchten mir nicht. So sehr ich mich anstrengte, sie bewegten sich keinen Millimeter. Hilflos lag ich in meinem Bett. Ich hoffte, ohnmächtig zu werden oder zu sterben. Der Körper kribbelte, und Hitze und Kälteschauer schossen durch meinen Leib. Diana schlief neben mir. „Ich sterbe", dachte ich. „Meine kleine Tochter, was wird aus ihr, wenn ich tot bin?" Dieser Gedanke quälte mich. Ich malte mir die furchtbare Szene aus, dass mich Diana in der Früh tot im Bett liegend finden würde.

„Ich kann nicht mehr – will nicht mehr, ich sterbe, sprach ich innerlich verzweifelt.

Stunden lag ich in diesem gelähmten Zustand in meinem Bett. Die Angst kroch durch meinen Körper. Zeigte sich im Bauch, Hals und Brustbereich. Wie ein Schraubstock verengte sie jede Ader in mir. Mein Blut rauschte. Mein Atem ging flach und kurz. Dann plötzlich kam ein langer tiefer Atemzug – bis in die Zehen. Der gesamte Körper vibrierte, und mein Brustkorb wollte explodieren. Unfähig, mich zu bewegen, lag ich hilflos neben Diana. Kurze, hechelnde Laute drangen aus meiner Kehle.

„Was willst du?", schrie ich Gott verzweifelt an. *„Was willst du noch? Hast du nicht schon alles bekommen? Meine Ehe habe ich aufgegeben – Geld und Ruhm – Ronny, meine Liebe – was willst du noch?",* schrie ich zornig mit letzter Kraft in den geistigen Raum. *„ Wieso muss ich jetzt auch noch so grausam sterben?",* schrie ich verzweifelt weiter.

Diana wurde im Schlaf neben mir unruhig. Ich erschrak – ich musste leben – für sie, dachte ich.

„Diana – nein – Diana kann ich nicht verlassen – sie nicht", schrie ich zu Gott. *„ Was bist du für ein grausamer Gott – was willst du noch von mir?"*

Stille – ich bekam keine Antwort. Bilder aus dem alten Testament schossen mir ins Gedächtnis. Jakob – oder war es Abraham, ich wusste es nicht mehr –, der seinen Sohn opfern sollte, auf den er so lange gewartet hatte. *„Nein – nein – nein",* schrie ich, *„nicht Diana – ich verlasse sie nicht – sie braucht mich – ich kann nicht sterben – sie ist das Letzte, was ich noch über alles liebe – sie kann ohne mich nicht leben*

– *sie würde zerbrechen*“, zeterte ich mit Gott.

Mein Brustkorb verengte sich noch mehr. Er brannte wie Feuer. Ein gewaltiger Druck machte sich breit. „*Nein*“,– schrie es in mir – „*nicht Diana – ich verlasse sie nicht – ich will nicht.*“ Das Rauschen im Leib wurde immer stärker.

Plötzlich hörte ich eine laute, tiefe Stimme. Wie aus einer großen Berghöhle heraus hallte es: **„Dein Kind gehört dir nicht – für sie ist gesorgt.“**

Als ich diese Wort vernahm, hörte mein Kampf schlagartig auf, und ich wurde ruhig und erkannte „Ja – Gott, Vater/Mutter – ich bin ein Egoist – Diana ist ein Geschenk – du hast sie mir geschenkt – ich danke dir – du hast Recht – nichts gehört mir – selbst mein Kind nicht – alles ist von dir erschaffen – und ALLES sind *deine* Kinder und in deinem LICHT wohl gehütet und geborgen.“

Endlich war ich auch als Mutter bereit loszulassen. Tränen liefen mir übers Gesicht. „*Verzeih, Vater, dein Wille geschehe – nicht meiner*“, rief ich weinend. „*Nimm mich zu dir*“, sprach ich ruhig zu Gott „*ich bin bereit – für Diana ist gesorgt – ich kann sie jetzt loslassen – du hast Recht – nichts außer deinem Willen hat Berechtigung – nur du allein bist meine größte Liebe – ich bin dein Diener.*“ Tief spürte ich meine Worte – ich bin in Wahrheit ewig *nur* in – IHM.

Ganz still und ruhig wurde es in mir bei diesen Worten. So lag ich, bereit zu sterben.

Ich schlief ein. Am nächsten Morgen fühlte sich mein Körper ruhig und gelöst an. Wie als hätte ich eine große Last nicht mehr zu tragen. Ich fühlte mich, fühlte meine Seele – sie wurde immer freier.

Tagebucheintrag

Freude ist der Zugang zum Göttlichen. Weite und Begrenzung im Körper zu spüren, ist Voraussetzung zur Freude. Die Tiefe der Erde zu fühlen, ist schön und erschreckend zugleich. Trägt sie einen oder verschlingt sie einen. Egal, die Tiefe der Erde und die Höhe des Himmels – beides muss gleichzeitig fühlbar sein. Erst dann bin ich geboren.

Es folgten nun ein paar Stunden und manchmal sogar ein ganzer Tag, an denen ich keine Schmerzen hatte. Diese Stunden waren besonders beglückend. Ich konnte wahrnehmen, dass Gott *in mir* war, dass er überall war, in jedem Blatt, jedem Stein, in jeder Wurzel, in allem, was wir sehen und fühlen können, und in allen Menschen.

Ich spürte, dass eine allgemeine Transformation auf Erden stattfand, spürte, wie starke Hilfe die Erde brauchte. Ich fühlte, dass ich dabei war, ans andere Ufer zu gehen. Es kam immer wieder der Begriff „*ans andere Ufer*“ in meine Gedanken. Ich wusste nicht richtig, was es bedeutete.

Weitere Tantra-Träume

Wieder ging es um Ronny; *er arbeitete in einer Kantine als Koch. Ich kaufte mir eine Mahlzeit bei ihm. Eine Schiebetür war zwischen uns, die er nur einen Spalt öffnete. Seine Frau saß auf seiner Seite hinter der Theke und strickte im Schaukelstuhl. Den Rücken zu mir gewandt. Ronny rief von seiner Seite zu mir herüber: „Hilf mir." Er gab mir ein Medaillon. Ich nahm dieses Schmuckstück, malte es in sehr schönen, zarten, hellen Pastellfarben an und gab es ihm zurück. Er nahm es und gab es zu meinem Erstaunen seiner Frau. Sie übermalte mit dunklen Farben meine hellen. Später bezahlte ich bei Ronny mein Essen. Er gab mir falsches Wechselgeld zurück. Ich sagte zu ihm: „Warum betrügst du mich und warum lässt du es zu, dass deine Frau meine Farben übermalt?" Er zuckte cool mit den Achseln und meinte: „Du weißt es doch, ich bin so und kann nicht anders!"*

Mein früherer Ehrgeiz, der mich immer angetrieben hatte, Geschäfte zu machen, viel Geld zu verdienen, der mein Ego gestreichelt hatte, nahm ständig ab. Die Ängste, die wieder in mir hochstiegen, erschreckten mich. Gedanken in meinem Kopf sprachen: „Du bist ein Versager, du gammelst den ganzen Tag nur rum. Wenn man so lebt, ist man ein Verlierer." – Wer sprach da mit mir? Woraus bildeten sich solche Gedanken? Wenn sie kamen, ging es mir sehr schlecht. Ich versuchte, nicht auf diese Sätze zu hören.

Allmählich getraute ich mich, zu ruhen, wenn ich müde war – ohne ein schlechtes Gewissen zu haben. Bald gelang es mir, meine Mittagsmeditation täglich zu machen und so manchen Vormittag im Bett zu verbringen, Tagebuch zu schreiben, zu lesen und zu meditieren. Ich erlebte den Alltag vollkommen neu. Das zeigte sich auf allen Ebenen. Beim Essen – es musste kein Menü mehr sein, keine Regelmäßigkeit, sondern es entstand eine Leichtigkeit, in der ich im Hier und Jetzt Entscheidungen traf, was mein Körper brauchte.

Unsere Mahlzeiten veränderten sich komplett: Es wurde wesentlich einfacher gekocht, oft genügte eine Schüssel Reis mit Butter, etwas Salat. Es gab keine großen Vorspeisen und Nachspeisen mehr, wir aßen in einer großen Einfachheit, und ich merkte, dass sich auch Diana immer mehr damit anfreunden konnte. Unser tägliches Dankgebet bei Tisch war: „Gott löst alle schwierigen Probleme, Gott löst alle schwierigen Probleme, Gott löst alle schwierigen Probleme." Es stellte sich eine immer stärkere Empfindsamkeit ein. Lebensmittel wurden sehr gezielt ausgesucht und bei der kleinsten Überlegung „Brauche ich das oder brauche ich das nicht?" reagierte mein Körper sofort.

Alkohol war für meinen Körper nicht mehr verträglich, und ich merkte, wenn ich das Limit von einem Glas oder zwei überschritt, ging es mir sehr, sehr schlecht. Immer noch rauchte ich stark. Ich nehme an aus Gründen der Erdung. Außerdem änderte sich mein Schlafrhythmus – ich schlief nachts fast gar nicht mehr –, sehr wichtig aber wurde mein täglicher Mittagsschlaf.

Ich musste ihn unbedingt einhalten, damit mein Körper den Tag gut überstand. Ich wurde Frühaufsteher. Wenn ich morgens erwachte, sprang ich direkt auf, setzte mich im Bett hoch und las, schrieb Tagebuch oder meditierte. Das Wichtigste in diesen Phasen waren viel, viel Ruhe, viel Liebe, das Loslassen jeglicher Kritik gegen mich selbst sowie gegen andere. Das Annehmen meiner Schwächen und das Verstehen, dass mein Leben in der Art, wie ich es geführt hatte, vorbei war und nie mehr so sein würde, wie es einmal war. Zu diesem Zeitpunkt wusste ich nicht, wohin es mich führen würde – zu noch mehr Krankheit, zum Tod, zur Freude oder zum Untergang.

Ein weiterer Traum

Ich befand mich mit einer Freundin im Olympiastadion in München. Ronny spielte mit seiner Band. Er konnte mich nicht sehen. Tausende von Zuhörern waren im Stadion, und ich war einer von vielen Fans. Ich war traurig, weil Ronny mich nicht sehen konnte und nicht wusste, das ich im Stadion war. Ich erzählte meine Gefühlte meiner Freundin. Daraufhin sagte sie verächtlich: „Was willst ***du*** *denn, er hat doch* ***tausende*** *von Fans. Du kommst nicht mehr an ihn heran. Jetzt habe ‚ich' vielleicht eine Chance bei Ronny", lachte sie mich eiskalt an.*

Es ging mir sehr, sehr schlecht unter diesen kreischenden, jubelnden Frauen, die nach ihm riefen, und ich dachte: „Ja, so ist es, und deswegen kann er mich in diesem Leben nicht wahrnehmen, sehen und hören." Plötzlich sang Ronny ein Liebeslied über ein Mädchen. Mein Namen fiel – ich konnte es nicht fassen. Er sah mich – trotz all der vielen Frauen. Die Zuhörerinnen gafften mich ärgerlich an. Ich war tief bewegt und berührt von seinem Lied. Obwohl Ronny nur ganz klein auf der Bühne erkennbar war, trafen sich unsere Blicke. Dieser Moment war voller unendlicher Liebe und Wohlgefühl.

Plötzlich ein Szenenwechsel. Ronny und ich saßen bei meiner Mutter in der Küche. Die Wohnung sah genauso aus wie vor fünfundzwanzig Jahren. Eine verstorbene Nachbarin meiner Mutter war anwesend, die mich in meiner Jugend immer kritisiert hatte. Sie schimpfte damals mit allen Nachbarskindern. Wir waren ihr immer zu laut. Sie verbot uns das Lachen, Spielen und Singen. Wir Kinder störten sie. Als Kind jagte sie mir großen Schrecken ein, wenn sie plötzlich aus ihrem Fernster zu uns herunterschrie. Auch jetzt schimpfte sie mit mir. Skeptisch und mit bösem Blick in den Augen schaute sie auf Ronny und mich. Aber jetzt war es mir egal, ich hatte keine Angst mehr vor ihr. Ronny und ich saßen Händchen haltend auf einem großen Sessel. Wir genossen die schönen Empfindungen und Gefühle, die Freude der Berührung unserer Hände. Ronny legte seine rechte Hand an meine Wange, und ich berührte mit meiner Linken seine liebevolle Hand. Wir schauten uns tief in die Augen – lächelten innerlich über diese Nachbarin und ließen uns nicht von den Beschimpfungen irritieren.

Ich wurde wach, lag in meinem Bett und dieses wunderschöne Gefühl umhüllte mich wie eine sanfte Wolke. Es hielt eine ganz Zeit lang an, und ich merkte, wie ich verzweifelt versuchte, dieses Gefühl zu halten – aber langsam löste es sich auf. Ich musste mich davon verabschieden. Ich bekam starke Schmerzen im Solarplexus, die über Stunden anhielten.

Es waren noch ein paar letzte Freunde und Menschen um mich, die ich verzweifelt versuchte zu halten. Es misslang; eine Freundin nach der anderen verließ mich. Es kam mir so vor, als wenn ich ein Baum im Herbst wäre, dem vom Wind die letzten Blätter abgerissen wurden und der nun kahl, verloren und einsam in der Kälte stand. Oft dachte ich: „Was ist das für ein Leben? Ich suche Gott und verliere immer mehr und mehr. Ich suche die Wahrheit, und das Licht und mein Weg führen zu Einsamkeit, Verzweiflung und durch die Hölle.“ In diesen Momenten fühlte ich mich von allen verlassen. Angst und Verzweiflung wuchsen!

Ich dachte oft an die Propheten, Buddha, Moses und all die Heiligen, von denen ich im Laufe meines Lebens gehört hatte. Es waren nicht sehr viele. Ich hatte mich damit nie tiefer beschäftigt. Ich kam zu dem Ergebnis, dass sie alle in ähnlicher Weise die gleichen Prozesse durchlebt hatten, um das Leid der Welt zu lindern und den Schmerz der Erde zu tragen. Für mich war unverständlich, warum sich die Menschen stritten, aus welcher Religion diese Helden kamen. Wenn sie nicht gewesen wären, die ihre Menschenseele gereinigt und geläutert hatten, um den Kampf mit den dämonischen Wesen auf sich zu nehmen, wäre die Erdenentwicklung noch lange nicht so weit. Ich bekam einen Zugang zu ihnen – war eins mit ihnen.

Diese Heiligen und Propheten waren für mich plötzlich die echten Helden; sie ließen sich auf das ganz große Abenteuer des Lebens ein. Sie kämpften um die Vermählung von Himmel und Erde. Kein Drache, keine Schlucht, keine Berge konnten sie von ihrem Weg abhalten. Sie lebten für ihre Bestimmung, die Vereinigung mit dem Göttlichen. Jetzt verstand ich endlich den tieferen Sinn der Märchen und Sagen aus meiner Kindheit. Begriff meine Liebe zu diesen Erzählungen.

Ich dachte: „Die Menschen beten seit Jahrhunderten diese Vorreiter der Menschheit an. Sie wollen von ihnen Schutz und Trost. Aber leider wünschen sie sich nur den Geliebten oder die Geliebte zurück oder noch schlimmer: Geld, Macht und Ruhm."

„Wie einfach die Menschen sind", dachte ich. „Sie vergessen den eigentlichen Sinn, sie vergessen, warum diese Heiligen alle Tiefen des Irdischen durchlaufen haben. Nicht, damit die Menschheit weiter schläft und sich nicht zum Göttlichen entwickelt – nein – sie waren Vorbilder. – Macht es einer nach? Nein, alle wollen von den hohen Wesen nur das eine, von den Helfern aus den anderen Welten: ‚Hilf mir in meinem Alltag!' – ‚Hilf, dass ich zu Geld komme!' – ‚Hilf, dass dieses oder jenes in Erfüllung geht!'„

„Es gibt schon Bücher darüber, wie man seine *Nachricht nach oben ab gibt"*, überlegte ich entsetzt.

Wenn das Wunder nicht eintrifft, sind die Menschen enttäuscht und machen Gott dafür verantwortlich. Sie überlegen nie, dass Gott auch sie braucht, dass er ohne die Liebe der Menschen zu seinem Schöpfungswerk nicht helfen kann, dass alles ein großer Austausch ist eine Symbiose. Auch Gott braucht Nahrung – *wir nähren ihn.*

„Es erfüllt mich mit tiefer Scham und Betroffenheit, wie achtlos und unwürdig die Menschen mit den geistigen Welten umgehen. Genauso unwürdig gehen sie mit der Erde mit anderen und mit sich selbst um. Sie merken es nicht einmal", dachte ich.

„Es wundert mich überhaupt nicht, dass unsere Jugend – und auch die Erwachsenen – durch die irdische Welt jagen, immer nur Erfolg, Ruhm und Glück als Hauptinhalte sehen – oder Drogen und Zerfall – und doch dabei keine Befriedigung finden." Durch diese Erkenntnisse wurde ich traurig und tagelang hatte ich eine Depression. Ich weinte nur. Es zerriss mir das Herz vor Trauer um Mutter Erde.

Tagebucheintrag:

Ab dem Jahre 2000 wird für die Menschen eine starke Wende eintreten; das Gleiche gilt für die Erde, für die Sonne und für die Planeten.

Es folgte ein weiterer wichtiger Traum; wieder ging es um Ronny:

Ich fuhr mit meinem Auto auf einer einsamen Straße. Plötzlich hatte ich eine Panne. Das Auto bewegte sich nicht mehr. Hilflos stand ich am Straßenrand – schaute mich um und sah nur Sand. Ich stand in der Wüste. Keine Hilfe weit und breit.

Verzweifelt irrte ich umher. Auf einmal befand ich mich in einem sehr schönen, luxuriösen Hotel. Ein Bus stand vor der Eingangshalle.

Ronny stand mit dem Portier vor dem Hotel und ließ mein kaputtes Auto abschleppen. Während er alles regelte, saß ich im Foyer, müde und glücklich, dass Ronny alles richtete. Ich wunderte mich nicht, woher er plötzlich kam, es war ganz selbstverständlich, dass er da war! Er sagte: „Du musst dich ausruhen und nicht allein weiterreisen. Ich möchte, dass du mit einer Reisegesellschaft fährst. Dann hast du jeden Abend dein Hotel, um dich auszuruhen. Es ist besser so!

Ich war ihm sehr dankbar und ging auf mein Zimmer. Da saß meine Freundin, die normalerweise in Australien lebt. Sie sagte: „Du machst eine Reise – ich bin sofort gekommen, weil ich auf jeden Fall mit möchte. Ich freue mich so sehr. Endlich geht es los. "Auch ich hatte größte Freude; wir holten gleich einige Landkarten heraus und fingen an, die Reiseroute zu studieren. Auf einmal wurde mir bewusst, dass ich allen Mitreisenden im Hotel noch erklären musste, wo die Reise hinging und wie wir sie schaffen konnten. Sofort wollte ich los. Es war schon Abend, es blieb mir nicht mehr allzu viel Zeit.

„Ronny", dachte ich, „sitzt in der Halle und wartet auf mich!" Zu meiner Freundin sagte ich: „Was mache ich denn mit Ronny? Er hat so viel für mich getan, und jetzt habe ich nicht einmal Zeit, mit ihm einen Kaffee zu trinken. Es tut mir so Leid. Ich weiß, dass er nicht mitkommt auf diese Reise..

Meine Freundin sagte leicht gereizt: „Du mit deinem Ronny. Das geht jetzt schon seit der Schule; er ist doch nicht so wichtig wie die Reise. Geh hinunter und verabschiede dich, wenn du meinst, aber dann komm schnell wieder. Wir haben noch viel zu tun."

Als ich in die Hotelhalle kam, saß Ronny ganz allein an der Bar mit dem Rücken zu mir. Unendlich traurig wurde ich bei diesem Anblick. Ich ging langsam auf ihn zu, und im gleichen Moment drehte er sich um und lächelte mich mit so viel Liebe an, dass es mir warm ums Herz wurde. Ich sagte: „Du hast so viel für mich getan, und es tut mir so Leid, aber ich fühle, dass ich viele Menschen mit auf diese Reise nehmen muss, die mich brauchen. Ich kann jetzt nicht mit dir gehen.“

Er schaute mich müde, traurig und doch voller Liebe an und sagte ganz ruhig: „Ich weiß; es macht nichts, erledige nur in Ruhe alles, ich werde auf dich warten. Wir treffen uns immer wieder während deiner Reise.“

Seine Nähe fühlte sich an wie warmer Nebel oder Watte, eine Einigkeit, die Ruhe, Verständnis und grenzenlose Liebe ausstrahlte. Es war für keinen Moment die Angst zu spüren, dass ich ihn verlieren könnte.

Ich ging fröhlich auf mein Zimmer und war sehr glücklich.

Mitten in der Nacht wurde ich wach und wusste jede Einzelheit dieses Traums. Er war so realistisch, wie ich mich kaum an einen Traum erinnern konnte. Im Wachzustand konnte ich noch das warme, wohlige Zugehörigkeitsgefühl spüren und genießen. Es war, als wenn er eben bei mir gewesen wäre. Nur ohne Angst! In der realen Welt begegnen wir uns nie ohne Angst – und deshalb können die Gefühle nicht leben.

Es war mir klar, dass ich meine spirituelle Reise fortsetzen sollte – ohne Ronny.

Ich brauchte Zeit, um in diesem Leben meinen geistigen Weg zu suchen, und nicht *ich* wartete auf ihn, *er* wartete auf mich.

Die Seelen wandern lange in dem ewigen Kreislauf von Leben und Tod. In diesem Leben finden wir vielleicht nie zusammen. Im Unendlichen spielt das alles keine Rolle, da gibt es keine Zeit in der Bedeutung, wie wir sie kennen, erkannte ich.

Das dritte Auge öffnet sich

In den folgenden Wochen kamen immer mehr innere Bilder, das dritte Auge öffnete sich. Nachts, wenn ich bei vollem Bewusstsein im Bett lag und meine physischen Augen schloss, öffnete sich das „andere" Auge. Ich sah Gesichter von Menschen, die an mir vorbeizogen. Schwarze, Weiße, Asiaten, aus allen Kulturen. „Es sind Mönche oder Einsiedler", dachte ich. Wie in einem Fotoalbum zeigte sich ein Portrait nach dem andern. Einer war weiter weg und saß auf einem Stein, der andere kam ganz nah an mein Gesicht. Sie schauten alle sehr ernst und traurig. „Wer seid ihr?", dachte ich. Ich hatte noch nie einen von ihnen gesehen – zumindest in diesem Leben. Die Bilder waren so klar, dass ich jeden Gesichtszug genau erkennen konnte.

Ich konnte diese Bilder nicht anhalten, riss die Augen auf, um diesen Film zu unterbrechen. Jede Nacht ließ ich das Licht brennen, trotzdem blieben die Fotos wie Standbilder im Raum stehen. Sobald ich die Augen vor Müdigkeit wieder schloss, ging es weiter. Ich konnte nicht schlafen. Es war wie im Kino – nur dass die Bilder schneller liefen. Fast jede Nacht ging es so, ob ich es sehen wollte oder nicht. Es kam einfach. Ich hatte furchtbare Angst; was sollte ich *noch* sehen – und *warum* sah ich diese vielen Bilder?

Damals sprach ich mit niemandem darüber, weil ich nicht unterscheiden konnte, ob es meine Fantasie war, die diese Bilder hervorbrachte, oder ich in Welten eintauchte, die mir etwas deuten wollten. Ich hatte noch keine Ahnung vom „Öffnen des dritten Auges".

Seltsame Dinge geschahen in meiner Wohnung. Sämtliche elektrischen Geräte und Lampen schienen einen Wackelkontakt zu haben. Das Licht ging an und aus wie es wollte. Oft flackerte es. Mitten in der Nacht ging das Radio oder der CD-Player an – immer volle Lautstärke! Es riss mich aus dem Schlaf – durch Musik, die ich tagsüber nie *so* laut aufgedreht hätte. Ich untersuchte die Geräte. Drehte abends die Lautstärke herunter. Kontrollierte die Replay-Taste, fand nichts. Nacht für Nacht wurde ich auf solch seltsame Weise geweckt. Es fand zwischen 3 und 5 Uhr statt. Ich fand es nach einer Weile nicht mehr beängstigend. Verrückterweise spielte immer ein anderer Song; ich fing an mich darüber zu amüsieren: „Na – was gibt es heute Nacht für ein Lied?", sprach ich innerlich. Wenn das Licht aus- und anging, reagierte ich genauso. Ich versuchte, nicht weiter zu ergründen, warum diese Dinge geschahen. Ich wusste einfach: *„Irgendetwas geschieht mit mir!“* Immer noch tappte ich im Dunkeln.

Mitte November fuhr ich zu Ronny ins Restaurant. Ich spürte, dass wir uns im Weltlichen immer weiter entfernten. Er zog sich ganz von mir zurück. Ich wollte ihn noch einmal sehen. Ich erschrak über sein Aussehen. Seine Augen hatten ihren Glanz verloren, und ich konnte seine Seele nicht mehr wahrnehmen. Sein eigentliches Wesen, das ich so sehr liebte, kam nicht mehr zum Vorschein. Verloren unter zu viel Stress auf der Jagd nach Erfolg, gefangen in seinen Ängsten um die Existenz, geknebelt von der Verantwortung. Zu viel Genus – zu viel von allem, worin er sich falsche Ersatzbefriedigungen erhoffte.

Es war für mich schrecklich, diese Veränderung an ihm zu sehen. Ich litt und war traurig darüber, dass ich keinen Zugang mehr fand zu seinem wahren Wesen, dem meine ganze Liebe galt. Ich glaube, er spürte es genau, und es wurde ihm sehr unangenehm, mir in die Augen zu sehen. Diese Plastikwelten, die er sich aufgebaut hatte, standen für mich auf wackeligen Beinen, und ich war mir sicher, er würde daran verhungern. Ich nahm wieder einmal innerlich traurig von ihm Abschied, kämpfte damit, ihn allein zu lassen in seiner für mich *trostlosen, kalten Welt.*

Ich versuchte, tagsüber nicht an Ronny zu denken. Nachts nahm ich ihn mental in meine Arme und schickte ihm Licht und Liebe.

Ausmaße in der Arbeit

In meinem Kosmetikstudio geschahen auch seltsame Dinge. In einem Fall hatte eine Kundin durch einen Unfall ihr sechsjähriges Kind verloren. Ihr Leid war sehr groß, ich konnte es ohne Worte spüren, wenn sie bei mir ihre Kosmetikbehandlung machen ließ. Sie wollte nicht darüber sprechen und hatte keinen Lebensmut mehr. Ihre Schwester, die auch Kundin bei mir war, erzählte mir die traurige Geschichte. Jedes Mal, wenn eine der beiden Schwestern kam, konnte ich den verstorbenen Jungen links über meinem Kopf fühlen. Das erste Mal dachte ich: „Was passiert denn jetzt? Träume ich?“

Es wiederholte sich jedes Mal, wenn sie da waren. Ich sah ihn bildlich und fühlte, dass er nicht von dieser Erde gehen konnte. Ich wusste, dass seine Mutter versuchte, ihm zu folgen. Am Anfang irritierte mich das sehr, doch dann fand ich die Worte und den Mut, mit der Mutter darüber zu sprechen. Sie glaubte nicht an Gott und an ein Leben nach dem Tod. Die Bilder, die ich aus den anderen Ebenen sehen konnte, teilte ich ihr in schonender Weise mit. Sie weinte ununterbrochen während des ganzen Gesprächs. Ich wusste, dass ich vielleicht eine Kundin verlor, aber ich konnte nicht gegen die innere Stimme handeln.

Ich fragte meinen Heilpraktiker, was ich tun sollte. Er meinte: „Die Seele des Jungen kam zu dir; er will von dir Hilfe; begleite ihn nach oben und löse ihn von der Mutter." Ich überlegte lange, ob es wirklich meine Angelegenheit war, entschied mich dann dafür, es zu tun. Ich zündete eine Kerze an und verband mich mit den beiden. Erstaunlicherweise fiel es mir sehr leicht. Ich wusste ganz klar, was zu tun war. Im Grunde ging es wie von alleine. *Es* tat *es* in mir!

Die Kundin kam am nächsten Morgen zur Kosmetikbehandlung und erzählte mir, dass es ihr am vergangenen Abend schlagartig schlecht geworden wäre. Ich fragte sie, um wie viel Uhr, und sie nannte genau den Zeitpunkt, als ich mit dem Jungen in Verbindung stand.

Vier Wochen später, beim nächsten Termin, kam die Kundin ganz verändert. Sie hatte eine neue Haarfarbe, wirkte fröhlicher und stabiler. Die nächsten Wochen konnte ich Dinge an meinen Kundinnen wahrnehmen – als innere Eingabe – die nichts mit dem „normalen Wahrnehmen" meines bisherigen Bewusstseins zu tun hatten.

Langsam freundete ich mich damit an, dass solche Wahrnehmungen zu meinem neuen Leben gehörten. Ich spürte, die Kräfte, die sich in mir entwickelten, *musste* ich annehmen!

Nächtliche Visionen

Große Angst hatte ich vor den Nächten, in denen mich niedrige Kräfte attackierten. Es kam mir vor, als wenn sie mich in die Unterwelt ziehen wollten oder mir einen Durchgang in die höheren Himmelssphären verbauten. Fratzen und Feuergesichter quälten mich. Sie schossen auf mich zu, zerrten an mir und verwandelten sich in immer neue Formen.

Mein Herz raste, und ich lag schweißgebadet und verkrampft in meinem Bett. Selbst wenn ich das Licht anschaltete, konnte ich sie sehen. Es war für mich so anstrengend, dass ich oft am nächsten Morgen vor Erschöpfung und Verzweiflung weinte. Niemandem konnte ich mich anvertrauen – ich war mit diesen Phänomenen und mir ganz allein. Ich wusste selbst nicht, was geschah; oft dachte ich: „Wenn das so weitergeht, werde ich noch verrückt." Eine ganze Nacht durchschlafen – war für mich ein Fremdwort. Jede Nacht kamen die Bilder oder die Musik.

In einer dieser Nächte bekam ich auch *Bilder von einem Mann (es muss in Deutschland gewesen sein) in einer Zeit, als es noch keinen Strom gab. Ich sah ihn schreibend an einem alten Tisch sitzend. Kerzenlicht brannte – es gab keinen Strom! Er war zu Hause. Der alte Mann schrieb etwas Wichtiges nieder; er dachte ständig: „Ist es jetzt der richtige Zeitpunkt?" – Er zweifelte!*

Ich erkannte mich – ich war dieser alte Mann, in einem anderen Leben. „Ich zweifle immer noch", dachte ich.

Weitere schmerzhafte Ablösungen

Anfang Dezember wusste ich, dass ich mir eine neue Wohnung suchen sollte. Ich spürte die kommende Veränderung. Ich konnte dabei keinerlei Kompromisse mehr eingehen. Es wurde Zeit, dass ich mich von meinen Freundinnen Elvira und Anita, die in meiner Siedlung wohnten, distanzierte.

Im Laufe der letzten fünf Jahre hatte ich diese beiden Frauen näher kennen gelernt. Anita, allein erziehende Mutter zweier Kinder, war *sehr spirituell*, wie sie sich selbst bezeichnete. Ich war am Anfang, als ich sie kennen lernte, beeindruckt – fünf Stunden täglich meditierte sie und aß hundertprozentig vegetarisch. Auch Elvira lebte mit ihren zwei Kindern allein. Sie bekam das Leben weniger in den Griff wie Anita. Sie fühlte sich oft hilflos und überfordert. Ich half ihr, wo ich konnte, denn ich mochte sie sehr gern. Gab ihr Kleidung und Möbel und manchmal auch ein wenig Geld. Elvira hatte ständig finanzielle Probleme. Wir halfen uns gegenseitig und erlebten eine nette Wohngemeinschaft.

Alles veränderte sich an dem Tag, als Anitas Bruder Jürgen täglich zu Besuch kam. Seine Frau hatte ihn verlassen. Von nun an aß er bei seiner Schwester – auch er war strenger Vegetarier. Noch jemanden gab es, der ein und aus ging. Tuba – eine junge Griechin; ich wusste nicht in welchem Verhältnis sie zu Anita stand. Ich spüre nur, dass Tuba sehr abhängig von ihr war. Abends schauten wir gemeinsam Fernsehen, und Tuba, Anita, Jürgen und Elvira kuschelten auf der Couch. Ich setzte mich auf den Sessel. Man konnte nicht erkennen, wen Jürgen bevorzugte, aber eines war mir klar: Er suchte eine neue Frau. Bei Elvira wurde er fündig.

Anita und ihr Bruder betonten ihre *Reinheit.* Scheinbar erlangte man diese durch fünf Stunden Meditation. Ansonsten hatten sie mit der Welt nicht viel zu tun. Mir kam es so vor, als ob sie sich *über alles stellten.* Sie wussten, wie *Heiligkeit und Auserwähltsein* zu *sein* hatten, kauften nur im Bioladen und gaben sich nicht mit den normalen Menschen ab. Sie sammelten Vorräte, damit sie bereit wären, falls die Welt unterging. Sie waren sich sicher, zur neuen Elite zu gehören.

Elvira hatte vor ihrer Beziehung mit Jürgen sehr gerne Fleisch gegessen. Auch Anitas kleinste Tochter liebte es deftig. Sie stahl sich manchmal zu mir in die Wohnung, um mit Diana ein Paar Wienerle zu essen. Bei ihrer Mutter war das strengstens verboten. Den Kindern erklärte Anita, vom Fleisch würden sie einen

Ausschlag bekommen. Von nun an gab es auch bei Elvira nur noch fleischlos, und selbst Kässpatzen wurden ohne Ei gekocht. Ich spürte, wie Elvira von nun an um ihre *Reinheit* kämpfte. Auch das Rauchen hörte sie auf, und Wein schmeckte ihr angeblich nicht mehr.

„Prima", dachte ich ironisch, „das alles geht ja bei denen ganz einfach." Wenn ich Elvira besuchen kam, sah ich in Jürgens Augen Missbilligung. Er mochte mich nicht – wollte Elvira und die Kinder ganz für sich in Anspruch nehmen.

Ich zog mich zurück; Elvira verteidigte mich nicht. Von nun an wurde auch meine Tochter ignoriert. Sie litt und weinte viel. Diana liebte die Kinder meiner Nachbarinnen und verstand nicht, warum ihr plötzlich die Tür vor der Nase zugeschlagen wurde.

Anita war glücklich, dass ihr Bruder jetzt in ihrer Nähe wohnte, und es fehlte nur noch ein Mann für sie. Es dauerte nicht lange, und auch sie wurde fündig. Mit Markus, ihren neuen Freund, verschlimmerte sich die Spannung im Haus noch mehr.

Anita und Jürgens Eltern waren auch *hoch spirituell* – und hatten ein Messgerät, das die neuen Partner ihrer Kinder auf *hohe geistige Schwingungen prüfte.* Elviras und Markus Schwingungen waren erfreulicherweise genauso *hoch* wie die der zukünftigen Schwiegermutter. Sie sprachen nur von links gedrehtem Wasser und von negativen Energien, vor denen sie sich schützen mussten, damit ihre *heilig hohe Schwingung* nicht zerstört würde.

Ich kam mir vor wie in einem Irrenhaus. Damals hatte ich noch keine wirkliche Meinung, was Spiritualität anging, aber eines war mir klar – so stimmte es nicht! Elvira passte sich allem an, zwar mit schlechtem Gewissen mir gegenüber, aber sie war froh, einen Mann gefunden zu haben, der sie mental und finanziell unterstützte.

Markus, der neue Freund, schimpfte ständig mit den Kindern von Anita. Er schmiss ihre Sachen aus dem Kinderzimmer und sagte: „Jetzt sorge ich erst einmal für Ordnung." Ich konnte mir das nicht vorstellen. Anita hatte meines Erachtens eher einen übertriebenen Putzfimmel als keine Ordnung. Man hörte das Schreien und Toben der Kinder bis in meine Wohnung, und andere Nachbarn beschwerten sich. Als Anita ein blaues Auge hatte, fragte ich sie nach dem Grund. Sie lächelte und sagte: „Wir haben ein bisschen herumgealbert." Markus zeigte seinen verkratzten Rücken stolz Elvira und meinte: „Die Kinder sind wie Wildkatzen."

Ich machte mir Sorgen um die Kinder und sprach mit Elvira. Doch sie hatte keinen Mut, mit Markus und Anita zu sprechen. Als Markus auch noch meine Tochter angriff und sie heulend vom Spielplatz kam, reichte es mir. Ich klingelte bei den beiden und stellte ihn zur Rede. Markus beschimpfte mich aufs Niedrigste – *er hatte wirklich eine sehr hohe „Schwingung".*

Ich war entsetzt über ihre Unwissenheit, Dummheit und Arroganz. Ich fühlte, dass das Wort Spiritualität missbraucht wurde. Wie sollten Menschen ihren Weg ins Licht finden, wenn so ein *unechter spiritueller Wahnsinn* vorgelebt wurde?

Schnellstens wollte ich mich aus diesem *hohen Schwingungsfeld* herausnehmen und brach den Kontakt auch zu Elvira ab, obwohl ich sie sehr liebte. Es tat mir wirklich weh, ich litt und war traurig.

Solche Entscheidungen waren *jetzt ganz klar* in mir. Darauf folgte bis Weihnachten eine Zeit, in der ich *sehr* allein war.

Im Nachhinein waren diese Wochen für mich sehr kostbar. Es brachte mich noch tiefer an die Herausforderung des Alleinseins – ich fühlte mich sehr isoliert. Tagelang sprach ich mit niemanden außer im Studio. Ich unternahm nichts, um das zu ändern, sondern ging ganz bewusst in die Stille. Ich wollte abwarten, was passieren würde, wollte erkennen, wer wirklich zu mir gehörte, auch wenn ich mich veränderte. Ich spürte, wie ich mich zurückzog, um meine Kräfte zu sammeln, um Gottes Willen geschehen zu lassen. Die letzten Energien, die ich verbraucht hatte für Freunde, die nicht wirklich für mich da waren, nahm ich jetzt für mich selbst! Elvira wollte meine *Wahrheit* nicht wissen – sie musste ihre eigenen Erfahrungen in diesem Leben machen.

Ich zog mich zurück in einen Eremitenzustand. Es war schwer; ich war allein in meiner Wohnung und wusste, dass Elvira, Jürgen, Anita und Markus mit den Kindern gemeinsam Weihnachten feierten. Ich war allein mit Diana, und wir beiden fühlten uns ausgestoßen.

Ich sammelte mein Potenzial an Kräften zur Vorbereitung auf das *Neue.* Auf das, was ich nicht wusste, was kommen würde – und doch fühlte, dass etwas kommt – etwas Großes, Mächtiges!

Öffnen des Herzchakras

Im letzten Jahr hatte ich viele Atemseminare bei meinem Heilpraktiker besucht. An einem dieser Wochenenden wurde es mir während einer Übung sehr schlecht, und ich bekam diese rasenden Schmerzen in der Brustmitte. Mir wurde schwindlig, und meine Beine wackelten. Ich dachte: „Ich kann nicht mehr stehen – ich falle und störe die ganze Gruppe.“ Das wollte ich auf keinen Fall. Der Druck in meiner Brust wurde unerträglich, und es fühlte sich an wie ein großer starker Wasserstrahl, der eine Mauer durchbricht. Die Mauer war meine Brust. Der Druck kam von innen und wollte aus mir heraus. Herr B. bemerkte meinen Zustand sofort. Er meinte: „Wir machen weiter!“

Ich weiß noch genau, was in meinem Kopf vor sich ging. Mein Entsetzen war groß! Noch eine Übung? Ich konnte das nicht schaffen. Ich wollte davonlaufen, aber etwas hielt mich zurück. Bei der nächsten Übung brach es durch!

Es schoss ein brennender Schmerz aus meiner Brustmitte. Ich sah es in Bildern – ein Staudamm, der ein riesiges Wasserbecken hält, und das Wasser durchbricht die dicken Mauern des Staudamms. Der Damm war meine Brust. Gleichzeitig schossen meine Tränen in der gleichen Stärke aus meinen Augen, und mein Kursleiter nahm mich in den Arm. Es war kein mir bekanntes Weinen, das aus mir herauskam, es war ein tiefes Schluchzen und Stöhnen. Ich sah in Bildern ein Rehkitz, das angeschossen am Waldrand lag und starb. Es wusste um die Ungerechtigkeit, die geschah, und blickte *mich* traurig und mitfühlend an. Ich fühlte mich mit dem Tier und seinem großen Schmerz eins! Der Schmerz der Tiere, der Menschen, der Liebenden, der Trauernden, aller, die wissen, dass nichts stimmt, dass alle auf Erden leiden.

In den folgenden Wochen wurde ich langsam ruhiger. Die Schmerzen nahmen etwas ab, und ich wusste, dass sich etwas Wichtiges gelöst hatte, aber ich konnte nicht begreifen, was es war.

Tage später schrieb ich in mein Tagebuch:

Ich weiß jetzt, wo meine Heimat ist; sie ist in meinen unendlichen Räumen, in den tiefen Schichten meines Seins. Ich bin Mutter Erde und alles, was auf ihr lebt, in einem. Nichts ist wichtig in der sichtbaren Welt; da allein Ankerplätze suchen, ist unmöglich. Mein Anker ist der Äther, die Energie, die mich mit Gott verbindet. Damit bin ich erlöst! Mein Rücken dehnt sich nach hinten aus, und ich kann die Kraft durch die Rückentore spüren. Der Atem kann tief fließen und dringt in mein Bewusstsein ein.

Ich bin keine Marionette mehr, an der die Menschen zerren und zupfen können. Was mich bewegt, ist einzig der Atem des Universums. Ich kann ihn fühlen. Ich bin glücklich. Ich bin frei!

Die Wochen vor Weihnachten verstrichen. Ich löste mich von allem, was störend war. Ich erkannte, dass ich meine Kräfte nicht für die Befriedigung meines persönlichen Egos und für andere Menschen verschwenden durfte. Ich bündelte meine

Kräfte. Ich wusste genau, was ich tat, und konnte mich in dieser Zeit leicht von unnötigen Ablenkungen lösen. In diesen Wochen nahm das meine Mutter sehr persönlich. Sie fragte aber auch nicht tiefer nach, was mit mir los wäre. Mir war klar: „Ich tue es, um einer höheren Intelligenz zu dienen – *sein ist mein Leben!"*

Ich brach den Kontakt zu meiner Schwester und zu meiner Mutter ganz ab. Mein Bruder und mein Vater suchten nie von sich aus Kontakt zu mir.

Die Freiheit zu finden war für mich wesentlich; ich wollte Gott wirklich und wahrhaftig dienen. Meine Liebe zu ihm wurde stärker und stärker als alle menschlichen Bindungen. Ich fühlte, nur sie allein macht mich wahrhaft reich. Meine Glückseligkeit liegt darin, den Menschen und dem Göttlichen zu dienen. Und ich war mir sicher: „Wenn Gott davon weiß und ich so weit bin, dann wird es geschehen." Ich wusste nicht, was geschah – aber ich spürte, es würde etwas geschehen. Ich fühlte mich ruhig und glücklich mit dieser Erkenntnis.

Es hielt nicht lange an; wieder folgte eine Periode, wo ich an Ronny denken musste. Ronny war überall. Am Morgen, wenn ich aufstand – abends vor dem Schlaf. Im Supermarkt tönte es aus den Lautsprechern zufällig „Can't help falling in love with you", und meine Sehnsucht nach ihm steigerte sich.

Ronny – warum hörte meine Sehnsucht nach ihm nicht auf? Es kämpfte wieder in mir. Jede Minute beschäftigte es mich. Ein Teil in mir schrie voller Verzweiflung: „Ich kann nicht ohne ihn leben"; der andere Teil schrie: „Lass ihn los!"

Es sollten Wochen folgen, wo diese beiden Teile tief miteinander rangen. Täglich sagte ich mir über mein Wachbewusstsein: „*Ich* muss einen anderen Weg gehen als er – ich muss ihn freilassen – damit auch *er* seinen Weg gehen kann. Aber meine Leidenschaft für ihn siegte immer, er ist meine größte Liebe", dachte ich. Meine Gefühle für ihn steigerten sich ins Uferlose. „Ich muss mit ihm zusammenkommen – ich kann nicht ohne ihn sein", sprach wieder der Teil in mir, der besitzen wollte. Es lenkte mich so furchtbar von meinem Leben ab, dass ich mich kaum auf meinen Alltag konzentrieren konnte. Ich fühlte mich unfrei und zerrissen. In meinen Meditationen schrie ich zu Gott: „Warum führst du uns nicht zusammen, warum willst du das nicht?" – „Du lässt mir nichts – darf ich nicht wie andere Menschen lieben? Er ist meine größte Liebe: Ich brauche ihn, er ist ein Teil von mir, mein Arm, mein Bein, mein Herz. Ich kann nicht ohne ihn laufen und lachen auf dieser Erde – habe doch endlich Mitleid mit mir", flehte ich Gott weiter an. Es waren verzweifelte Tage und Wochen. Ich haderte mit Gott.

Während einer Versenkung kam die Erlösung. Ganz ruhig sprach es erkennend in mir: *„ Ich will Gott dienen und begehre Ronny mehr wie ihn."* Jetzt endlich konnten die Tränen fließen. Leise weinte ich. „*Er muss an erster Stelle stehen – nur Gott*;

wie kann ich das nur vergessen", dachte ich.

Am nächsten Tag war ich ruhig und klar. Aber es hielt nicht an. Wieder begehrte es in mir auf. „Nein", schrie es in mir, „nein – ich will nicht verzichten! Ich will Ronny haben – dann gehe ich eben keinen Gottesweg. Ich bin frei – niemand schreibt mir etwas vor – auch du nicht – ich kann tun was ich will – es ist mein Leben", sprach ich zu Gott. „Ich habe keine Angst mehr vor dir – von mir aus schick mich in die Hölle – das ist doch auch ganz egal", ging mein Zwiegespräch weiter. Es war ein verzweifeltes Ringen, bis ich ein paar Tage später in einen tiefen, ruhigen Bewusstseinszustand fiel.

Gott spricht zu mir

Ich war bleischwer und fand mich in einem zeitlosen, wattigem Raum. Helle Lichter kreisten um mich, und ich spürte unendliche Weite. Es herrschte absolute Stille. Jetzt wusste ich ganz genau, hier war ich zuhause, dies war meine Heimat. Ich genoss den Moment und war glückselig. Ruhig sprach es aus meinem tiefsten Herzen zu Gott: *„Nur du allein bist meine allergrößte Liebe."*

Mein Kampf war zu Ende, es war vollbracht.

Ich hörte eine laute Stimme. Er antwortete mir. Wie ein Echo mit starkem, tiefen Ton sprach es aus diesem unendlichen Raum zu mir: *„Nur du allein bist meine allergrößte Liebe.*"

Ich war zutiefst berührt und bewegt. Wellen der Glückseligkeit durchliefen mich, Wärme, unendliche Stille und Zufriedenheit.

Aus dieser Meditation erwachte ich in völliger Glückseligkeit. Endlich – endlich hatte ich Gott gehört, Er hatte zu mir gesprochen. Das war es – nicht die kalten Kirchenbänke, auf denen ich als Kind immer gefroren hatte. Ich dachte über Seine Worte nach und lächelte: „Ja, so ist Er; *den* Gott kenne ich – ich allein bin Seine große Liebe – ich und alle Wesen dieser Erde. Mit der gleichen Intensität liebt Er jeden einzelnen, der sich IHM schenkt, und zu jedem spricht Er: ‚Du allein bist meine größte Liebe.' So sehr und ohne zu vergleichen, liebt er jeden Einzelnen."

Tagelang war ich beglückt und hatte das Gefühl, am Gipfel angekommen zu sein. *Er* hatte mit mir gesprochen. Erst jetzt begriff ich, dass ich mein Leben lang diese ganz große Liebe, dieses ganz starke leidenschaftliche Gefühl hier auf Erden gesucht hatte – ohne es zu finden. Ich hatte noch nicht verstanden, dass von allen menschlichen Bindungen die Bindung zu Gott für mich das Wichtigste war. Alles

Bestreben meiner leidenschaftlichen Sehnsucht gipfelte nur in dem einen Wunsch, *Ihn* zu finden!

Ich dachte in diesem Moment, alle Menschen sollten Gott an erste Stelle setzen, denn Ihm allein gebührt die größte Liebe. Denn Er ist göttlicher Vater und göttliche Mutter, Er ist der Schöpfer dieses Universums. Wem sonst sollten wir unsere Liebe schenken?!

14. 11. 1999 – Tagebuchauszug

Das Jahr neigt sich zu Ende. Es kommt mir vor, als wenn etwas mit mir und der Erde zu Ende geht.

Erinnerungen an Lichtwesen aus meiner Kindheit

Ich las ein Buch von Sabrina Fox. Die Autorin und ihre Freundinnen berichteten über Elementarwesen und Engelserscheinungen aus ihrer Kindheit.

Ich bekam beim Lesen starke Magenschmerzen und fing an zu weinen. Mich schüttelte es vor Weinen. Es berührte mich so stark, dass ich mich plötzlich an ein Geheimnis aus meiner Kindheit erinnerte. Ich hatte es vergessen und *niemals* mit jemandem darüber gesprochen.

Ich erinnerte mich an mein allergrößtes „Geheimnis", das ich als kleines Mädchen gehütet hatte. Ab ca. fünf Jahren bis zu meinem vierzehnten Lebensjahr tanzte ich – tanzte für die unsichtbaren Welten. Viele Zuschauer waren in meinem Kinderzimmer, sobald der Rest der Familie aus dem Haus war. Ich freute mich schon immer aufs Alleinsein. Es war ganz real, alle meine unsichtbaren Freunde kamen, sobald ich sie rief. Wenn ich traurig war und mein Vater mich mal wieder geschlagen hatte, trösteten sie mich und sagten mit lauter Stimme zu mir: „Es ist nicht in Ordnung so – es stimmt nicht – sie wissen nicht, was sie tun – du gehörst hier nicht dazu – wir lieben dich – du bist wundervoll – tanze für uns." Sie setzten sich im Halbkreis um mich auf den Boden. Wenn meine „ Freunde" bei mir waren, hatte ich Glücksgefühle, die ich sonst nicht kannte. Ich tanzte und tanzte für sie.

Eines Tages baten sie mich, meine „Häute" abzulegen. Sie sagten: „Du hast viele Häute, lege sie für uns ab, damit wir deine wahre Schönheit sehen können." Ich wusste sofort, was sie meinten. Tanzend griff ich mir als kleines Mädchen mit beiden

Händen an die Brustmitte, ballte sie nebeneinander und zog sie dann gleichzeitig nach außen, indem ich meine Arme zur Zimmerdecke streckte. Dabei öffnete ich meine geschlossenen Hände. Ich wusste damals ganz genau, dass sich jetzt mein Herz weitete und dadurch eine der Häute von mir glitt. Wenn mir das gelang, applaudierten die unsichtbaren Wesen und ermunterten mich weiterzumachen. Nach jedem Öffnen fiel eine Haut von mir ab, und meine Glücksgefühle steigerten sich. Wie bei einer Schlange fiel eine Haut nach der anderen zu Boden. Stunden tanzte ich so. Der Höhepunkt war die „letzte Haut“. Ich zögerte es hinaus. Als sie fiel, stand ich im strahlenden Licht und war von vollkommener Schönheit umgeben. Meine unsichtbaren Freunde und ich waren dann glückselig.

Niemand wusste davon. Als Kind wäre ich *nie* auf die Idee gekommen, mich jemanden anzuvertrauen. Es war mein Geheimnis, und erst heute lüfte ich es.

Als ich in die Pubertät kam, verlor ich den Zugang zur geistigen Welt. Ich meinte, zum Erwachsensein passten keine Märchen und keine Tänze. Mein strenger Vater, den ich einst geliebt hatte und mit vierzehn Jahren nur noch hasste, gab mir den Rest. Mein einziger Wunsch war, aus dieser Familie herauszukommen. Mit fünfzehn Jahren schaffte ich es. Von nun an waren meine Begleiter „Bier und Zigaretten“ und nicht mehr die geistigen Welten. Ich vergaß sie vollkommen.

Als diese tiefen Erinnerungen und Erkenntnisse beim Lesen des Buches kamen, brach ich fast zusammen. Ich schrie vor Verzweiflung und Schmerz und rannte in meiner Wohnung hin und her. Schmiss mich auf den Boden und weinte hemmungslos. Was war nur passiert? Wie konnte ich sie vergessen? „Sie waren meine echten Freunde, meine Helfer, meine Liebe“, schrie es in mir. „Wie habe ich es nur aushalten können ohne sie? Das geht doch gar nicht. Ohne sie ist alles dunkel und kalt.“ Sie gehörten doch zu mir – meine geliebten Lichtwesen. Ich umarmte mich selbst und musste mich festhalten – um den Trennungsschmerz auszuhalten. Ich wiegte mich hin und her – spürte bis in jede Zelle den Verlust der vielen Jahre. „Oh Gott – wie grausam“, schrie ich.

Und meine geliebten Elementarwesen, meine Zwerge, meine Feen, meine Nixen aus den Wasserquellen – wie konnte ich nur glauben, dass sie in die Märchenwelt gehörten – wieso hatte ich auf die Erwachsenen gehört! Ich lag auf dem Fußboden und weinte verzweifelt. Natürlich – wie sollte ich *ohne sie* hier auf Erden glücklich werden – das *ging* doch überhaupt nicht. Sie und ich waren eins – meine Freude – mein Glück – meine Heiterkeit – meine Liebe.

Nach einer Weile wurde ich ruhiger. Warmes, fließendes Gefühl durchdrang mich.

Ich hatte sie wiedergefunden. Wir waren wieder vereint. „Ach – gottlob – sie sind wieder da – *wie* lange war ich allein?“, dachte ich dankbar! Freude rührte sich in mir. „Verzeiht mir“, sprach ich zu ihnen. „Ich war so dumm – es tut mir so unendlich leid – ich war blind und taub. Es war grauenvoll ohne euch.“

Tagelang bewegten sich diese Erkenntnisse in mir. Wenn ich mit meinem Hund spazieren ging, konnte ich andere Farben und Formen der Bäume und Pflanzen wahrnehmen und ich kommunizierte freudig mit den Naturwesen. Ich wusste genau, wie das ging. Glühwürmchen flogen neben mir und begleiteten mich.

Erste Begegnung mit meinem geistigen Lehrer

Ende Dezember 1999 fand ich endlich meinen geistigen Lehrer. Die letzten Monate hatte ich in meinen Gebeten darum gefleht: *„Bitte lass mich einen Menschen finden, der viel mehr weiß als ich, der mir alles erklären kann. Ich kann so nicht mehr weitermachen!"*

Ich hatte noch nie von einem Lehrer oder Meister gehört, da ich mich nur mit der westlichen Religion befasst hatte. Ich kannte zwar das Wort *Guru*, aber damit wollte ich nichts zu tun haben. Ich dachte Zeit meines Lebens, diese Gurus lebten weit weg, irgendwo in Indien oder so – diese Guru- oder Bagvan- Geschichten waren mir immer sehr suspekt, und ich wollte überhaupt nichts damit zu tun haben. Deswegen informierte ich mich nicht weiter, sondern hakte das Thema unter dem Begriff „Sekte" ab.

So einfach war das damals für mich. Heute weiß ich, wie viel Angst hinter diesem Verhalten stand. Meine Angst, die Angst meiner Mutter, meiner Großmutter und meiner Ahnen!

Als ich an einem Freitag im Dezember 1999 nach Feldkirch fuhr, war ich sehr müde und gleichzeitig aufgewühlt. Mein Heilpraktiker hatte mir dieses Seminar „zur Harmonisierung und Entwicklung der Erde" empfohlen. Weitere Informationen gab er mir nicht. Ich fragte ihn noch: „Wer ist der Seminarleiter?" – „Es ist dein wirklicher Lehrer", gab er mir zur Antwort.

Ich verstand mal wieder *nichts*. Hatte ich einen Lehrer? Trotzdem meldete ich mich zum Seminar an. In meinem Auto nahm ich zwei Frauen mit, die den Lehrer kannten. Ich fragte sie: „Wer und wie ist der Seminarleiter?" Sie stillten meine Neugierde nicht sehr. Die eine sprach kaum ein Wort und schien in ihren Welten zu sein, die andere erzählte mir auch nichts Genaues. Anscheinend konnten oder wollten sie den Lehrer nicht beschreiben.

Ich hatte eine sehr anstrengende Nacht hinter mir – die Bilder, die sehr schnell und intensiv kamen, waren grauenvoll. Ich sah viele Menschen – junge und alte. Ich kannte keinen einzigen. Manchmal waren sie ganz nah an meinem Gesicht, dann blitzartig weit weg. Sie bewegten sich schnell und dann im Zeitraffer. Ich spürte eine Unruhe – sie rannten und rannten, sie waren verzweifelt – als wenn sie etwas suchten und es nicht fänden. Ihre Gesichter verzerrten sich zu Fratzen, dann wurden sie wieder klarer – dann formten sie sich zu Feuerfratzen und hässlichen Masken. Ich konnte teilweise nur die Fußbewegungen verfolgen, so schnell liefen sie. Die Landschaft war schön, aber sie fühlte sich nicht schön an. Es war in dieser Welt, in die ich blickte, ein furchtbares Zetern und Jammern. Ich wusste, es waren Menschen, die litten. Als sie mich erblickten, fingen sie an, an mir zu zerren. Ein Wesen, das sich mir näherte, zog mich am linken Arm. Es war schrecklich; ich versuchte zu fliehen und konnte doch nicht weg. Dann versuchte ich, ihnen Liebe zu geben, ich konzentrierte mich, aber merkte, dass ich zu schwach war. Ich konnte ihnen nichts geben.

Die ganze Nacht ging es so weiter. Ich machte das Licht an, sobald ich es schaffte, mich zu bewegen. Ich stand auf, und in der Küche holte ich mir Tee und rauchte eine Zigarette. Trotzdem spürte ich diese Wesen. Sobald ich wieder im Bett lag und meine Augen schloss, tauchten die Bilder wieder auf. Irgendwann in dieser nicht enden wollenden Nacht schlief ich doch ein. Den ganzen nächsten Tag dachte ich: „Was passiert hier?“ Ich bekam immer wieder die gleiche innerliche Antwort: „Du bist auf dem Weg zu höheren Schichten und Sphären dieses Daseins und des Himmels. Du kommst noch nicht durch die Astralebenen. Du kannst noch nichts anderes sehen als das, was auf der Erde ist und in den Erdsphären hängt.“

Ich spürte, dass Wesenheiten mich hindern wollten auf meinem Weg zu Gott.

Trotz all der Ängste und der großen Müdigkeit war ich auf dem Weg zu meinem Lehrer – einem Lehrer, den ich nicht kannte.

Abends, als das Seminar begann und sich Ruhe im Saal einstellte, konnte ich fühlen, dass jetzt etwas sehr Kraftvolles geschah. Ein großer Halbkreis war mit Stühlen aufgestellt. Es waren bestimmt fünfzig oder sechzig Teilnehmer. Davor saßen in einem kleineren Halbkreis manche auf dem Boden. In meditativer Haltung. Auf solchen komischen Kissen, wie ich das schon einmal im Fernsehen gesehen hatte. „Jetzt sitze ich mitten unter solchen seltsamen Menschen“, dachte ich. Ich hatte mich ganz hinten im Saal auf einen Stuhl gesetzt. Mein Körper kribbelte und wurde unruhig. Als Shin hereinkam, so nannten sie ihn, dachte ich: „Er sieht aus wie ein Guru. Wo bin ich den gelandet?“ Mein Verstand versuchte, sich in Sicherheit zu bringen. „Was mache ich hier? Wieso sitze ich hier? Das passt doch gar nicht zu mir!“, tönte es in meinem Kopf.

Shin setzte sich und fing an zu sprechen.

Als ich seine Worte vernahm, durchzog mich in der Brustmitte ein warmes Gefühl. Es war Dankbarkeit – ich spürte Dankbarkeit, dachte ich verwundert. Ich wusste nicht warum, spürte nur vom ersten Moment an, dass er etwas Besonderes war. Wenn er sprach, konzentrierte ich mich ganz auf seine Worte. All die Jahre hatte ich niemanden gefunden, dem ich wirklich mit hundertprozentiger Aufmerksamkeit zuhörte, weil ich meistens schon wieder etwas wahrnahm, was nicht ganz echt war. Bei ihm war alles anders. Ich hing an seinen Worten, alles was er sprach, war für mich Heimat. „Endlich, endlich", dachte ich, „endlich spricht jemand meine innere Sprache." Mein Wissensdurst bekam Nahrung. Jedes Wort sog ich auf, dankbar, erleichtert; er sprach, was meine Seele schon lange schrie. „Ja, ja, ja – jedes Wort ist wahr, es ist, was ich erahne, was ich fühle, was mich bewegt, und er hat Worte dafür – Worte – Gott sei Dank – ich habe ihn gefunden", rief es innerlich in mir.

Um 10 Uhr ging der erste Abend zu Ende. Ich war tief bewegt und ging in mein Hotelzimmer. Sofort schlief ich ein. Am nächsten Morgen sollte es um 9 Uhr weitergehen.

Christusblut

In dieser Nacht hatte ich einen Traum.

Ich hielt ein wichtiges Schriftstück (Hieroglyphen) in der Hand; es hatte irgendetwas mit Christi Blut zu tun. Ich wusste, es gab eine Gruppe und ich gehörte dazu. Ich musste sie finden. Diese Gruppe benötigte das Schriftstück, das ich besaß, und ich musste es ihnen bringen. Der richtige Zeitpunkt war ganz wichtig. Ich hatte Angst, ihn zu verpassen. Es war ganz, ganz wichtig!

Nach langer, sehr langer Anstrengung fand ich die Gruppe. Meine Zeilen, die ich dieser Gruppe brachte, waren der Rest einer Botschaft. Als die Schriftstücke zusammenkamen, ergoss sich Christi Blut über die Botschaft. Der Gottesgeist hatte Zugang.

Das Seminar ging bis Sonntag Abend. Der Lehrer sprach von einer Kraft, die sich jetzt in den Menschen zeigen würde, die Kundalini hieß.

Ich hatte das Wort noch nie gehört. Als er von den Symptomen sprach, dachte ich – ich hörte nicht richtig. Es waren alle meine Beschwerden der letzten vielen Jahre. *Er sprach von einer Kraft aus Licht und Feuer, die sich beim Erwachen der Kundalini durch heiße Ohren, durch Kribbeln im Kopf und am Körper sowie durch Hitze und Kälte zeigt. Auch könnte es vorkommen, dass Zuckungen durch den Körper fließen. Das Rütteln sei ein Inordnungbringen von Spannungen, die sich in Wellen auflösen,* erklärte er. *Es wären Energien, die den Menschen reinigen.*

Shin sprach vom *roten Energiestrahl, der von unten, von der Erde aufsteigt, und mit der Vergangenheit der Menschen und der Erde verbunden sei.* Dann erklärte er *die Lichtenergie. Sie sei eine Sphärenkraft. Die beiden Energien sollten im Körper ausgeglichen sein.* Und weiter sagte er, *dass in jedem Menschen diese Energien fließen würden, nur in unterschiedlicher Stärke.*

Als er davon sprach, wurde mir heiß und kalt. Ich konnte nachempfinden, dass in mir genau diese Kräfte arbeiteten. Die *Angst*, die er als Schlange beschrieb, die sich um einen windet, bis man sich nicht mehr bewegen konnte, kam mir auch *sehr* bekannt vor. Er sprach von Hochschrecken in der Nacht, von Stechen im Leib, und mir fiel voller Freude und gleichzeitig voller Grauen ein, dass ich schon seit 1993 dies erfuhr – in immer wiederkehrendem Rhythmus. Jetzt verstand ich – *davor hatte ich eigentlich Angst.*

Das war kein Asthma, hing nicht mit dem vegetativen Nervensystem, Überanstrengung oder einem Kindheitstrauma zusammen. Die Diagnosen der Therapeuten und Ärzte waren nicht richtig. „Dummköpfe“, dachte ich – „wieso wissen die davon nichts?“ – Ich war wütend!

„Ich habe *Kundalini* oder wie das heißt“, dachte ich weiter. „Ich bin eine ganz normale, allein erziehende Mutter und Kosmetikerin. Woher soll *ich* denn das wissen?“ Wieso hatten die Wissenschaftler und Mediziner keine Ahnung, und wieso hatte mir mein Heilpraktiker nichts erzählt? *Wusste er auch nichts?* Wieso hatte ich noch nie darüber gelesen? Wieso sprach kein Mensch davon?

Mir rauschte der Kopf – das war ja bodenlos! Seit Jahren rannte ich zum Arzt, zum Heilpraktiker, zum Therapeuten und ich weiß nicht wohin noch alles – und keiner hatte mir sagen können, was mir wirklich fehlte. Jetzt saß ich hier, und dieser Lehrer sprach in aller Ruhe von meinen größten Problemen.

Ich war fassungslos!

Im Laufe des Seminars sah ich zwei Leute, die starke Zuckungen hatten. Sie bewegten ihre Oberkörper heftig hin und her. Eine Frau musste sogar gestützt werden von ihrer Nachbarin. Ich erschrak. Diese Szenen erinnerten mich wieder an das Fernsehprogramm über eine Sekte, das ich gesehen hatte. *Eine Sekte – oder war es etwas anderes? – ich wusste es nicht mehr.* Ich schaltete immer das Programm um, wenn solche Szenen kamen. So etwas *Abgedrehtes* wollte ich nicht sehen. Diese Menschen hatten für mich einen Knall. Ich beobachtete die Frau mit den Zuckungen heimlich aus den Augenwinkeln. Ich getraute mich nicht, richtig hinzusehen. „Was geschieht hier?“, fragte ich mich.

Mir wurde unheimlich; sollte ich hinausgehen? Andererseits spürte ich so eine seltsame Zugehörigkeit.

Shin fing an zu trommeln. Er sagte, es würde eine Reinigung der Chakren bewirken. Alle schlossen die Augen.

Ich hielt meine *weit* auf. Ich wollte mir von dem Lehrer nicht *meine* Chakren reinigen lassen. „Vielleicht hypnotisiert er uns noch“, dachte ich skeptisch. *„Man weiß ja nie“,* dachte ich. Ich saß kerzengerade auf meinem Stuhl und beobachtete alles genau im Saal.

Was ich sah, irritierte mich. Viele Teilnehmer saßen ganz ruhig. Manche bewegten sich leicht, andere heftiger zu den Trommelschlägen. Eine Frau zuckte so stark, dass ich dachte, sie fiele gleich vom Stuhl. Wieso hatten mir die zwei Frauen auf der Herfahrt nichts davon erzählt? Meine Gedanken überschlugen sich: „*Bestimmt ist er ein Guru, und ich bin in einer Sekte gelandet*.“ Mir war ganz mulmig.

In der Pause sah ich, zu meinem Erstaunen, die Frau meines Heilpraktikers. Ich wunderte mich, dass sie hier war. Herr B. hatte nichts dergleichen erwähnt. Ich fragte sie: „ Warst du schön öfter auf einem Seminar bei Shin? Kannst du mir erklären, warum die einen hier zucken und die anderen nicht?“ Ich bekam ruhig – im Gegensatz zu meiner Aufruhr – als Antwort: „Manche haben die Kundalini, das ist ganz normal.“

Ich fand nichts normal! Neugierig fragte ich: „Wie lange seid ihr schon bei diesem Lehrer? Zuckt ihr auch so?“ – „ Wir gehen schon viele Jahre zu ihm, aber wir haben das nicht“, antwortete sie mir. Weiter bekam ich keine Information. „*Anscheinend ist das alles nicht so wichtig“*, dachte ich. „*Die* wissen bestimmt mehr als *ich“*, ratterten meine Gedanken. *„Ich bin ja auch ganz neu da; am besten, ich stelle nicht so viele Fragen!“* Aber mein Innerstes war durcheinander. Ich zeigte es nicht und versuchte mich, ein wenig zu beruhigen. *„O. k.“, dachte ich, „ wenn die hier schon jahrelang meditieren und trommeln, kann das ja dauern mit dem Zucken. Dann werde ich das schon nicht bekommen.“* Mir gefiel es sonst sehr gut auf diesem Seminar, aber eines war mir sicher: Ich wollte auf *gar keinen* Fall so zucken! Nur das nicht – ich stellte mir meine kosmetischen Behandlungen während der Massage vor – zuckend – meine Kunden würden da keinen Spaß verstehen.

Ich dachte „Dann bin ich Pleite“ und sah schon wieder die altbekannten Bilder vor mir, wie ich unter einer Brücke lebte. – „Nein, nein … ich liebe ja Gott und ich will mich auch weiterentwickeln – aber das geht zu weit.“ Trotzig dachte ich: „Ich muss ja wirklich nicht alles mitmachen.“ Das war typisch für mich. Ich dachte damals, dass ich alles so einfach kontrollieren könnte. – Schon sehr bald sollte ich eines Besseren belehrt werden.

Kundalini-Durchbruch

Am 29. Januar 2000 fuhr ich erneut auf ein Seminar. Im Nachhinein hatte ich sehr viel an dem Wochenende im Dezember gelernt. Shin kam erst am Samstag Nachmittag und die Gruppe arbeitete vormittags allein.

Beim Mittagessen spürte ich schlagartig eine innere Unruhe. Kurz vor 15 Uhr wurde es immer schlimmer. Ich vertraute mich ängstlich einer der Teilnehmerinnen an, die nur meinte: „Ja, ich spüre ihn auch schon." Dadurch wurde es mir *kein* bisschen besser. In meinem Körper fing alles an zu vibrieren, zu fließen. Es entstand ein enormer Druck. Ich versuchte, mich zu beruhigen und überlegte ernsthaft, ob ich nach Hause gehen sollte. Um 15 Uhr, als alle in den Saal gingen, kämpfte es in mir. Was sollte ich tun? Mir war so elend, warum ging es mir so schlecht? Noch einmal versuchte ich, mit einer der Damen zu sprechen. Ich sagte: „Mir geht es nicht gut!" Aber ich bekam nur als Antwort: „Oh …echt oh …" Wieder dachte ich: „Wahrscheinlich ist das hier ganz normal, wahrscheinlich haben hier alle solche körperlichen Symptome, sie sprechen nur nicht darüber." Ich hatte riesige Angst. Mit aller Kraft versuchte ich, es mir nicht anmerken zu lassen. Der Schweiß rann mir in Bächen über die Haut.

In der Zwischenzeit hatte der Lehrer den Raum betreten, und meine körperlichen Beschwerden wurden noch schlimmer. Krampfhaft versuchte ich, Haltung zu bewahren. „Nur nicht auffallen", dachte ich. Ich hörte mein Blut rauschen, alles schwappte, kribbelte, ich meinte zu explodieren. Die Hände waren nass, und ich konnte nicht mehr ruhig sitzen. „Hoffentlich fängt er jetzt nicht mit einer stillen Meditation an", dachte ich. „Die halte ich nicht durch." Er forderte uns auf, Übun gen zu machen. „Gott sei Dank", dachte ich, „das könnte vielleicht gehen." Aber es wurde nicht leichter. Ich musste schlagartig den Saal verlassen. Auf der Toilette entleerte sich alles, was sich entleeren kann. Ich wollte nur weg. Aber wohin sollte ich gehen? Immer noch pulsierte alles in mir. „Ich renne nicht mehr weg", dachte ich. „Da draußen hilft mir erst recht keiner." Mutig ging ich wieder in den Saal. Kaum angekommen, wurde mir bei der nächsten Übung noch schlechter, meine Beine wackelten und ich glaubte, ohnmächtig zu werden. Der Druck im Leib war unerträglich. Ich suchte ein bekanntes Gesicht im Saal. Ich sah eine ehemalige Erzieherin meiner Tochter. Ich lief zu ihr und sagte „Mir geht es so schlecht, kann ich bei dir stehen?" – Sie hatte nichts dagegen. Neben ihr fühlte ich mich ein bisschen sicherer. Dann ging alles sehr schnell.

Bei der nächsten Übung musste wir den Kopf und den Körper ganz langsam zum Boden beugen und dann wieder langsam nach oben ziehen. Als ich meinen Kopf nach unten bewegte, spürte ich, dass etwas passierte. Es kostete mich enorme Anstrengung. Als ich ihn endlich unten hatte, versucht ich, mich langsam wieder aufzurichten. Es ging nicht. Ich kämpfte – es waren Sekunden, die ich nicht beschreiben kann. Mit allerletzter Kraft befahl ich meinem Körper, sich aufzurichten, und zog mich nach oben.

Als ich das Ziel *endlich* erreichte, geschah es. *Ein Blitz brach mit einer unglaublich starken Intensität in meinen Körper ein.*

Ich konnte es im geistigen Auge sehen: Dreiecksförmig (in einer überdimensionalen Größe), mit der Spitze auf mein Haupt gerichtet, brach der geistige Lichtblitz in mein Scheitelchakra ein. Er schoss durch meinen Leib. Gleichzeitig schoss von unten – über das Wurzelchakra – eine zweite Kraft hoch durch den Körper und am Haupt (Scheitelchakra) wieder hinaus. Bebend schloss ich die Augen und weinte. Mein Körper zuckte in Wellen, und ich hatte starke Schmerzen. Es war eine Explosion. Im Solarplexus und Herzbereich trafen die beiden Kräfte, Licht und Feuer, Erde und Himmel zusammen. Das Brennen und Stechen, Durchbrechen und Bohren in meinem Leib kann ich nicht in Worte fassen.

Ich weiß nicht, wie ich für die anderen im Saal ausgesehen habe. Ich weiß nur noch, dass ich nicht mehr wahrnehmen konnte, dass ich in diesem Raum war. Es geschah etwas, in Sekunden, was ich nicht greifen konnte. Der einzige Gedanke in mir war:

„Halte durch, du musst durchhalten! Bleib stehen!! Stehe – stehe – halte durch!!"

Ich stand mit geschlossenen Augen und konnte nichts mehr außerhalb wahrnehmen – weder Geräusche noch den Saal oder die Menschen. Ich war nur in meinen inneren Räumen. Es gab keine Welt und keine Existenz mehr - reines heilendes Feuer und labendes Licht in atomarer Kraft ergriff mich.

Plötzlich strich mir jemand über die Stirn, und sofort wurde mein Herz von tiefer Dankbarkeit erfüllt. Ich wusste, ohne meine Augen zu öffnen, dass es mein geistiger Lehrer war. Er strich mir meine Arme nach unten aus, und ich öffnete meine tränenden Augen und sah direkt in die seinen. Ich fühlte eine unbeschreibliche, überquellende Liebe und Dankbarkeit zu ihm. Meine Sehnsucht, die mich Zeit meines Lebens verzehrt hatte, fand „jetzt" ihren Ausdruck. All die Jahre, all die verzweifelten Stunden, in denen eine tiefste innere Kraft in mir drängte, die sich in einem sehnsuchtsvollen Liebesgefühl zeigte, das nie gesättigt wurde, das kein

Gegenüber fand, das mich oft zutiefst bewegte, das mich vorwärts trieb, das nie Ruhe gab, das immer in mir brannte – fand in diesem Augenblick Erfüllung.

Es war eine Gnade – ein Ankommen, ein Wissen; das hatte ich überall gesucht – und endlich gefunden!

Ich sah, dass mein Lehrer mit mir sprach, aber ich konnte ihn nicht hören. Er wiederholte seine Worte, und ich gab mir selber den Befehl „Öffne, öffne!“. Als ich es innerlich aussprach, öffneten sich meine Ohren. Es öffneten sich meine Sinne nach außen. Ich hörte, wie er mir eine Anweisung zum Atmen gab. Er wiederholte mit mir gemeinsam diese Übung und sagte: „So kannst du es aushalten!“

Die nächsten Minuten (ich hatte kein Zeitgefühl mehr) konzentrierte ich mich nur auf diese Atmung. Mein Rücken dehnte sich nach hinten aus, unter den Armen hatte ich dicke Säcke. Ich hatte das Gefühl, dass sich mein Brustkorb einen Meter nach vorne ausweitete, die Knochen schienen sich in Bewegung zu setzen und es kam mir vor, als wenn ich mutierte und es meinen Körper zerriss.

Nach einer Weile setzte ich mich auf einen Stuhl, um diese Kräfte in mir wirken zu lassen und einen Weg zu finden, sie auszuhalten. Die Schmerzen waren unerträglich, und ich hatte große Angst. Es strömte im Leib – ich konnte es deutlich fühlen. Aus meinen Brustdrüsen schoss Energie über die Brustkanäle vor bis in die Brustwarzen. Es war so ähnlich wie beim Stillen – nur *viel* intensiver. Ich beobachtete alles voller Angst und Staunen.

Nach einer Weile bekam ich Hilfe von einer Frau, die mir die Hand auflegte. Es half mir sehr; ihre Fürsorge und Hände beruhigten mich ein wenig. Sie meinte, ich sollte es so sehen, dass jetzt eine starke Tiefentransformationskraft in mir wirkte, dass neue Nervenbahnen angelegt würden, dass der Körper sich ausdehnen müsste für diese Kräfte. Ich war sehr dankbar für ihre Anwesenheit. Die zwei Energien trafen sich in meinem Körper in der Mitte, genau in der Brust. Mein Rücken war mittlerweile fünfmal so breit – es fühlte sich an, als hätte ich einen riesengroßen Buckel, und das Gleiche war nach vorne. In den Achseln sammelten sich Energiesäcke, und ich konnte meine Arme nicht mehr an den Oberkörper legen. Energetisch sah ich mindestens dreimal so dick aus und ich erinnerte mich selbst an alte Statuen, die solche Rundungen (dicke Bäuche, dicke Brüste) hatten.

Nach zwei Stunden Weinen, Stöhnen und ständigem Zucken kam es zur Ruhe. Danach folgten kleinere Intervalle. Es kam ein starker Weinkrampf nach dem anderen, ich konnte nur noch weinen. Trotzdem war alles sehr erleichternd für mich. Ich hatte aufgehört zu denken – es weinte in mir, und dieses Weinen hatte etwas sehr Befreiendes. Es war unfassbar für mich, was ich an mir selbst erlebte, und doch geschah es.

Die folgenden schweren Wochen

Die folgenden Wochen war ich jede Stunde gespannt, was mit mir und meinem Körper passierte. Ich fing an, alles aufzuschreiben. Die größte Angst hatte ich davor, dass das Zucken in der Öffentlichkeit auftreten könnte oder, noch schlimmer, bei meiner Arbeit. Ich bat Gott um Schutz und sprach mit meiner Kundalini, sie solle Ruhe geben während meiner Arbeit. „Lass mir Zeit um diesen Prozess zu überstehen", waren wiederholt meine Worte an sie. Oft stand ich früh morgens so im Feuer, dass ich kaum frühstücken konnte vor Zuckungen.

„Was soll ich nur tun, wenn jetzt gleich die Kundin kommt?", dachte ich. „Das kann doch alles nicht war sein, es ist alles nur ein böser Traum." Kaum klingelte es an der Tür, war ich ganz ruhig. Es war unglaublich: Alles in meinem Körper war still. Ich konnte wie all die Jahre meiner Arbeit nachgehen. Kaum hatte ich Pause, ging es wieder los. Nach einer Weile fand ich heraus, dass es besser ist, wenn ich mich mittags immer zur gleichen Zeit hinlegte.

Ich spürte, die Kundalini musste sich bewegen können, sonst ging es mir ganz schlecht. Dann wurden die Zuckungen und die Hitze unerträglich. Jeden Mittag legte ich mich hin und sage zu ihr: „*Jetzt hast du Zeit, mich zu reinigen oder was du auch immer tust.*" Mit der Zeit wurde es angenehmer. Es schmerzte weniger, und ich konnte es manchmal sogar als angenehm empfinden, wenn der Leib rüttelte und ich spürte, dass alles Angespannte an mir und alles Blockierte sich löste.

Im Laufe der nächsten Tage bekam ich wieder etwas Vertrauen – ich war geschützt. „Es ist ein Phänomen", dachte ich. „Es kommt, wenn ich Zeit habe, und gibt relativ Ruhe, wenn Menschen um mich sind, die diesen Prozess anscheinend nicht mitbekommen sollen." Ich konnte feststellen, dass es tatsächlich eine Intelligenz ist, die sich in mir bewegte und mit mir arbeitete. Ich spürte, dass ich ihr vertrauen konnte. Allerdings empfand ich sie zu diesem Zeitpunkt noch als getrennt von mir. Oder als wenn Kundalini etwas mit mir tat, was nicht wirklich ich wollte.

Die stärksten Zuckungen waren in der linken Schulter und in den Beinen. Ich stellte nach einer Woche fest, dass mein Rücken, der immer verspannt war, sich anfühlte wie Gummi. Vor allem im oberen Bereich merkte ich eine Lockerung wie nach einer guten Massage. Aber es traten auch weitere unangenehme Beschwerden auf. Es wiederholten sich diese starken Schmerzen am Sternum und Herzen und im

Magen. Es war wirklich sehr schwierig, im Alltag damit umzugehen. Ich schleppte mich mehr oder weniger durch den Tag und riss mich zusammen, wenn ich arbeiten musste. Ich konnte mich nicht krank schreiben lassen, da ich selbstständig bin. Das war ein Problem.

Oft fragten mich meine Kundinnen: „Was ist denn heute mit Ihnen? Sie sehen aber schlecht aus." Ich faselte wieder irgendetwas von Magengeschwür oder Bronchitis. Es war mir klar, ich konnte unmöglich über die Wahrheit sprechen. Am liebsten hätte ich es der ganzen Welt erzählt, aber ich hatte Angst, die Menschen würden mich für verrückt halten. Also verhielt ich mich „ganz normal" und plauderte über Alltägliches. Das war sehr anstrengend für mich. Ich musste mich zusammenreißen, da sich mein Bewusstsein ständig entwickelte und ich die „kleinen Alltäglichkeiten" meiner Kundinnen oft als sehr banal empfand. Manchmal bekam ich eine große Wut, wenn sich die Gespräche nur um ihr weltliches Ego drehten. Wenn ich dann versuchte, einen erweiterten Blickwinkel auf die Lebenssituationen meiner Kundinnen zu bringen, wurde ich oft mit Missverständnis betrachtet. Zu dieser Zeit verlor ich einige meiner langjährigen Stammkundinnen. Das beängstigte mich einerseits, andererseits spürte ich, dass es so stimmte.

Ich versuchte, Gott weiterhin zu vertrauen. Wenn mir das gelang, fühlte ich mich besser.

Ich machte täglich Atemübungen oder ging in eine Gebets- oder Yogahaltung, die ich nicht kannte. Meistens zwischen zwei Terminen. Kaum war ich mit einer Behandlung fertig, kamen innere Anweisungen. Das half mir, weiterzuarbeiten und meine Schmerzen auszuhalten.

Manchmal waren die Zuckungen so stark, dass ich hüpfen musste. Ich glaube, niemand kann sich im Ansatz vorstellen, was das wirklich heißt. Die Energien waren zeitweise so stark, dass ich meinte, ich sei ein Elektrizitätswerk. Alles im Körper rebellierte. Ich musste hüpfen oder tanzen, sonst hatte ich das Gefühl, die Energie bliebe in mir stecken und zerrisse mich. Ständig kämpfte mein *normaler Verstand* mit dem, was *ES* in mir wollte.

Ich musste ganz ruhig bleiben und sagte mir immer: *„Birgit, es sieht dich niemand."* Das half aber nicht viel. Es kam mir so absonderlich vor, was ich in meiner Wohnung veranstaltete und dass es nur meine großen Schmerzen schafften, diese Begrenzung zu durchbrechen. Wenn es mir wieder etwas besser ging, versuchte ich, nicht darüber nachzudenken. Oder ich sagte mir: „Das nächste Mal lässt du alles zu – ohne Angst." Kaum war es soweit, waren alle meine guten Vorsätze weg und die pure Angst wieder da. Genauso war es mit dem Schämen. Obwohl ich wusste, dass mich niemand sah, konnte ich es selbst nicht fassen, dass ich wie ein

Frosch in meiner Wohnung herumhüpfte oder ganz fest mit den Füßen stampfte und komische Tierlaute von mir gab. Wenn ich so dachte, versuchte ich alles zu kontrollieren, meinen alltäglichen Haushalt weiter zu machen, aber die Schmerzen wurden dann unerträglich.

Es ging mir deutlich besser, wenn ich es schaffte, meinen gewohnten Verstand auszuschalten. Dann konnte ich ganz deutlich spüren, dass alles, was geschah, zu mir gehörte. Dass es ein Teil von mir war und ich alle Geräusche, alle Töne, alle Bewegungen, die ich von mir gab, kannte. *Etwas in mir kannte es.* Ständig kämpften die zwei Bestrebungen in mir. Einerseits empfand ich mich als total verrückt und hatte Angst durchzudrehen und gleichzeitig wusste ich hundertprozentig, dass alles in Ordnung war und ich niemals verrückt würde.

Die Nächte waren für mich am schwierigsten. Ich bekam jede Nacht Taubheitsgefühle am ganzen Körper. Die Finger, Arme, Beine, das Gesicht, alles war pelzig. Manchmal fühlten sich meine Kehle und mein Brustkorb nach Eukalyptusgeschmack an. Und es roch auch im Raum danach. Dann war alles kühl im Halsbereich und Oberkörper, gleichzeitig war der ganze Unterleib heiß wie bei 42 Grad Fieber. Wiederum stachen plötzlich mein rechter Zeh oder mein linker großer Zeh abwechselnd. Wie eine Schlange, die mich biss, und dieser Biss stach hinauf bis ins Gehirn. Nachts ließ ich immer ein Licht brennen, setzte mich im Bett auf, zwang mich, ruhig zu atmen, um nicht zu hyperventilieren.

Ich kämpfte mit diesen für mich vollkommen unnormalen und nicht in Worten auszudrückenden Zuständen und Reaktionen meines Körpers. Die intensive Hitze, die sich oft im unteren Körperbereich staute, war so stark, dass ich mich selbst kaum berühren konnte, so brannte die Haut. Es war kein Vergleich mit den Hitzeschüben von 1998. Kurz darauf konnten Kältewellen über meinen Körper laufen, und ich brauchte eine Wärmflasche, so fror es mich. Es war so kalt wie bei einem Schüttelfrost. Und genauso klapperte ich mit den Zähnen. Wenn die Kälte kam, wurde es meistens danach ruhiger. Ich konnte dann nicht mehr denken und fühlte nichts mehr. Alles löste sich ins *NICHTS* auf.

An den guten Tagen, an denen ich einigermaßen schmerzfrei war, dachte ich über alles, was geschehen war, nach. Mir wurde klar, dass ich schon seit mindestens sieben Jahren in diesem Prozess stand. Die zahlreichen Krankheiten und Gefühlswallungen der letzten Jahre – das Kribbeln, Stechen, Strömen und die Angst – hingen damit zusammen, was am 29. Januar 2000 anscheinend seinen Höhepunkt gefunden hatte. Ich fand es erstaunlich, wusste *nie*, wohin es mich trieb all die Jahre – *es trieb mich nur!* Nicht im Entferntesten hätte ich mir so etwas vorstellen können. Meine einzige Motivation war, Gott zu erfahren. Keiner hatte mir gesagt, dass Kundalini ein Weg zu Gott ist. Ich hatte wirklich keine Ahnung! Was bedeutete Kundalini, Erleuchtung oder Einweihung überhaupt? Fragen über Fragen! – Keine Antworten!

Ich wollte Gott dienen … – jahrelang waren das meine Gebete. Jetzt war ich voller Angst und Zweifel. Wie sollte alles weitergehen? Was kam noch? Konnte ich weiterhin arbeiten und mein Kind versorgen? War es wirklich von Gott? Was tat es in mir, würde ich daran sterben? Ich, die gefleht hatte „Nimm mein Leben, denn du allein bist meine Liebe", bekam so eine Antwort und zweifelte. Nur weil die Antwort anders war, als ich sie mir vorgestellt hatte.

Und ich betete innigst:

Mein Vater im Himmel,
was bin ich doch noch ängstlich.

Meine Worte waren sehr gewagt.
Du gibst mir immer wieder Prüfungen.

Wie viel Kraft und Mut ich wirklich habe, zu Deiner Wahrheit zu stehen,
und immer wieder komme ich an einen Punkt, wo ich so sicher bin,
und schon lehrst du mich, dass es noch lange nicht genug ist.

Dass ich immer noch ein Zweifler bin.
Verzeih mir!

Ich möchte Dir, Herr, danken für dieses Wunder,
und ich gebe mich ganz in Deine sicheren Hände.

Amen.

Das Zucken kam ständig – über Stunden. Mein Körper war heiß wie Feuer und kurz danach kalt. Ich hatte viel Durst, vertrug aber nur warmen Tee und abgekochtes Wasser. Mein Körper war matt, und es gab Phasen, in denen ich nicht mehr laufen konnte. Ich weinte und weinte. Zeitweise sträubte sich alles in mir. Ich wollte wieder „normal" sein, am Wochenende etwas unternehmen. Nichts ging mehr.

Während meiner Arbeit ruhte die Kundalini; es kam mir vor, als wenn diese Intelligenz wüsste, dass ich Geld verdienen musste. Doch sobald ich Freizeit hatte, ging es los. Ich konnte fast nichts mehr essen. Ständig wiederholten sich die gleichen

Symptome: Rauschen im Körper, Übelkeit, Schwindel, Feuer. Bestimmte Körperteile schienen zu brennen, andere waren eiskalt. Ich wusste nicht, was ich tun sollte, und versuchte, mit der Kundalini zu sprechen. „Was willst du?", fragte ich sie. Einmal kam als Antwort: *Tanzen*. Ich schämte mich, meine Tochter war im Raum. *Wie wollte es tanzen?* Ich ließ meinen Körper sich selbst bewegen. Es kostete mich eine enorme Überwindung, das zuzulassen. Ich konnte nichts mehr kontrollieren. *Was würde geschehen?* Die letzten verzweifelten Versuche, alles zu beherrschen, verloren sich. Die Schmerzen waren *zu groß. Ich brauchte Erleichterung.*

Ich fing an zu tanzen. Meine Füße stampften, meine Hüften bewegten sich. Aus meinem Mund tönte es. Immer mehr, immer schneller, immer lauter. Es war eine ungeheure Kraft in mir. Es wollte nur noch *tanzen, tanzen, tanzen.* Meine Arme bewegten sich in kreisenden, schnellen Kurven hin und her – hinauf und hinunter, hin und her. Ich hüpfte, stampfte, tanzte durch meine Wohnung, schmiss mich auf den Boden, ging in eine (mir nicht bekannte) Yogahaltung, schoss wieder hoch und tanzte weiter. Mein Leib zuckte und rüttelte sich heftig. Seltsame Laute drangen unaufhaltsam aus meiner Kehle. Es schrie in mir, laut und flehend. Ich ließ der Energie freien Lauf.

Nach einer halben Stunde wurde es ruhiger. Ich spürte keine Schmerzen mehr. Mein Körper, mein Geist und meine Seele fühlten sich *leer* an. Es war ein *NICHTS-Zustand.* Leise Tränen rannen mir über das Gesicht. Ich kniete am Boden und wiegte meinen Körper langsam hin und her.

Ich verbrenne ...

An den Wochenenden war es am schlimmsten. Kundalini schien zu wissen, dass ich *jetzt* Zeit hatte. Die Schüttlungen und Zuckungen ließen mir keine Ruhe. Ich lag auf dem Sofa und wollte sterben. Meine Kräfte und mein Vertrauen ließen nach. Ich hatte keinen Menschen, mit dem ich sprechen konnte, den ich anrufen konnte. Niemand nahm mich in den Arm und gab mir Hoffnung. Ich war allein mit Diana, meinem neunjährigen kleinen Mädchen.

Mein Heilpraktiker und die Erzieherin, die seit Jahren zu den Seminaren gingen, halfen mir nicht, obwohl sie in meiner Stadt wohnten. Wenn ich anrief, gaben sie mir irgendwelche *gescheiten Erklärungen*, die mir kein bisschen halfen. Einmal rief ich Herrn B. abends um 10 Uhr an. Es ging mir so schlecht, ich zuckte unkontrolliert und hatte nur noch Panik.

Diana wollte an diesem Abend nicht mehr, dass ich sie umarmte, weil ich so heiß war, dass es ihr weh tat. Auch spürte ich, wie sich diese Energie in meiner Wohnung ausbreitete. Meine Haut war feuerrot, und Diana hatte glühende Wangen und klagte über Hitze. Ich wusste nicht, wann diese enorme Hitze aufhören würde oder ob sie sich noch steigern würde. Meine Angst um Diana war riesengroß. Wie wirkte sich diese Kraft auf mein kleines Mädchen aus? „Sterben wir alle daran?", dachte ich voller Angst. Ich fühlte mich schuldig – was tat ich nur Diana an? Verzweifelt weinend schrie ich innerlich: „Ich verbrenne … – ich verbrenne … – und meine kleine Tochter mit."

Am Telefon berichtete ich Herrn B. von meiner Hitze und meiner Angst. Er hörte mir zu und sagte nach einer Weile gelassen: „Und wie geht es dir jetzt?" Ich antwortete: „Jetzt, wenn ich mit dir spreche, geht es besser," Er sagte: „Gut, dann freue dich daran." Damit war das Gespräch zu Ende.

Ich hörte auf, mit ihm zu telefonieren. Herr B., der mich ja auf diesem Weg begleitet hatte, kam scheinbar gar nicht auf die Idee, mich einmal zu besuchen oder nach Diana zu schauen. Ich spürte kein bisschen Mitgefühl und Fürsorge. Ich war sehr enttäuscht, da ich ihn bewundert hatte und glaubte, dass er viel weiser und wissender war als ich. Schließlich war er schon jahrelang bei Shin, was er auch betonte, und ich glaubte damals, wenn man *so lange* geistige Arbeit machte, wäre man allwissend und heilig. Ich durfte viel lernen in dieser schweren Zeit.

Keiner hilft

Meine Tochter brachte mir Stofftiere und kochte Tee. Sonst blieb sie einfach nur ruhig, sagte nichts oder ging leise aus dem Raum. Diana schmierte Brote und brachte Obst. Kein Erwachsener, weder meine Familie noch meine Freunde kamen, um zu helfen. Nur Sabine und Dagmar, meine letzten treuen Freundinnen, besuchten mich ab und zu. Sie verstanden nichts von Kundalini, hörten mir aber aufmerksam zu und glaubten an mich. Manchmal besuchte mich noch Elvira. Seit ein paar Monaten ging sie auch auf Seminare von Shin.

Elvira hatte selbst so große Probleme, dass sie meistens nur von sich erzählte. Wenn ich von meinen Schmerzen berichtete, sagte sie: „Bei mir sticht es auch im Unterleib, und meine Magenschmerzen sind nicht auszuhalten."

Ich hatte das Gefühl, sie glaubte felsenfest, auch Kundalini zu haben. Sie hatte sich eine Art angewöhnt, immer mit mir in der *Wir*-Sprache zu sprechen. Es nervte mich, ich wusste innerlich, ganz genau, dass ich in einem *ganz anderen* Prozess stand und ich „ ICH“ war und sie „ SIE“.

Ich konnte es aber damals mit Worten nicht erklären. Ich wusste noch nichts von den verschiedenen Stufen der Kundalini. Außerdem wollte ich Elvira nicht beleidigen. Ich wollte sie ernst nehmen mit ihren Problemen. Immer noch war ich sehr rücksichtsvoll zu anderen Menschen. Schluckte meine Enttäuschung und Wut herunter, um Elvira nicht zu kränken. Ihre Augen, die ständig einen schuldigen Blick hatten, brachten mich immer wieder dazu, sie in meine Wohnung zu lassen. Auch die kleinen Geschenke, die sie brachte, um ihr schlechtes Gewissen zu beruhigen, nahm ich an.

„Ich bin ja für dich da, tue doch alles für dich“, sagten ihre Augen flehend. Ich konnte sie nicht zurückweisen. Es stimmte natürlich nicht, sie tat im Moment nichts, was in der tieferen, freien Wahrheit stand. So konnte sie mir nicht helfen. Sie hatte keinen Mut und war abhängig – auch von mir. Ich wollte dieses Klammern nicht – wollte, dass sie jetzt ihren eigenen Weg ging, damit ich in Ruhe meinen gehen konnte.

Mein Kind tröstet mich

Diana, war die Einzige, die mich tröstete. Sie erinnerte mich oft mit den Worten: „Lass alles zu, Mami, was kommt.“ Meine Tochter hatte selten Angst, obwohl sie damals erst neun Jahre alt war. Ich hatte ihr alles genau erzählt, meine lange Suche nach Gott und von Kundalini. Ganz offen sprach ich stundenlang mit ihr – wieder und wieder.

Einmal, an einem Samstag, an dem ich nur noch zuckend auf dem Sofa lag und weinte, brachte sie mir ihr Religionsbuch. Das Feuer brannte so lichterloh in mir, dass ich nicht mehr laufen konnte. Sie setzte sich auf die Couch und meinte: „Mama, ich habe eine Geschichte für dich.“, und sie fing an zu lesen:

Es war einmal ein Mädchen. Sie hieß Margarethe Steiff. Sie konnte nicht gehen und saß im Rollstuhl. Keines der Nachbarkinder spielte mit ihr, und deshalb bastelte sie zu Hause in ihrem Zimmer. Sie war ganz allein und beobachte die spielenden Kinder aus dem Fenster. Eines Tages sagte ihr Vater: „Ich habe für dich einen Kuraufenthalt organisiert, da wirst du wieder laufen lernen.“ Margarethe antwortete: „Nein, Vater, ich bin so geboren, und es wird einen Grund haben, warum das Gott so wollte. Ich muss Frieden mit mir schließen und mein Leben so annehmen, wie es ist." Der Vater akzeptierte ihren Wunsch.

Jahre später entwarf sie die berühmten Steiff-Teddybären und erfreute damit viele Kinder.

Meine Tochter streichelte mir liebevoll über das Gesicht und meinte: „Die Margarethe hatte Vertrauen zu Gott, Mami, und das ist es, was dir fehlt." Die Tränen liefen mir über das Gesicht, und ich schämte mich. Meine kleine Tochter hatte Recht: Warum hatte ich nur solche Angst? Endlich spürte ich göttliche Energien in mir, und manche sprachen von Gnade, die Gott einem schenkt, wenn sich Kundalini erweckt, und ich weinte nur. Wie konnte ich nur lernen, damit umzugehen?

Literatur über Kundalini

Mutig ging ich am Montag in die Buchhandlung und fragte nach Literatur über Kundalini. Ich wurde fündig und kaufte zwei Bücher. Leider fand ich keinen Erlebnisbericht über ein Kundalini-Erwachen in Deutschland. Zu Hause angekommen, fing ich neugierig an zu lesen. Die ersten Seiten las ich fieberhaft. Das erste Mal in meinem Leben hörte ich von Shakti, Shiva und Brahma. Von Akasha, Mudra, Samadhi und vielen indischen Wörtern. „Ist das kompliziert", dachte ich.

Diese Psychologin aus Amerika schrieb Ähnliches, wie mein Lehrer gesagt hatte, nur viel ausführlicher. Das beruhigte mich ein wenig. Ich dachte: „Wenn andere auch darüber schreiben, ist er bestimmt kein Guru." Auch schrieb sie, es wäre besser in diesem schwierigen Prozess einen geistigen Lehrer zu finden. „Gut", dachte ich, „dann bin ich ja auf dem richtigen Weg." Also las ich freudig weiter. Als Nächstes beschrieb sie Fallbeispiele des Kundalini-Erwachens. Beim zweiten Beispiel schlug ich das Buch voller Entsetzen zu. Ich konnte es nicht lesen. Die Beispiele waren haarsträubend, grauenvoll. Mir wurde ganz schlecht. Ich dachte: Wenn ich das auch noch alles durchstehen muss, will ich lieber sterben." Ich legte das Buch weit weg, um mich nicht noch mehr zu beunruhigen.

Viele, viele Monate später, als ich weiterlesen konnte, stellte ich fest, dass die „haarsträubenden Dinge", vor denen ich mich so gefürchtet hatte, bei mir fast alle eingetroffen waren.

Im Laufe der schwierigen Monate, die ich durchwanderte, frage ich mich immer wieder, wie es passieren konnte, dass ich mir einen Gottesweg so naiv einfach vorgestellt hatte. Auf den Seminaren, die ich die letzten Jahre besucht hatte, lehrte niemand etwas über die Schlangenkraft. Wieso wird Kundalini nicht erwähnt als ein durchaus schwieriger Prozess? Alle sprachen nur von positiven Affirmationen, von Liebe ohne Abhängigkeit, von Erkenntnissen, von Yin und Yang, von Engeln, mit denen jeder ganz einfach Kontakt aufnehmen könnte, und vielem mehr. In keinem Buch, das ich gelesen hatte, wurde erwähnt, wie es ist, wenn ein Engel wahrhaft vor einem steht, wie viel Angst man bekommen kann und wie sehr man an sich zweifelt.

Ganz abgesehen von den anderen Wesen, die einen besuchen – der Wahnsinn ist ganz nah. Ich bin mir sicher, dass viele im Kundalini-Erwachen Psychopharmaka verschrieben bekommen, nur weil keiner Erfahrung hat, was mit den Betroffenen passiert. Keiner macht sich Gedanken, dass es vielleicht ein ganz normaler biologischer Prozess in der Evolution der Menschheit ist. Und das Schlimmste ist: Keiner klärt auf!

Ich fragte mich weiter, wie es sein konnte, dass Heilpraktiker, Esoterik–Seminarleiter, Atemtherapeuten, Bioenergetiklehrer, Lehrer für autogenes Training, Therapeuten, Ärzte, Reiki-Meister, Heiler, Buchautoren über Kundalini-Meditation oder Kursleiter von Yoga-Kundalini nichts über einen solchen Prozess wussten, *wie ich ihn erlebte.*

Ich fing an, solchen Leuten ein paar Fragen zu stellen. Die meisten wussten gar nichts von Kundalini. Diejenigen, die sich „scheinbar" mit Kundalini auskannten, hatten alle die gleiche Antwort: **„Kundalini, die haben wir doch alle."** Eine einzige Heilpraktikerin gab zu, sie hätte schon einmal gehört, dass dieser Prozess auch sehr heftig sein könnte. Sie behandelte mich mit Akupunktur, aber es half mir nicht viel.

Die Ärzte reagierten unterschiedlich. Ich konsultierte zwei Allgemeinärzte, die sich *Naturheilpraktiker* nannten. Einer sagte zu mir: „Ich glaube ihnen. Sicher gibt es so eine energetische Bewegung im Körper, aber ich habe keine Zeit, mich damit zu beschäftigen." Ich fragte ihn: „Wie viele ihrer Patienten haben ähnliche Symptome wie ich?" Er antwortete: „Jeder vierte."

Der zweite Arzt hielt mir einen Vortrag über Gehirnströmungen, die sich bei mir bewegt hätten, und dies seien *keine geistigen Phänomene*, sondern eine ganz normale anatomische Reaktion des Körpers. Ich sagte zu ihm ironisch: „Ich besuche sie einmal wieder, wenn ich Schnupfen habe, dann können sie mir sicher helfen."

Ich war so empört über die Ärzte. Ich ärgerte mich, dass ich so viele Jahre diesen Medizinern blind vertraut hatte.

Feuer und Urkraft – ich sterbe

Ende Februar kamen ein paar Tage, an denen ich gar nichts mehr tun konnte. Ich lag nur noch auf dem Sofa mit der Wärmflasche und einer Kanne Tee, den ich literweise trank. Ich konnte kein kaltes Getränk mehr zu mir nehmen. Ganz undenkbar waren Alkohol oder Kohlensäure. Zwischen dem 16. und 26. Februar ging es mir ganz schlecht. Die durchbohrenden Schmerzen waren permanent in der linken Körperseite zu spüren. Die Schübe oder Prozesse, die täglich kamen, waren für mich nicht auszuhalten. Ich konnte weder sitzen noch liegen. Die Hitze im Körper war unerträglich – ich brannte. Ich war vollkommen verzweifelt und wollte nur noch, dass es aufhörte.

Ich hatte keine Hoffnung mehr, diesen „Kundalini-Prozess" zu überleben. Ich erinnerte mich, wie stark ich schon im Leben gewesen war und was ich alles ertragen hatte, aber was mir jetzt geschah, war mit „nichts" zu vergleichen. *„Diesmal kann ich es nicht schaffen – ich sterbe daran, ich kann nicht mehr!"*, dachte ich. Ich war mir ganz sicher.

In diesen schweren Tagen kam mir der Gedanke „Ich bin zu weit gegangen; was habe ich nur getan? Wie konnte ich nur so weit forschen, dass mir dies jetzt geschieht?" Ich gab mir in diesen *einsamen* Momenten selbst die Schuld für meinen Zustand. Auch glaubte ich dann wirklich *ganz fest*, ich sei *unheilbar krank – sterbenskrank* und keiner könnte mir helfen.

Wenn ich in diese Verzweiflung fiel, wie eben geschildert, ging es mir besonders schlecht. Ich konnte dann keinen klaren Gedanken mehr fassen, weil das Ungewöhnliche so mächtig war und es niemanden gab, der davon eine Ahnung hatte. Ich bekam kein Feedback, keiner gab mir Mut, keiner glaubte an mich. Das ist ein Grund, warum ich heute dieses Buch schreibe. Aus meinem heutigen Wissen wäre es für mich lebenswichtig gewesen, einen Menschen um mich zu haben, der diesen Prozess so intensiv erlebt hatte wie ich, der mir erklärt hätte, dass alles ganz normal war: die Gefühlsschwankungen, die Schmerzen, die Zweifel und die Todesangst.

Ich bin mir sicher, dass *Betroffene* durch liebevolle Zuwendung und Aufklärung wesentlich leichter durch diesen Prozess gehen würden.

Manchmal war ich so irritiert und verwirrt, dass ich zu der Schlussfolgerung kam, ich hätte den falschen Weg eingeschlagen. Ich glaubte dann den Worten meiner Mutter, dass ich vielleicht einen Dämon in mir hätte. Gott sei Dank konnte ich diese Gedanken immer wieder von mir weisen. Ich analysierte mich selbst und las meine Tagebücher und wusste dann immer wieder, dass ich den richtigen Weg gegangen war. *Da stand immer das Gleiche, wie innigst ich Gott liebte. Mein ganzes Sehnen war nur nach Gott!*

Da ich niemanden hatte, mit dem ich über meine Erlebnisse sprechen konnte, blieb mir nichts anderes übrig, als mit mir *selbst ins Gespräch* zu gehen. Dabei erlangte ich tiefe Erkenntnisse.

Mir wurde klar: Kein Mensch hatte mich gelehrt, dass Gott Feuer und Urkraft ist. Wie sollte ich damit umgehen, wenn ich Feuer immer mit dem Teufel assoziierte, mit Fegefeuer und Hölle? Ich fragte mich, woher das kam. Die Antwort war einfach. Von den Kirchenreligionen! Was würde jetzt ein Pfarrer mit mir machen, fragte ich mich. Wahrscheinlich wie in der Inquisition wieder verbrennen – wenn es ginge.

Unglaublich, schoss es mir durch den Kopf. Was war denn nur geschehen – wie konnte es passieren, dass die Religionen den Menschen von echten lebendigen Gottes –Erfahrungen abgetrennt hatte? Und dass es im 21. Jahrhunderten immer noch geschieht! Wieso hatte sich der Mensch damit abgefunden, so gespalten von Gott zu leben? Genügten ihm die Kirchenerfahrungen? Die Geschichte vom Paradies? Aber bitte nur, wenn wir schön brav waren? Glaubten die Menschen das wirklich? Warum sind dann die Kirchen so leer? Und warum nimmt unsere Jugend so viele Drogen? Wieso haben sie keine Motivation zum Leben?

Solche Überlegungen halfen mir, meinem Prozess wieder zu vertrauen und auf mein Innerstes zu hören. In den zwei Wochen dieser ganz schwierigen Phase hatte ich das Gefühl, mein Hochmut, mein Ehrgeiz, mein *„Ich bin wer in dieser Welt"* verbrenne restlos. Ich spürte: „Ich bin nichts, und was ich meine zu sein, stimmt alles nicht. Es findet alles nur in der äußeren, materiellen Welt statt, an was ich mich festhalte." Mit dieser Kraft in mir, die mir alles nahm, was ich meinte zu besitzen, bekam ich einen tieferen Einblick in die Weltenereignisse. Ich konnte sie spüren, die Erde, wie sie leidet, wie sie nicht atmen kann, wie sie missbraucht wird: die Menschen, die Tiere, die Natur und Gott. Ich war entsetzt über mich und die Entwicklung der Menschen. Ich weinte und weinte – tagelang! Es wollte nicht mehr aufhören zu weinen in mir. Selbst beim Arbeiten passierte es, dass meine Tränen liefen. Meine Kunden waren entsetzt. Ich erklärte ihnen, dass ich immer noch nicht über meine Scheidung hinweg wäre. Mehr konnte ich ihnen nicht sagen.

Ein Gefühl der Hilflosigkeit entstand in mir. „Ich bin nichts in diesem Universum", dachte ich. „Was bildete ich mir die ganzen Jahre ein? Was habe ich getan für diese Erde?"

Damit lösten sich die letzten Bedürfnisse auf. Ich hatte keine Lust mehr, in ein Café zu gehen oder ins Solarium oder eine neue Hose zu kaufen. Angesichts meiner Erkenntnisse über die Welt kamen mir diese Dinge so unwichtig vor, dass ich erschüttert war über mich und meine Brüder und Schwestern auf Erden. Es interessierte mich nichts, aber auch gleich gar nichts mehr von den Dingen, die mir früher gefallen hatten. Ich weinte Tag und Nacht. Es gab nur noch diese Erschütterungen und Erkenntnisse – Kundalini war mein Leben geworden.

Ich schrieb ein paar Zeilen:

Von einer Dimension
In die andere
Nirgends zuhause
Und doch im Lichtstrahl der Welten

Funken sind wir
Wie Sterne am Horizont
So strahlend und wunderbar
Wie Gottes Augenlicht

Gottes Kinder sind wir
Hier und dort
Um das Licht zu bringen
Von Ort zu Ort

Jetzt ist es hell
Der Tag beginnt
Die Zeit ist egal
Weil wir Zeitlose sind

Es folgte eine kurze positive Zeit, in der ich voller Dankbarkeit war. Dankbar, selbstständig zu sein – dankbar für diese Gnade, die mir mein Gott gewährte. Dankbar, dass ich zu Hause arbeiten konnte und nicht in die Öffentlichkeit musste – dankbar, dass ich diese Weisheiten erfahren durfte. Ich lobpreiste Gott in diesen Tagen ununterbrochen. Es kam automatisch. Meine Tochter erzählte mir, sie wäre morgens wach geworden, weil ich das *Om* so laut gesungen hätte. Sie dachte, ich sei wach, und kam in mein Schlafzimmer, war dann aber sehr erstaunt, mich im tiefsten Schlaf anzutreffen, glückselig lächelnd und *Om* singend. Ich weiß davon nichts, aber ich kann mir vorstellen, dass vieles nachts im Schlaf passierte.

In den folgenden Monaten schlief ich fast gar nicht. Was ich aus heutiger Sicht als am schwierigsten empfinde, ist die Isolation, in der ich mich befand. Ich konnte mit niemandem sprechen. Kein Mensch in meinem Umfeld verstand etwas vom Kundalini.

Die Versuche, die ich *immer wieder* unternahm bei meiner Familie bei Freundinnen oder Bekannten, brachten keinen Erfolg, im Gegenteil: Sie zogen sich zurück oder noch schlimmer, sie behandelten es wie eine schlimme Krankheit.

Niemand in meinen Umfeld konnte sich vorstellen, dass es *ein Gottesweg* war. Meine Mutter schaute mich ängstlich an, und ich hatte das Gefühl, sie würde am liebsten einen Exorzisten hinzuziehen. Sie fragte mich immer wieder: „Glaubst du an unseren evangelischen Gott?" Wenn ich es bejahte, meinte sie: „Das kann nicht sein, sonst hättest du nicht solche Probleme, denn Jesus Christus beschützt uns und du kannst dich *nie einsam* fühlen, wenn er in deinem Herzen ruht."

Ich bin mir sicher, dass sie damals tief überzeugt war, dass ich in einer Sekte bin und dass das, was mit mir geschah, dämonisch ist. Die Jahrhunderte der Inquisition in Deutschland, der unterwürfigen, „bigotten" und abgetrennten Gottesanbetungen waren noch nicht vorbei. Ich durfte es am eigenen Leib erfahren.

Dazu kam, dass ich nichts mehr, was nicht in *meiner Wahrheit* stand, verteidigen konnte. Es gab für mich die kleinste Lüge nicht mehr. Das wurde für mich und meine Freunde sehr unangenehm. Ständig sprach ich die Wahrheit. Dies wollte überhaupt *niemand* hören. Alles, was verfälscht und unecht war, deckte ich auf.

Wenn ich das nicht tat, ging es mir sehr schlecht. Wenn ich es tat, ging es den anderen sehr schlecht. Bekannte zogen sich zurück, oder ich ignorierte sie plötzlich und wollte nichts mehr mit ihnen zu tun haben. Ich hatte früher viele Freunde und Bekannte. Sie fühlten sich alle von mir vor den Kopf gestoßen. Mir ging es nicht anders, ich konnte die oberflächlichen Gespräche nicht mehr aushalten. Ich konnte *mich selbst* nicht mehr belügen. Ich weiß und war mir damals schon bewusst, dass es für meine Freunde anders aussah. Sie fühlten sich von mir egoistisch behandelt. Gleichzeitig wusste ich, dass ich ihnen meine Bewusstseinserfahrungen nicht erklären konnte. Ich wusste, dass sie mich nicht verstehen würden. Also gab es für mich keinen anderen Weg, als sie im Moment loszulassen. Es fiel mir sehr schwer, und ich vermisste die Zeit mit ihnen. Aber ich spürte auch, dass es meiner eigenen Entwicklung schadete, mich zu rechtfertigen; lieber wollte ich allein sein, als Belangloses sprechen.

Erkenntnisse über Reinheit und Gottesweg

Die folgenden Tage und Wochen zogen sich endlos hin. Ich machte mir große Sorgen um unser Leben.

Die tiefen Ängste, die sich zeigten, und das schlechte Gewissen meiner Tochter gegenüber quälten mich. Wieder zweifelte ich an mir. Konnte ich diesen Kundalini-Prozess verantworten? Ich war diejenige, die alles loslassen wollte und Gott suchte, nicht meine Tochter, und Stefan half nicht bei der Erziehung unseres Kindes.

Damals nach meiner Scheidung hatte ich mir ganz fest vorgenommen, eine gute allein erziehende Mutter zu werden und viel Zeit mit Diana zu verbringen. Ich wollte ihr die Welt zeigen. Mit ihr im Sommer schwimmen und im Winter Schlittschuh laufen. Ich wünschte mir, dass Diana viele Freundinnen hätte und ein lustiges Mädchen würde, das sich aufs Leben freute. Ich wollte sie beschützen, hüten und immer für sie da sein.

Doch nun war alles anders. Jetzt hütete Diana mich, und ich war diejenige, die Hilfe brauchte. Mir zerriss es das Herz, wenn ich darüber nachdachte. Diana hatte keine Freundin. Sie blieb ständig in meiner Nähe. Ihre Fürsorge war mit solch einer Liebe, dass es mich zu Tränen rührte. Morgens ging sie in die Schule, lernte Deutsch und Mathematik und wenn sie nach Hause kam fand sie eine Mama, die auf dem Sofa lag und vor Zuckungen und Hitze nicht sprechen konnte.

Niemand, weder meine Familie noch die Paten und Freunde kamen, um zu helfen. Im Gegenteil, ich musste mich von ihnen belehren lassen: „Du bist selber schuld, das es dir so schlecht geht. – Warum suchst du dir keinen Mann, der dir hilft? – Du fixierst dich zu sehr auf dein Kind. – Lass endlich einen Mann in dein Leben … Du nimmst zu viel Rücksicht auf Diana; warte nur, bis sie in die Pubertät kommt – dann wirst du schon sehen – sie verlässt dich, und du bekommst keinen mehr ab – dann bist du zu alt – und wirst ganz alleine sein.“

Ich fragte mich wieder einmal, was mit den Menschen los war. Was halfen mir denn so dumme Aussagen – nichts! Das waren doch genau diejenigen, die nicht einen Tag ohne einen Mann leben konnten. Die sich von allem und jedem abhängig machten. Aus Angst, es alleine nicht zu schaffen.

Ich durfte am eigenen Leib erfahren, dass allein erziehende Mütter in unserer Gesellschaft ausgestoßen sind. Wir Frauen werden nicht mehr von Ehepaaren eingeladen. Wahrscheinlich haben die Frauen Angst um ihre Männer – oder die Kinder stören. Es gibt keine Sippe mehr, wo wir Halt finden. Wir sind Singles, ohne frei zu sein, und unsere Sorgen und Ängste interessieren niemanden wirklich. *Man hat das zu schaffen in unserer eiskalten Welt.* Wenn man versucht über die Nöte zu sprechen, ist man schon ein Verlierer. Wie es in den allein stehenden oder allein erziehenden Frauen aussieht, will keiner hören.

Falls eine der Frauen es nicht schafft – sich und die Kinder umbringt oder zur Alkoholikerin wird –, ist das Geschrei der Menschen groß: „So etwas, hast du das gehört? Frau Maier hat die Kinder geschlagen, man sollte sie ihr wegnehmen. – Der Sohn von Frau Schmid nimmt Drogen, na ja – bei der Mutter." Solche überheblichen Redensarten findet man überall – und meistens kommen sie auch noch vom gleichen Geschlecht – Frauen können wirklich ekelhaft untereinander sein – aber helfen in der nächsten Nähe, auf diese Idee kommen sie nicht. „Aber vielleicht ist das ja auch unter den Männern so", dachte ich weiter.

Solche Gedanken und Erkenntnisse beschäftigten mich sehr. In meinem Fall ist es ein Kundalini-Prozess, in dem ich dringend Hilfe bräuchte, ein anderer ist vielleicht schwer krank oder hat Depressionen und kommt nicht mehr klar mit unserem Gesellschaftsdruck. Die vielen Menschen, die heutzutage „Burnout" bekommen, wer hilft ihnen? Und wenn sie nicht die volle Leistung bringen – sind sie draußen. Aber vielleicht sind sie ja gerade die feinsten und empfindsamsten?

Toleranz, das Wort schienen die Menschen nicht mehr zu kennen. Die hohen Tugenden wie Nächstenliebe, Hilfsbereitschaft, Freundlichkeit, Geduld mit seinem Nächsten, Gottvertrauen, Mut, Hoffnung, Großzügigkeit, Vergebung usw. schienen in unserer Gesellschaft ausgestorben zu sein. Sie hatten ja nicht einmal mehr Zeit, richtig zuzuhören.

Ich fragte mich, wo ich Menschen finden konnte, die noch „Menschen" waren.

Zufällig hörte ich ein paar Tage später, dass bei meinem ehemaligen Heilpraktiker spirituelle Treffen stattfanden. Ich entschied mich nach langem Zögern, hinzugehen. Ich hoffte immer noch auf Verständnis und Hilfe für Diana und mich.

Einmal wöchentlich versammelten sich Schüler von Shin im Haus von Herrn und Frau B. Bei schönem Wetter saßen sie im Garten und aßen etwas Brot und Käse. Dazu gab es Tee. Es waren nur Frauen anwesend. Herr B. war der einzige Mann in dieser Runde.

Ich ging dreimal zu diesen Treffen. Am ersten Abend machten wir Übungen von

Shin. Eine der Frauen konnte sich scheinbar jede Übung ganz genau merken. Sie gab Anweisungen. Das gefiel mir ganz gut.

Am zweiten Abend sprachen sie über ihre *Prozesse*. Jeder aus der Runde erzählte von seinen spirituellen Entwicklungen. So sehr ich mich auch anstrengte, ich verstand keinen Ton. Sie sprachen nicht über persönliche Erlebnisse. Ich hörte Sätze wie: „Ich bin in einer starken Bewegung … – in einem schwierigen Prozess …“

Interessiert fragte ich genauer nach: „Wie sieht der denn im Leben aus, sag doch mal ein Beispiel!“ – „Darüber redet man nicht, es bewegt sich erst … – da ist es besser nicht zu sprechen“, kam es mit belehrender Stimme zurück.

Herr B. zitierte einen bulgarischen Philosophen, den ich nicht kannte, und alle lachten. Oder sie sprachen über irgendwelche Bücher, die sie gelesen hatten. Eine der Frauen machte gerade eine Ausbildung zur Familienaufstellerin nach Bert Hellinger. Darüber diskutieren sie auch. Ich konnte nichts heraushören, was darauf hinwies, dass sie ähnliche Erfahrungen gemacht hatten wie ich. Ich hielt mich zurück und hörte erst einmal zu. Mir war ziemlich langweilig, und ich zündete mir eine Zigarette an. Wir saßen ja im Freien. Außerdem wusste ich, dass Herr B. auch rauchte. Allerdings nie sichtbar.

Ich schaute mich in der Gruppe um. Ich kannte solche Leute nicht, weder aus meiner Jugend noch aus den Jahren meiner Ehe. Für mich waren sie „Alternative oder Spirituelle“, so hätte ich sie früher bezeichnet. Sie hatten mich nie tiefer interessiert. Deswegen war ich eigentlich froh, endlich unter ihnen zu sitzen und sie näher kennen zu lernen. Doch was ich sah, gefiel *mir* nicht so gut.

Die Frauen waren für mich nicht wie Frauen gekleidet. Sie trugen meistens Hosen und dicke Baumwollpullover mit Schal um den Hals, als hätten sie eine Erkältung. Die Farben waren Ton in Ton. Grau in Grau, Blau in Blau oder Grün in Grün. Ich sah kein Rot, kein Weiß, kein schönes Gelb. Kein weibliches Dekolleté. Sie schminkten sich nicht, und zu meinem Entsetzten sah ich behaarte Beine und Oberlippen. Für mich als Kosmetikerin war das unverständlich.

Kosmetik beinhaltet das Wort „Kosmos“. Ich hatte während meiner Ausbildung ein Jahr lang Kosmetologie als Unterrichtsfach. Äußere Schönheit und Pflege der Haut waren für mich selbstverständlich. Schönheit war für mich Ausdruck des Göttlichen und ein Geschenk des Schöpfers. Dazu gehörte für mich ein sinnvolles Pflegen und Schmücken meines Körpers. Mit Farben und Stoffen – zum Tanz für Gott und Göttin – als Ausdruck der Weiblichkeit – wie die Tempeltänzerinnen. Für mich war das ganz normal.

Aber ich sah nur in bleiche Gesichter und ungetönte Haare. Vorsichtig versuchte ich mit den Frauen in ein Gespräche über Hautpflege und Farb- und Stilberatung zu kommen. Ich fragte, ob sie schon einmal ein bisschen experimentiert hätten mit Make-up und Kleidung.

Ich schaute in entsetzte Gesichter. Eine Frau sagte: *„Nur reine Seide oder Baumwolle lässt göttliche Energie durch – andere Stoffe blockieren den Leib – Make-up ist eine Maske, das brauchen wir nicht."*

„Wow – dann kann ja bei mir nichts fließen, und Masken trage ich auch noch", dachte ich belustigt. Meine Kleidung bestand aus Mischgewebe. Ich kaufte nach Farben, Form und dem Zustand meines Geldbeutels – und nicht nach Stoffen für die Göttlichkeit.

Ich kam mir unter ihnen vor, als wäre ich von einem anderen Stern. Ich sprach mit Herrn B. über meine Bedenken. Er meinte gelassen: „Du bist halt wie ein exotischer Papagei." Ich konnte mit dieser Aussage nichts anfangen. Was meinte er damit? Außerdem rügte er mich wegen der Zigarette, die ich geraucht hatte. Ich sollte das unterlassen, schließlich wäre es ein spirituelles Treffen.

Ich hatte dies nicht so empfunden. Wir saßen im Garten und redeten ein bisschen. Das war alles. Unter einer spirituellen Arbeit stellte ich mir etwas anderes vor.

Doch trotz meiner natürlichen Empfindungen ließ ich mich von ihnen verunsichern. Ich hatte ja keine Ahnung, wie sich das gehörte – „Wie muss man denn sein als Spiritueller?", fragte ich mich. Ernsthaft dachte ich darüber nach. „Sicher haben sie Recht, ich komme ja auch aus dem weltlichen Leben." Musste ich jetzt auch so werden wie sie? Gehörten solche Äußerlichkeiten dazu – um Gott zu finden? War ich zu auffallend? Musste ich jetzt auch reine Baumwolle tragen, panierten Sellerie (er schmeckte mir überhaupt nicht) essen und mich nicht mehr schminken? War das der richtige Weg?

Der Versuch, am dritten Abend mit ihnen über „meine persönlichen Kundalini-Erfahrungen" zu sprechen, misslang vollkommen. Offen berichtete ich über meine Hitze, Kälte den Zuckungen, meine große Angst und die Isolationsgefühle.

Während ich sprach, sah ich in ihren Gesichtern die Starre und Ablehnung meiner Worte. Ich konnte ihre Gedanke fühlen. *„Wir machen unsere Übungen regelmäßig – sind gereinigt – wir bekommen nicht solche Zuckungen. Wer weiß was du noch für Blockaden hast – dass du solche Schmerzen hast und so stark zuckst. Du rauchst doch auch noch und trinkst Wein. Deinen Zorn hast du auch noch nicht bearbeitet! – Wir beherrschen das schon alles, unsere Kundalini läuft sanft!"*

Sie sprachen es nicht aus, aber ich hörte auch ohne Worte. Herr B. meinte, er könnte mir jetzt auch nicht mehr weiterhelfen, er hätte keine Kundalini. Die anderen belehrten mich, als würde ich gerade das erste Kapitel einer Esoterik-Lektüre durchwandern, ich sollte erst einmal das *Alleinsein* lernen, das wäre ganz wichtig.

„Warum fühlst du dich so verlassen?", fragten sie mich. „Was hat das mit dir zu tun, hast du das schon überlegt?", belehrten sie mich weiter, und eine Dame sagte wörtlich: „Du tust, als wäre Kundalini eine Krankheit; wir haben doch alle Kundalini."

Ich fragte mich, warum sie mir *solche* dummen Fragen stellten und mit mir umgingen, als wenn ich nicht die geringste Ahnung hätte. Sie sprachen von der Spiegeltechnik; die hatte ich schon als Zweiundzwanzigjährige gelesen und mich mit ihr auseinander gesetzt. Ich hatte damals schnell gelernt, das dies allein nicht der Weg sein konnte. Danach war ich noch tiefer in die Materie eingestiegen, um sie zu erkennen. Und heute war mir klar, das ich schon in einen anderen Spiegel schaute, in den großen – da, wo das eigentliche Abenteuer beginnt – die Vereinigung von Gott und Göttin.

Doch im Moment interessierte mich das alles gar nicht – nicht wirklich. Ich brauchte lediglich Hilfe für meinen Alltag. Nicht nur für mich, sondern auch für meine Tochter. Was nützte denn das Reden und Analysieren? Wie dankbar wäre ich, wenn eine der Frauen mir jetzt anbieten würde, für mich gelegentlich zu kochen. Oder mit Diana zum Schwimmen an den See zu gehen. Ganz einfache, scheinbar belanglose Dinge tun, das wäre jetzt eine große Hilfe für mein Kind und mich gewesen.

Ärgerlich dachte ich: „Reden und mich belehren, das können sie gut." Aber mit Diana einmal sprechen – dafür nahm sich keine von denen Zeit. Wie auch – sie sprachen ja nicht einmal mit mir. Sie hatten solche enge Vorstellungen von dem, wie man sich verhält und was ein Kundalini-Prozess ist, dass sie die einfachsten Dinge nicht mehr sehen konnten.

Ich sagte nichts in dieser Runde – meinen Kundalini-Prozess, *was wir dabei erlebten*, wollte niemand hören – *nicht einmal hier*. Ich entschloss mich, nicht mehr hinzugehen. Mich ärgerte und entsetzten diese Naivität und diese angeblich weisen Sprüche. Ich spürte deutlich, dass alles, was sie sprachen, nur Theorie war. „Alles nur im Kopf", dachte ich.

Ich fragte mich, ob das Shin wirklich lehrte? Irgendwie verstand ich Shin ganz anders – viel freier.

Ich spürte, dass ihnen die Toleranz fehlte, die verschiedenen Wahrnehmungen und Ausdrucksformen des spirituellen Weges zu sehen. Gott tanzt in allen Formen und Substanzen – und ich war mir sicher, ich wollte mit ihm tanzen. Ich wollte Gott und das Leben finden – frei sein, echt und unverstellt. Wollte mich spüren und nicht ungeschminkt in Baumwolle herumrennen und nur noch Brunnenwasser trinken.

„Spiritualität hin oder her", dachte ich. „So macht mir das keinen Spaß. Ich bin frei! Ich habe genug Zwänge erlitten in meinem Leben – ich will endlich heiter und fröhlich sein."

Mit Entsetzen stellte ich erneut fest, dass selbst Menschen, die in spirituellen Bewegungen sind, noch lange nicht alles wissen. Vielleicht sogar ihren natürlichen Mensceninstinkt verloren haben. Wenn jemand krank ist, wird ihm doch auch geholfen. Hätte ich einen Beinbruch gehabt, wäre für diese Menschen sicher alles einfacher gewesen.

„Ich gehe da nie mehr hin", dachte ich stur. Als ich in meine Wohnung kam, war ich frustriert und gleichzeitig traurig. Als Erstes schaltete ich meinem CD- Player ein und legte ein Lied von Herbert Grönemeyer mit dem Titel „Mensch" auf. Laut und mit voller Leidenschaft sang ich mit: „Momentan ist richtig – momentan ist gut – nichts ist wirklich wichtig – nach der Ebbe kommt die Flut – am Strand des Lebens – ohne Grund, ohne Verstand – ist nichts vergebens – ich bau' die Träume auf dem Sand – und es ist – es ist okay – alles auf dem Weg – und es ist Sonnenzeit – ungetrübt und leicht – und der Mensch heißt Mensch – weil er irrt und weil er kämpft – weil er hofft und liebt – weil er mitfühlt und vergibt – weil er lacht und weil er lebt – du fehlst – es ist schon okay – es tut gleichmäßig weh – es ist Sonnenzeit – unbeschwert und frei …"

Beim Mitsingen wurde es mir leichter ums Herz. Meine Seele verstand den Text sehr gut. Mir fehlten die Leute auch, mit denen ich unbeschwert *sein* konnte. Dieses Lied erwärmte mich mehr als die Menschen, von denen ich gerade kam. Ich weinte, und mein Weinen kam vom Herzen und befreite mich. Dieses Lied von Grönemeyer war kein Mantra, und doch war es eins. Tausende von Menschen hörten dieses Lied täglich, und es berührte sie – wie kamen die Spirituellen nur darauf, das nur sie tiefe Erkenntnisse übers Leben hätten? Niemand hat zu beurteilen, welche Musik oder welches Tun den Menschen inspiriert und ihn in Gefühle kommen lässt. Der eine singt Mantras, der andere hört klassische Musik und wieder andere hören Metallica – für mich war da kein Unterschied. Hauptsache, der Mensch ließ sich berühren.

Nachdem ich endlich wieder ruhiger wurde, legte ich die nächste CD auf und fing an zu tanzen. Mein Ärger löste sich auf, und ich war Toni Braxton dankbar für ihre Musik. Ich liebte es, mich auf ihre Songs zu bewegen. Toni Braxton – für mich war ihre Stimme göttlich.

Langsam fand ich wieder zu mir. Schon mein ganzes Leben lang halfen mir gute Liedertexte, um mich besser zu fühlen. Ich war den Künstlern, die aus dem Herzen heraus musizierten, dankbar – sie waren für mich die wirklich spirituellen.

Ich bin ein loderndes Feuer

Die Energien in meinem Körper wurden ständig heißer, und meine Tochter sagte zu mir: „Mama, bitte lang mich nicht mehr an; es tut mir weh, wenn du mich streichelst." – Das war für mich sehr schlimm. – Ich konnte mein geliebtes Kind nicht mehr in meine Arme nehmen.

Ich dachte dann: *„Ich bin ein loderndes Feuer – ich werde verbrennen."* In solchen Momenten war ich mir sicher, dass ich mein Leben lang nie mehr jemanden berühren könnte. Das machte mir Angst. Wie sollte ich damit leben? Ich wollte auf keinen Fall irgendjemandem schaden. Meine größte Sorge war dann, Diana zu ihrem Vater geben zu müssen, wenn es noch schlimmer würde. Aber ich spürte langsam, dass ich auch dazu bereit war. Ich ging meinen Weg. Diana hätte es bei ihrem Papa auch gut, ich wusste das. Es waren alte Reste des Kampfes mit Stefan, die mich hindern wollten zu verzeihen. Alte Reste, wie ich das Wort Niederlage definierte, und alte Reste der Vorstellung was „Mutter sein" bedeutet. Im Zulassen und Loslassen von meinen Vorstellungen wurde es leichter. „Ich bin kein Verlierer und keine schlechte Mutter", dachte ich. „Wenn es nicht mehr geht, spreche ich mit Stefan und bitte ihn, Diana zu sich zu nehmen." Ich wusste, das er ein guter Vater war und Diana liebte. So liebte, wie sein jetziges Bewusstsein es eben konnte.

In diesen Wochen der Verzweiflung hatte ich nur wenige Lichtpunkte. Interessanterweise waren es die Momente, in denen ich in Wut geriet. Wut über Menschen, die meinen Prozess ignorierten, die über das Unerklärliche, das sie nicht kannten, urteilten. Wie wenig Hilfe sie mir anboten, nämlich gar keine. Wenn ich darüber sprach, merkte ich, dass ich in Kraft kam.

„So darf das nicht sein, und so ‚unmenschlich' können ‚die Betroffenen' nicht behandelt werden." Diese Gedanken hielten mich am Leben. Ich wünschte mir mehr Aufklärung, damit die Mitmenschen die Kundalini-Erwachenden besser verstehen würden. Ich wollte dafür sorgen, dass kein Mensch so isoliert diesen Prozess durchlaufen musste wie ich. An alle Türen, an denen ich angeklopft hatte, wurde sie mir ängstlich, desinteressiert oder überheblich vor der Nase zugeschlagen.

Ich wurde in den kommenden Wochen innerlich etwas stärker und ruhiger. Ich bekam ein Gefühl von Gleichgültigkeit, *ich wollte von mir selbst nichts mehr und von den anderen auch nichts.* Ich kritisierte mich nicht mehr und hörte auf, an mir zu zweifeln. Ich wusste:

– ES GESCHAH IN MIR DURCH IHN! –

Ich hatte jetzt Tage, an denen es mir besser ging und ich fast alles aufholen konnte, was liegen geblieben war. Meine Nahrungsaufnahme verringerte sich zwar immer mehr, aber ich fühlte mich doch teilweise kräftiger. Interessant war, dass ich viel mehr Fleisch aß als sonst. Schon einige Zeit war ich keine Vegetarierin mehr. Plötzlich bekam ich einen heftigen Appetit auf einen Wurstsalat oder ein Schnitzel. Mit Genuss aß ich es; ich war froh überhaupt zu essen. Ich wollte überleben.

Dämonentraum

Eines Nachts erwachte ich und konnte mich *sofort* an meinen *Traum* erinnern. Ich war ungewöhnlich ruhig! Folgendes hatte ich geträumt:

Ich lag in meinem Bett, und meine Tochter schrie im Nebenzimmer. Etwas Unheimliches war im Haus, und ich hatte Angst. Meine Hände waren voller Schleim und Blut, was anscheinend von meinem Körper kam. Ich lief zu Diana, nichts hätte mich zurückhalten können. Diana lag im Bett, und ich sah mit Entsetzen, dass ihr kleiner Körper von einem schrecklichen Wesen besetzt war. Ich konnte zusehen, wie es sich Platz verschaffte im Leib meiner Tochter. Unbeschreibliche Angst wollte sich in mir breit machen, aber ich kämpfte für meine innere Ruhe; es gelang mir.

Ich setzte mich an ihr Bett und nahm den physischen Körper meiner Tochter in meine Arme. Das Wesen fauchte und spuckte, es sah grässlich aus. Ich spürte, dass mich dieses Wesen herausfordern wollte. Ich nahm all meinen Mut zusammen und überwand meine Angst. Ich erreichte ein Gefühl der Liebe in meinem Herzen für dieses Wesen. Liebevoll schaute ich es an, aus meinem Herzen flossen hingebungsvolle Gefühle und ich sagte:

„Ich liebe dich – ich liebe dich – ich liebe dich!“

Das Wesen verschwand augenblicklich aus meiner Tochter, und sie lag friedlich in meinen Armen. Der ruhige, liebevolle, glückliche Zustand, in dem ich weilte, weckte mich aus meinem Traum. Nichts erschreckte mich; ich stand auf und konnte alles genau nachvollziehen.

Ich wusste, dass ich einen Sieg errungen hatte. Alle Schattenwesen, Dämonen und schrecklichen Wesenheiten konnten mich nicht mehr quälen. Sie hatten keine Macht mehr über mich, ***ich liebte sie***. Mit einer unbezwingbaren Kraft, die alles ins Gute auflöst – die **allumwandelnde Gottesliebe**!

Die folgenden Tage war meine Tochter erschöpft und erkältet. Ich wusste, dass ihre Seele das für mich erlitt. Meine Dankbarkeit ihr und Gott gegenüber war voller überquellender Liebe. Ständig war ich in diesen Tagen im Austausch mit Gott, und immerwährend lobpreiste ich seine Herrlichkeit – kein anderer Gedanke war wichtig.

Herr, Dir allein gehört
Meine ganze Liebe
Zu Deines Reiches Ruhm
Auf Erden!

Immer wieder formte sich dieses Melos – beim Arbeiten, Putzen, Bügeln, Duschen … Ich schrieb in mein Tagebuch:

Wir sind die Kinder dieser Erde – wir sind die neuen Samen, aus denen die guten Früchte werden.

Mein Bauch ist meine Schwester Sonne.

Meine Füße sind meine Mutter Erde.

Meine Brust ist mein Bruder Mond.

Mein Blut ist der Wind.

Mein Geist ist mein Vater im Himmel.

Mein ganzer Körper ist goldenes Licht.

Meine Seele ist weit und fließend wie das Wasser.

Meine Zeit ist die Luft.

Mein Herz ist unendliche Liebe.

Lichtstrahl im dritten Auge

Ich begriff immer noch nicht, was mit mir geschah. Woher kamen diese Gedanken, die ich niederschrieb, woher kamen diese Träume? Die Dinge geschahen einfach, ich konnte nichts steuern. Ich wusste nichts von Tantra-Träumen und Visionen, von einem Ätherleib oder Astralleib hatte ich auch noch nie gehört – all die Jahre hatte ich nur ein bisschen in Esoterikbüchern gelesen. Ich hatte keine Ahnung von wahren geistigen Wissenschaften.

Für mich war es eine unbeschreibliche Gratwanderung, die ich erlebte. Ich versuchte nur, jeden Tag und jede Nacht zu überleben. Wusste nie, ob ich mein Leben behalten konnte, und versuchte verzweifelt, im Hier und Jetzt zu bleiben und meinen Impulsen im Alltag zu folgen. Wie ich es damals schaffte, mein Leben nach außen weiter zu gestalten, ist für mich heute ein Rätsel.

In meinem Kosmetikstudio fanden Neuerungen statt. Ich hatte mit Beratungen begonnen. Ich nützte meine Zusatzausbildung zur Gesundheits-, Ernährungs- und Lebensberaterin.

Während eines Gesprächs klagte eine Kundin, Frau C., über Angstattacken. Sie erzählte mir Genaueres. Plötzlich bekam ich den Impuls, ihr die Hand aufzulegen.

Ich dachte: „Was ist denn jetzt?" Das war ganz neu. Ich hatte bis zu diesem Tag noch niemals das Bedürfnis gehabt, jemandem die Hand aufzulegen. Außer meiner Tochter, wenn sie Bauchweh hatte oder sich verletzte. Diana brauchte nie ein Pflaster, sie wollte als kleines Kind nur meine Hände. Für mich hatte das keine außergewöhnliche Bedeutung, weil ich glaubte, das wäre Mutterliebe – das könnte jede Mutter.

Ich fragte Frau C., ob sie einverstanden wäre, dass ich ihr die Hand auflegte. Als sie bejahte, tat ich es zögernd.

Als meine Hände auf ihrem Rücken lagen, sagte Frau C.: „Ah – genau hier habe ich immer Schmerzen." Ich bekam einen Impuls, meine rechte Hand jetzt auf ihren Hinterkopf zu legen. Ich tat es. Sofort fing mein Herz an zu rasen, es strengte mich sehr an. Ich sagte zu ihr: „Hast du viel Kopfweh? Diese Stelle hat etwas mit deinen Rückenschmerzen zu tun."

Erst verneinte Frau C., doch plötzlich sagte sie: „Das ist die Stelle, wo mich meine alkoholkranke Mutter, als ich drei Jahre alt war, auf den Herd geschlagen hat." Meine Kundin bat mich, sie ganz zu behandeln; sie war sich sicher, ich könnte ihr helfen. Ich war verwirrt und unsicher; ich traute es mir nicht zu, weil ich nicht wusste, was ich eigentlich tat. Bis dahin hatte ich zwar schon vom Heilen gehört, mit mir hatte das aber gar nichts zu tun. „Ich kann doch gar nicht heilen. Was passiert mit mir?", überschlugen sich meine Gedanken. „Ich bin Kosmetikerin, vielleicht auch noch Lebensberaterin, aber nie und nimmer Heilerin." Ich wusste doch gar nicht, wie das geht, hatte es nicht gelernt.

Ein paar Wochen später fing ich doch an, diese Kundin zu „behandeln". Sie ließ mir keine Ruhe und bat immer wieder darum. Was dann geschah, war für mich unglaublich. Sie erzählte mir, was während der Behandlung in ihrem Körper passierte. Alles wurde warm und fließend in ihr, und meine Kundin hatte das Gefühl, der Bauchraum würde sich öffnen. Warme weiche Watte wäre in ihrem Bauch, und alles im Leib strömte. Nur im Halsbereich bekam sie Beklemmungen.

Bei der zweiten Behandlung sah sie ein schwarzes Loch, bei der dritten Behandlung kam das schwarze Loch wieder. Diesmal öffnete es sich, und sie konnte in Bilderform ihre Vergewaltigung sehen, die sich zwanzig Jahre zuvor abgespielt hatte. Sie hatte diesen Missbrauch vollkommen verdrängt. Tiefes Weinen kam nach den Bildern, und ich konnte sie liebevoll betreuen. Ihre Angstattacken lösten sich nach und nach auf.

Diese Erfahrungen lehrten mich, meine Vorstellungen noch mehr aufzugeben. Alle Vorstellungen, die ich hatte, *wer ich war* und *was ich war* und was es alles gab auf dieser Erde. Ich verstand nichts und wusste nichts, nur eines: Meine Persönlichkeit musste kleiner und kleiner werden, um Gott *in mir* immer mehr Raum zu geben. Es formte sich wie eine Eingebung das Wort *„Christusweg"*.

Lichtstrahl – März 2000

Eines Nachts konnte ich das erste Mal einen Strahl (wie ein Laserstrahl) im dritten Auge wahrnehmen. Es begann mit einer leichten Wärme zwischen den Augenbrauen, die sich wie ein kreisförmiges Brennglas anfühlte. Es war nicht unangenehm, und ich konnte es gut zulassen. Der Strahl verstärkte sich, er kam von außen und schoss in meine Stirn. Ein leichter Druck entstand im dritten Auge. Es war ein ganz helles, warmes, gebündeltes Licht. Es war für mich sehr angenehm. Im Laufe der nächsten Wochen und Monate konnte ich es noch oft genießen. Eine Zeit lang kam dieser Strahl fast jede Nacht.

Tagebucheintrag 20. 03. 2000

Ich bin sehr viel allein. Es macht mir nichts mehr aus. Ich kann das Leben nach meinen Erkenntnissen der Wahrheit annehmen. Das bedeute, dass alles Alte sich auflöst, Kontrolle, Programm und Sicherheit, aber auch Macht, Hochmut, alles zu meinen Gunsten wollen … Alles verliert sich … alles führt ins Nichts. ES ist ein wahrhaft neues Leben, und ich bin Gott dankbar, dass ich es erfahren darf.

Höllen-Erfahrungen

Die folgenden Wochen waren Höllen-Erfahrungen. Ich hatte solche grauenvollen Schmerzen, dass ich nur noch schreien konnte. Hauptsächlich im Solarplexus und Herzbereich. Tag für Tag – Stunde für Stunde – ich konnte nicht mehr. Ich schloss die Fenster; damit hoffte ich, dass niemand meine Schreie hörte. Ich konnte es nicht mehr steuern, die Schreie drangen unaufhaltsam aus meiner Kehle. So laut, dass ich mich selbst erschrak. Es waren Urlaute – wie ein Tier rannte ich in meiner Wohnung hin und her. Wie Blitze schoss diese Energie durch mich.

Der Leib war ruhelos, das Herz raste, alles vibrierte. Ich konnte nicht mehr. Stündlich wurde es heftiger. Ich steuerte auf einen Höhepunkt zu. Am Samstag Abend wurde es schlimmer und schlimmer. Ich war allein zu Hause, meine Tochter war übers Wochenende bei ihrem Vater. Ich wusste mir nicht mehr zu helfen. Stundenlang tobten die Schmerzen auf der linken Seite meines Körpers. Hitze und Zuckungen quälten mich. Es riss mir plötzlich ruckartig die Arme nach oben oder zurück. Mein Körper klappte schlagartig zusammen, um sich gleich danach wieder aufzurichten. Der ganze Leib stand im Feuer und vibrierte. Das Blut und alle Flüssigkeiten im Körper rauschten, und meine Kopfhaut dehnte sich aus. Der ganze Leib schien sich aufzulösen.

Ich versuchte, es auszugleichen, aber es gelang mir nicht. In der Küche wollte ich mir einen Tee kochen. Die Zuckungen waren so stark, dass es mir nicht gelang. Alles glitt mir aus den Händen. Ich sank auf den Küchenboden und weinte vor Verzweiflung. Ich schaffte es nicht. Die Angst und Lähmung steigerten sich stündlich. Ich konnte nicht stehen, sitzen, aber auch nicht liegen. Wie wild rannte ich gekrümmt in der Wohnung hin und her. Wälzte mich am Boden. Mein Kopf drohte zu platzen, und ich winselte nur noch. Die Zuckungen waren so unkontrolliert und heftig, dass es mich hin und her warf. Mein Körper explodierte. Ich hatte keinen klaren Gedanken mehr und ich schrie verzweifelt zu Gott: „Warum hast Du mich verlassen! Lass es aufhören, lass mich ohnmächtig werden. Ich kann nicht mehr!"

Ich spürte, *wie sich alles, was ich war*, auflöste. Es war wie ein Auflösen meines Körpers und meines Geistes. Nach Stunden des grauenvollen Schmerzes und der Zuckungen lag ich in einer seltsam verknoteten Haltung auf meinem Sofa. Ich konnte keinen Finger mehr rühren. Es war wie ein Lähmungszustand. Da lag ich – der Körper war tot. Ich konnte wahrnehmen, wie ich aus meinem Leib fuhr und ich mich immer weiter von mir entfernte.

Innerlich sprach ich ganz ruhig: „Ich gehe jetzt." Ich spürte keinen Widerstand mehr. Die Angst wich, und ein zeitloser Raum entstand, in dem ich nur noch „NICHTS" war. Mein Körper war nicht mehr da.

Plötzlich hörte ich eine laute Stimme in meiner Wohnung, die sagte: *„Erde dich ... Erde dich ... "* War das Shin?

Ich setzte mich ruckartig auf, fasste an meine Fersen und sprach laut: *„Ich bin Erde ... "* Nach ein paar Minuten war alles vorbei. Keine Schmerzen mehr, kein Zucken, alles ruhig.

Auf allen vieren schleppte ich mich mit letzter Kraft in das Bett meiner Tochter, legte mich hinein und roch ihren vertrauten Duft. Ich kuschelte mich an ihre Stofftiere. „Ich liebe sie so unendlich" war mein letzter Gedanke, bevor ich einschlief.

Tagebuchauszug:

Wir haften am Unwahren und wollen nicht loslassen! Die göttliche Kraft brennt alles Alte nieder. Mein Lehrer hat einmal gesagt, bei demjenigen, bei dem die Kundalini erwacht, der würde einen geschützten Raum bekommen, um sie zu durchwandern. Es scheint so! Ich kann nur zu Gott beten, dass Er mir Seine Gnade und Seinen Schutz erweist. Shin wacht auch über mich – ich spüre es. Jeder Mensch, der sich tief läutert, bis er eins wird mit Gott – ist Gott! Denn Gott ist in uns – und wir sind in Gott!

Weitere Erfahrungen mit Heilpraktikern und Ärzten

Ein paar Tage später bekam ich einen Hinweis, dass es in unserer Gegend eine gute Heilpraktikerin gäbe, die auch zu Shins Seminaren ging und von Kundalini eine Ahnung hätte. Ich fragte die Erzieherin, die mir diese Mitteilung gab, warum mir das nicht mein Heilpraktiker erzählt hätte. Sie erklärte mir, dass die beiden Heilpraktiker früher befreundet gewesen wären, doch seit vielen Jahren nicht mehr miteinander sprächen. Ich verstand das Ganze nicht. Was hatte dieser Streit mit mir zu tun? Wie konnte mir Herr B., den ich als meinen Freund bezeichnet hatte, diese Weiterempfehlung verwehren? Diese Gedanken schossen mir nur kurz durch den Sinn, da ich viel zu beschäftigt war mit meinen Problemen.

Ich war dankbar für den Hinweis und ließ mir schnell einen Termin bei dieser mir unbekannten Heilpraktikerin geben. Sie hatte ihre Praxis nur fünf Kilometer von mir entfernt. Vollkommen am Ende und noch den Schrecken und die Lähmung vom letzten Wochenende im Nacken, kam ich bei ihr an. Ich erzählte meine Erfahrungen. Frau V. plauderte mit mir *sehr nett über Kundalini* und erklärte mir, dass ich ein paar Behandlungen Jin Shin Jyutsu bräuchte. Ich hatte davon noch nie gehört. Außerdem empfahl sie mir Schüßlersalze, Magnesium und Calcium und noch ein paar Dinge. Es war nicht gerade billig. Ich kaufte alles ordnungsgemäß ein und ließ mich behandeln. **Ich hätte alles bezahlt und getan, um Erleichterung zu bekommen!**

Ein paar Tage später ging ich freudig zur zweiten Behandlung Jin Shin Jyutsu. Endlich hatte ich jemanden gefunden, der mir helfen wollte. Ich fühlte zu Frau V. zwar keine tiefere Wärme und Zugehörigkeit, aber ich war gottfroh, dass sie eine Behandlungsmöglichkeit für Kundalini wusste.

Doch diesmal wirkte die Heilpraktikerin noch kühler auf mich. Während der Behandlung sagte sie beiläufig: „Nimm einmal davon Abstand, dass du Kundalini hast. Nicht alles, was zuckt, ist Kundalini.“ Sie erzählte mir im gleichen Atemzug, dass sie schon vor Jahren nachts nicht schlafen konnte und Mineralsalze nehmen musste. Ich war verwirrt; was wollte sie mir damit sagen? Ich traute mich aber nicht, sie direkter anzusprechen, ich kannte sie ja gar nicht. Durch die Blume hatte *ich* verstanden, dass sie *solche Prozesse* schon vor vielen Jahren durchwandert hatte.

Eine leise Stimme meldete sich in mir, die mir sagte, dass ich irgendetwas völlig anderes erlebte. Aber diese Stimme hatte noch keine Kraft.

„Sicher hast du diese Angst schon lange; das hat nichts mit Kundalini, sondern etwas mit dir zu tun“, sprach sie gelassen weiter. Ich erschreckte mich an ihren Worten und fühlte mich augenblicklich schuldig. Was war mit mir los? War ich unrein? Hatte ich meine Angst nicht bearbeitet? Sie sprach mit mir, als hätte ich meine Hausaufgaben nicht gemacht. Ich fühlte mich schlecht. War ich doch selber schuld, dass mein Körper so reagiert und ich solche Schmerzen aushalten musste? Hatte ich gar keine Kundalini?

Die Heilpraktikerin sprach weiter und erklärte mir, dass sie am nächsten Tag zu Shin fahren würde, da sie seine Frau regelmäßig mit Jin Shin Jyutsu behandelte. „Ich werde mit ihm sprechen“, sagte sie. „So geht das nicht, dass alle beim kleinsten Zucken behaupten, sie hätten Kundalini.“

Ihre Worte betäuben mich, ich fühlte mich gerügt. Hatte ich kleinste Zuckungen? Mein Körper reagierte mit einem unangenehmen lähmenden Gefühl. Es schien etwas nicht mit mir zu stimmen. Erschrocken und ehrfürchtig dachte ich: „Diese Heilpraktikerin muss was Besonderes sein; sie ist ganz nah bei Shin. Was sie mir ja auch gleich mitteilte – sie weiß bestimmt alles.“ Unterwürfig, mich schuldig und unrein fühlend verließ ich ihre Praxis.

Ich hatte gar keine Kundalini – ich bildete mir alles nur ein! Ich war völlig verwirrt.

Zu Hause angekommen wurde ich etwas klarer. Empörung stieg in mir auf. Wusste sie, was ich erlebte? Warum gab sie ein Urteil ab? Zuerst die Ärzte, die mich nicht ernst nahmen, und jetzt auch noch diese Heilpraktikerin. „Sie verunsichern mich nur *noch* mehr“, dachte ich. Ich war entsetzt und hilflos! Wer wusste denn überhaupt Bescheid? Ich fand mich in einer aussichtslosen Situation.

Als ich so in meine Empörung und in meinen Zorn geriet, reagierten mein Körper und mein Geist mit einer starken inneren Kraft, in der ich ganz klar wusste: *„Ich habe Kundalini und ich lasse mich nicht von anderen verwirren, die keine eigenen Erfahrungen damit haben. Oder vielleicht hatten sie Erfahrung, aber dann andere als ich“, dachte ich.* Mir ging es doch nicht darum, wer mehr zuckte oder nicht zuckte. Mir ging es um Hilfe für die Erwachenden, um Toleranz und Nächstenliebe. Ich spürte davon überhaupt nichts. „Egal wie lange Frau V. schon meditiert und sehr nah bei Shin war, was sagte das schon?“, dachte ich wütend und spürte, wie es mir besser wurde. Diese Heilpraktikerin hatte es doch tatsächlich geschafft, mich mit ein paar Sätzen total zu verwirren.

Ein paar Stunden fühlte ich mich besser. Aber diese Klarheit hielt nicht lange an, und die nächsten Tage zweifelte ich wieder an mir. Energielos lag ich auf dem Sofa und dachte:

„Alle Spirituellen, die ich in der letzten Zeit kennen gelernt habe, meditieren schon jahrelang, essen vegetarisch und sprechen immer leise. All das tat ich nicht. Sicher wissen diese Leute, die jahrelang schon bei Shin sind oder geistige Arbeit machen – viel mehr als ich und sind viel reiner", kritisierte ich mich selbst. Wahrscheinlich hatte ich solche Schmerzen, weil ich immer noch rauchte. In letzter Zeit fing ich auch wieder an Fleisch zu essen, und manchmal trank ich auch wieder ein Glas Rotwein. Meine Übungen machte ich auch nicht regelmäßig. Nachts, wenn es mir so schlecht ging, aß ich mengenweise Süßigkeiten. Außerdem lebte ich meine Sexualität, war nicht wirklich keusch. Ich hatte keine verschmelzende hohe Vereinigung mit einem reinen, geläuterten Mann – ich lebte ganz einfach nur meine körperlichen Gefühle aus. Alle Gefühle lebte ich aus. Ich war laut und leise, traurig und glücklich, stark und schwach. Das veränderte sich ständig. Ich überlegte nicht lange beim Sprechen, ob ich jetzt laut oder leise war. Meine rebellische Sprache hatte oft eine tiefe, direkte Einfachheit. Ich meditierte nicht stundenlang. Für mich war das Leben in jedem Augenblick Meditation. Ich suchte nicht nach dem Licht – es war einfach da. Es kam, wenn es wollte – war da und nicht da. Es war auch eigentlich egal, ob es da war oder nicht. „Ich bin – immer und ewig. Was spielte denn das alles für eine Rolle?" fragte ich mich.

Irgendwie war ich anders. Durfte ich das sein? Ununterbrochen fragte ich mich: „Wo liegt die Wahrheit?" Es waren so viele, die sich auf dem spirituellen Weg befanden und behaupteten, **so oder so ginge dieser Weg;** wie konnte ich mir erlauben, es viel freier und lebendiger zu sehen?

Was war die Wahrheit?

Ich wusste nur so viel, dass ich die letzten Jahre endlich wieder gelernt hatte frei und ohne Angst zu sprechen. Dass mein freier Rebell in mir sprach, der sich mutig für seine Wahrheit einsetzte. Der es auf sich nahm sogar geschlagen, erniedrigt und verlassen zu werden. Immer war er schon da gewesen, mein ganzes Leben lang. Auch für mich war er oft sehr unbequem. Er verursachte mir Herzrasen und zerstörte oft, wo es gerade gemütlich wurde. Im Laufe meines Lebens hatte ich mich mit ihm auseinandergesetzt – ihn akzeptiert. Wenn ich versuchte, ihn zu unterdrücken oder auszulöschen, um mich anzupassen, wurde ich jedes Mal krank. Ich wusste, dass ich ihn leben musste, dass er meine Antriebskraft ins Leben war. Ich hatte unter großen Schwierigkeiten endlich gelernt, ihn nicht mehr zu kritisieren.

Aber jetzt, durch die „Spirituellen", die ich kennen gelernt hatte, bekam ich vermittelt, dass dies nicht göttlich und rein wäre. Nichts schien an mir zu stimmen. Selbst meine Zuckungen waren nicht echt. Was stimmte denn überhaupt an mir? In meiner Kindheit waren es meine Eltern, die mich zurechtwiesen, dann mein Ehemann und jetzt kamen die Materialisten, die Spiritualisten, Esoteriker, Ärzte und Heilpraktiker.

Trotz all dieser Klarheit ließ ich mich zu diesem Zeitpunkt total verunsichern. „Sicher hatte diese Heilpraktikerin Recht – ich war unmöglich und unrein", dachte ich nach dem Termin bei ihr. Mit diesen Gedanken verlor ich meine letzte Kraft. Verzweifelt lag ich weinend in meiner Wohnung auf dem Sofa, wollte sterben und fühlte mich schmutzig, dreckig und unfähig. Alle anderen schafften es, perfekt zu sein – nur ich nicht.

Mir wurde erst nach einer Weile bewusst, dass ich auf eine Birke starrte, die sich sanft im Wind bewegte. Sie stand direkt vor meinem Wohnzimmerfenster und schien mir etwas zu erzählen. „Ich liebe die Birke – schon immer", dachte ich.

Plötzlich bekam ich einen großen Zorn auf die „Perfekten".

Sie waren so **„perfekt",** dass ich schon einen Hauch von „**sterilem göttlichem Vakuum und toter Materie**" um sie herum spüren konnte. Spontan schrieb ich ein paar Zeilen:

Lautlos …

Lautlos ist es um mich
Nichts bewegt sich
Dumpf, leer, lähmend

Wo ist das Leben?
Alles Tod – kein Sinn – keine Kraft – müde!
Die dunkle Nacht ist es, die sich um mich hüllt –
Kein Entrinnen – keine Hoffnung
NICHTS – nur das Pochen meines

Lauten Herzschlags – sterben –
Dann ist es vorbei –
Wo war das Leben?

Gott ...
Siehst Du nicht, wie wir leiden?
Selbst im Leid fühlen wir uns schuldig!
Zu sehr leiden macht krank, sagen sie.
Stark sollen wir sein und rein!
Wieso dürfen wir nicht einmal weinen, schreien und Angst haben?

Ich kann nur rauchen, um es auszuhalten. Oh – das darf auch nicht sein!!!
Lungenkrebs – undiszipliniert – Randgruppe!!!! VERSAGER!

Ach ...
wie bin ich stolz auf euch Perfekten!
Ihr Wissenden, ihr Studierten, ihr Esoteriker und Spiritualisten, ihr Sportler und Gesundheitsfanatiker ...
Ihr wisst einfach alles, habt viel gelernt – raucht nicht, trinkt nie ein Glas zu viel – esst kein Antibiotika-Fleisch –
– Wie toll ihr seid!!!

Ihr habt keine Depression, keine Angst, die euch den Atem nimmt, wisst immer eine Antwort dem Schwächeren gegenüber. Zeigt kein Mitleid – wieso auch? IHR habt doch alles im Griff – wer das nicht hat – ist selber schuld und muss sich reinigen!

Eure Parolen hängen mir zu den Ohren raus!

- Mach etwas gegen deine Depression, treib Sport, dann wird es schon ...
- Sei diszipliniert, dann wirst du PERFEKT und hörst auf, DEFEKTzu sein ...
- Liebeskummer lohnt sich nicht – der Nächste wartet schon ...
- Bete zu Gott – der hilft dir ...
- Arbeite an deinen schlechten Energien – sonst wirst du nie heilig ...
- Psychopaten, Behinderte, Alte ins Heim, die brauchen wir nicht ...

All ihr Wissenden – ist das das Leben??
Komisch, ich ersticke daran!!

Ich Naive warte auf den liebevollen Blick eines Menschen, auf Nächstenliebe, auf Zuwendung. Bin durstig nach Nähe – echter Liebe und Begegnung. Hoffe auf Kinder, die Kinder sein dürfen, auf Jugendliche, die sich auf das Leben freuen – auf Menschen, die „Mensch sind!

Aber ich höre nichts – außer Parolen und Dumpfheit, sehe keine Verbesserung der Welt. … ihr selbst ernannten Weisen!

Ach …entschuldigt, ich vergaß – Versager, undiszipliniert, unrein, Randgruppe!! – Wir haben ja nichts zu sagen!!!!

Menschbaum

Ich bin … Menschbaum
Meine Arme reichen bis zum Licht des Himmels
Meine Wurzeln bis ins Feuer der Erde

Wind, Sturm, Regen
Alles halte ich aus
Ich stehe … tief verankert im Leben

Doch was geschieht …
Was machen die Menschen …
Eine Motorsäge …
Hören sie nicht mein Schreien …

Sie töten mich …
Ich falle … unaufhörlich tief …
Ins Dunkel … sie trennen mich vom Leben

All die Stürme habe ich überlebt
Doch jetzt liege ich hilflos am Boden
Wer rettet mich?
Es kommt ein Christ vorbei …
Flehend schaue ich ihn an … Hilfe, rufe ich
Unbeteiligt geht er vorbei …
Bäume … interessiert mich nicht, sagt er,
einzig Jesus Christus, der Erlöser

Ich liege sterbend …

Da, ein Zeuge Jehovas … rette mich
Den Wachturm in der Hand läuft er vorbei …
Bist du ein Mitglied der wahren Jehovas?
Wenn nicht … bis du verloren…

Ein Moslem läuft vorbei … Allah sei Dank …
Er dreht sich nur kurz um …
Hast du schon einmal mit einem Mann geschlafen, der nicht beschnitten war? …
Allah … Welch Sünde … und geht weiter …

Mein Lebenssaft blutet aus meinen Wunden
Immer mehr, immer stärker …
Es ist bald vorbei. Wer rettet mich …

Plötzlich steht ein Spiritueller vor mir …
Der weiß alles … er wird mir helfen …
Er blickt auf mich herab und sagt:
„Prozesse … da musst du durch …
außerdem brauchst du einen Meister …
eine Gruppe … so geht das nicht …
hast du deine Blockaden bearbeitet … deine dunklen Wolken?
Unbeteiligt läuft er weiter …

Hilfe, rufe ich …
Mit letzter Kraft schreie ich …
Ich bin doch ein Menschbaum

Ich trage das Licht in mir
Vom Himmel zur Erde und von
Der Erde zum Himmel …
Sieht das keiner …
Ich stehe fest in meiner Mitte …
Nicht ich falle …
Ihr seid es, mit euren Motorsägen …
Mit euren Dogmen, mit eurem Wissen und mit euren starren Überzeugungen …
tötet ihr das Leben in mir…

Auf einmal spüre ich Tränen auf mich fallen …
Arme schlingen sich um meinen Bauch …
Du armer Menschbaum … Es tut so weh, dich so zu sehen …
Tröstende, einfache Wort und wärmende Liebe ummanteln mich
Es ist ein staunendes, einfaches, lichtvolles Kind … ein Menschenkind

Der neue Mensch,
der mich rettet!

In diesen Tagen und Nächten 2000, wo ich weinend auf meinem Sofa lag und unwissend im Dunkeln tappte, hatte ich das Gefühl, wirklich verrückt zu werden. Ich konnte nicht begreifen, worum es ging. Wer hatte Recht? Wo lag die Wahrheit? Wieder und wieder tauchten diese Fragen in mir auf. Wieso waren die Menschen alle so gescheit – warum spürte ich kein lebendiges, waches göttliches Tun in ihnen? Leichtes, heiteres, spielerisches SEIN – staunendes Zuhören, Verständnis und Mitgefühl, ohne zu beurteilen.

Wollte Gott nicht, dass wir Mitgefühl und Liebe für unseren Mitmenschen empfinden? Unseren Körper mit einbezögen in unsere Welteninkarnationen?

Warum wollte Gott, dass wir auf Erden kommen? Konnte das Leben nicht einfach nur gelebt werden, um Erfahrungen zu machen, egal ob gut oder schlecht? Wer konnte von sich behaupten, zu wissen, was echt und wahr ist oder richtig und falsch.

„Warum erlaubten sich die Menschen das?", fragte ich mich verzweifelt. Ich war nur noch wütend auf die Perfekten – sie begegneten mir überall auf dieser Erde. In den Religionsströmen, bei den Esoterikern – den Spirituellen – und den materiellen Menschen.

Ich war einfach nur zornig und ließ meinen Zorn auch zu – vielleicht war er ja auch ein gerechter, göttlicher Zorn, der sich in mir zeigte.

Die Prozesse gingen ohne Pause weiter. Ich dachte, es ist so unfassbar, dass mein Menschenverstand es nicht aufnehmen kann. Ich musste einen Weg finden, um alles durchzustehen und meinen normalen Alltag zu leben. Hilfe bekam ich nirgendwo, das hatte ich jetzt verstanden. Ich zog mich zurück. Ging auf kein Seminar mehr von Shin und sprach mit keinem mehr aus dieser Bewegung. Ich wollte mich nicht mehr verunsichern lassen, wollte meine eigene Wahrheit finden.

Ich war allein – mit einem Feuer in mir, das ununterbrochen lichterloh brannte.

Erst drei Jahre später sollte ich in Sri Aurobindos kleinem Büchlein „Licht auf Yoga" herrliche Bestätigungen *meiner* Sicht finden.

Er schrieb wörtlich: ***„Wenn man darauf wartet, dass die niedere Natur vollständig und für immer geläutert ist, bevor man die positive Erfahrung herabruft, könnte man ewig warten."***

Auch fand ich Erklärungen, warum ich nachts so große Mengen Süßigkeiten gegessen hatte. Bei tiefen Meditationen fällt der Zuckerspiegel ab, und manche geistigen Lehrer geben ihren Schülern nach einer Versenkung Kekse oder Schokolade. Gabriel Cousens (er hat eigene Kundalini-Erfahrungen) empfiehlt in seinen Buch über Ernährung manchen Erwachenden, Fleisch zu essen wegen der Erdung. Aber all das erfuhr ich erst im Jahre 2003.

Im Sommer 2000 konnte ich nur meiner Intuition folgen. Mit vollem Einsatz suchte ich nach einem neuen Heim für mich und Diana. Ich wollte weg aus dieser Siedlung. Wollte nur noch meine Ruhe – wollte weg von meinen Nachbarn, die auch meinten, alles zu wissen, und angeblich Auserwählte von Gott waren.

Ich spürte, wie mich diese Meinungen und Lebensarten irritierten und mich noch mehr verzweifeln ließen. Ich musste lernen, auf mich zu hören, und anfangen, mich mit niemanden zu vergleichen – so viel verstand ich. Auch wenn alle über mich empört waren – das kannte ich ja schon – mein ganzes Leben lang zur Genüge!

Obwohl ich keine Kraft hatte, suchte ich in der Zeitung nach einer neuen Wohnung. Leider bekam ich eine Absage nach der anderen. Von den Vermietern musste ich mir anhören: „*Sie sind selbstständig und wollten in der Wohnung arbeiten? Ein Kind haben sie auch noch* ***und*** *einen Hund. Haben sie keinen Mann? Was ist, wenn sie krank werden? Wer räumt Schnee und macht den Garten? Wer zahlt die Miete?*"

Langsam begriff ich: Als allein erziehende, selbstständige Mutter mit Hund war es nicht leicht, eine Wohnung zu bekommen. Wieder stieg der ruhelose Zorn in mir auf und ich dachte: „Wenn ich von Sozialhilfe leben würde und arbeitslos wäre, bekäme ich sicher eine Wohnung und noch vieles mehr."

Ich bekam keine Rente, kein Arbeitslosengeld, konnte mich nicht krank schreiben lassen – und jetzt fand ich nicht einmal eine Wohnung. Das war der Dank dafür, dass ich ein Kind erzog und mich nicht auf Kosten des Staates oder meines Ex-Mannes ausruhte. Meine Wut und Ohnmacht dem Staat, unserer Gesellschaft, meinen Nachbarn und spirituellen Freunden gegenüber war wirklich erschreckend. Ich erschrak mich selbst vor meinem Zorn!

Ich versuchte, ganz ruhig zu bleiben und meine Emotionen zu steuern. Am liebsten hätte ich in solchen Momenten mit meiner ganzen Kraft, die sich im Zorn zeigte, zerstörerisch gegen das Ungerechte gehandelt. So entsetzlich fand ich alles.

Die Kraft, die sich in solchen Momenten in mir zeigte war „ mächtig". Ich spürte sie am ganzen Körper. Sie stieg wie ein Feuerball von unten auf und zerriss mich fast. Meine Körperkräfte waren dann so stark, dass ich dachte, mein Leib hielte es nicht aus. Ich wusste nicht, wohin mit dieser Kraft, und dachte so manches Mal: „Wenn ich jetzt mit den stürmischen Wind tanze und mit meinem rechten Fuß stampfe, fegt es euch in alle Winde. Einen Ton – wenn ich singe, vibriert ihr in jeder Zelle!"

Ich drosselte meine Energien – machte mich klein – wollte niemanden verletzen!

Eine Seite in mir spürte diese gewaltige Kraft, und die andere Seite schämte sich für solche Empfindungen. Ich wusste, dass meine Emotionen und Gefühle sehr leidenschaftlich an mir waren, und bemühte mich immer wieder, ruhig zu bleiben. Es kostete mich große Kraft, diese Energien klein werden zu lassen, zu schweigen und mich zurückzunehmen.

Ich sagte mir immer wieder: „***Sie wissen nicht, was sie tun.***“ Und wie als kleines Mädchen hörte ich die inneren Stimmen und wurde ruhiger. ***Ich wollte meine Kräfte niemals gegen die Welt richten.*** Ich wusste: Jeder Mensch ist frei. Es waren für mich schwere Prüfungen, die ich in diesen Wochen durchwanderte.

Ich sprach mit niemanden, und es folgte eine kleine Ruhephase, in der ich einiges nachholen konnte, was liegen geblieben war. Meinen Kunden, meinem Haushalt, meinem Hund, mit dem ich endlich einmal länger spazieren gehen konnte, meiner Tochter – allen konnte ich im Moment wieder gerecht werden.

Jetzt begann wieder eine starke schmerzvolle Bewegung, und ich schrieb in mein Tagebuch:

Die Schmerzen sind seit letztem Wochenende wieder sehr stark. Es ist ein bohrender, permanenter Schmerz in meinem Körper. Es schwächt mich sehr. Meine Nerven und meine Geduld sind am Ende. In den Nächten kann ich nicht schlafen. Ständig werde ich durch die Schmerzen wach. Ich kann nicht mehr.

Am Pfingstmontag hielt ich es nicht mehr aus und fuhr ins Krankenhaus. Wieder brannte und zuckte mein ganzer Körper, und die Schmerzen waren nicht auszuhalten. Noch im Wartezimmer, in dem ich alleine saß, zuckte mein Leib. Doch als der Arzt mich holte – wurde alles in mir ruckartig still. Ich schilderte dem Arzt meine Beschwerden. Der Arzt untersuchte mich und fand nichts. Er meinte, es sei weder die Bauchspeicheldrüse noch die Galle noch der Magen. Er gab mir zwei Schmerztabletten und schickte mich wieder nach Hause. Der Arzt meinte noch, er dächte, es könnten Nervenschmerzen sein, und wahrscheinlich würden diese Tabletten nicht helfen.

Das Ganze kam mir vor wie ein Alptraum! Keiner der half, keiner der verstand.

Erneut zweifelte ich: „Ist es wirklich Kundalini, oder bin ich schwer krank? Wenn es Kundalini ist, wer kann mir helfen? Wenn nicht, was habe ich dann?“ Immer wieder dachte ich, ich wäre todkrank. Ich war physisch wie auch mental völlig zerschlagen. Unter großen Schwierigkeiten nahm ich einige kleinere Mahlzeiten zu mir. Mittlerweile hatte ich mindestens acht Kilo abgenommen.

Sobald ich mich hinlegte um mich ein bisschen zu erholen, war ich vor Staunen entgeistert. Bilder über Bilder, sobald ich meine Augen schloss:

Farben, Lichtschlangen, Dreiecke, pulsierende Kreise. In mir war alles hell erleuchtet. Es war sehr irritierend, denn wenn ich nachts im Schlafzimmer meine Augen öffnete, sah ich nichts, nur dunkel und mit geschlossenen Augen helles Licht.

Genau anders herum als im Normalzustand.

Lichtermeer – Mai 2000

Im Mai wurde es etwas erträglicher, und ich bereitete sogar eine Geburtstagsparty vor. Ich versuchte, immer im Leben zu bleiben. Meine Tochter hatte ein Recht darauf und auch die paar letzten Freunde, die mir geblieben waren. Die Tage vor meinem zweiundvierzigsten Geburtstag waren mit starken Träumen und Visionen erfüllt. Diese Wochen waren sehr intensiv. Sobald ich mich etwas hinlegte, um zu ruhen, sank ich augenblicklich in einen tiefen Bewusstseinszustand. Ich konnte es nicht steuern, es geschah einfach. Ohne dass ich meditierte oder Atemübungen machte, trat eine nicht in Worte zu erklärende Tiefe und Schwere ein. Wenn ich meine Augen schloss, die automatisch zufielen, da sie bleischwer waren, gab es kein Dunkel mehr. Alles war hell erleuchtet: bunte Farben, grelle Lichter, leuchtende Lichtschlangen, Lichtformen, brillant glänzende Sonnen. Die Sonnen bewegten sich in Höchstgeschwindigkeit auf mich zu, und jedes Mal schoss aus der Tiefe eine riesige (die allergrößte) Sonne in meine Stirn auf die Stelle zwischen meinen Augenbrauen.

Am Anfang, als dieses Phänomen auftrat, riss ich immer meine Augen auf, da ich dachte, die Sonne schiene mir ins Gesicht. Ich hatte damals mein Bett genau unter einem Dachfenster stehen. Aber dann war es entweder bewölkt oder es regnete.

Wenn Kundalini etwas ruhiger war, ging es mir gut. Ich war voller Kraft und Freude. Diese Art von Kraft kannte ich nicht. Sie war einfach da, aus dem Nichts – Freude – Freude – Freude. Es kam aus dem Bauch, stieg langsam hoch und brachte mich zum Lachen. Oft tanzte ich vor Glück.

Die Schmerzen waren in diesen Wochen vor und nach meinem Geburtstag leichter. Dafür kamen ständig diese Lichter. Ich konnte sie nicht abschalten. Sobald ich mich nur hinsetzte, ging es schon los. Die Lichter formten sich auch zu Bildern. Ich sah Erdbewegungen, Lavaströme, die sich auf der Erde ausbreiteten, Geröll, das sich bewegte, Erdmassen, die sich verschoben, Wasser, das in riesigen Mengen floss.

Ich sah viele, viele Menschen, die ich nicht kannte. Manchmal waren es Bilder, die im Zeitraffer kamen, und ein anderes Mal raste alles so schnell, dass ich kaum mitkam. Ich sah Lava fließen und Schlamm, der sich bewegte, Häuser, die unter großen Flutkatastrophen weggeschwemmt wurden.

Es war sehr anstrengend und gleichzeitig faszinierend. Zu diesem Zeitpunkt sah ich auch zwei Wolkenkratzer, die in sich einstürzten. Ich wusste, es war New York. Zu meinen Bekannten, die nach Amerika reisten, sagte ich : „Fahrt lieber nicht, ich denke, es kommt ein Erdbeben." Als ich am 11. September 2001 die Bilder im Fernsehen sah, war ich nicht erstaunt, ich kannte sie schon.

Einen Tag vor meinem Geburtstag fiel ich wieder in diesen Nichts-Zustand. Ich lag auf meinem Bett, ganz in der inneren Versenkung und doch hellwach. Folgendes zeigte sich mir:

Etwas Silbriges, Großes, Leuchtendes kam auf mich zu. Es wurde von einem hellen Wesen getragen. Dieses Wesen war die Güte selbst. Ich erkannte einen Stab und merkte, wie sich mein inneres Auge schärfte. Es war kein Stab – was war es? Es kam immer näher und näher. Ohne Worte hörte ich eine Stimme, die sagte: „Erkenne es!" Die Stimme war klar, aber nicht drängend. In mir wehrte sich etwas, aber die Stimme sprach wieder ganz sanft: „Erkenne es!" Ich spürte, dass es vollkommen freiwillig war, ob ich es sehen wollte oder nicht. Es war kein Druck da, den wir hier auf Erden kennen. Es war wie ein klares Bitten. „Erkenne es!"

Mein Widerstand ließ nach, und ich spürte meine freiwillige Bereitschaft, es zu erkennen. In diesem Moment wurde der Stab klarer. Es funkelte in leuchtenden diamantenen Farben.

Ich erkannte es jetzt – ***es war ein Schlüssel!*** *Die Kraft, die ohne Worte zu mir sprach, sagte:* ***„Nimm ihn!"*** *Ich zögerte. Dann dachte ich: „Wie soll ich den Schlüssel nehmen, ich habe keinen Körper." Ich schaute an mir herunter und sah und fühlte einen fluiden Leib, der Arme und Beine hatte.*

Mein „Ich" sagte. „Nimm ihn! Streck deine Hand aus und nimm ihn." – Wie in Zeitlupe streckte ich freiwillig die Hand aus – es dauerte – ich hatte kein Zeitgefühl – ich war in einem unendlichen Raum – weich wie Watte – die Übergabe fand statt sanft und ohne Zwang.

Als ich ihn annahm, öffnete sich im selben Moment ein weiter Raum, hoch über mir. Ich hatte keine Angst, war ganz vom NICHTS eingehüllt. Als ich nach oben blickte, sah ich mehrere Geistwesen. Sie bildeten einen Kreis.

Ich war voller Ehrfurcht; es war eine ganz andere Kraft zu spüren, als zuvor das Lichtwesen gehabt hatte. Es war eine ruhige, aber mächtige Kraft, die von den Wesen ausging. Ich kann es nur so erklären: Bei <u>ihrem</u> Anblick lösten sich <u>jegliche irdische Scheinwahrheiten</u> auf. Ich wusste sofort (anders als auf Erden), hier gab *es nur absolute Wahrheit. Nichts konnte hier verheimlicht werden; mein Dasein war reine Wahrheit.*

Sie sagten zu mir: ***„Wir schauen auf dich und kennen dich. Du hast den Schlüssel.“***

Ich antwortete ängstlich: „Ich bin zu klein, ich bin ein Nichts, ich kann es nicht schaffen. Es ist zu viel, mein Körper hält es nicht aus.“

Doch sie sagten: ***„Wir haben entschieden!“***

Die Worte waren so endgültig, wie sich nur das Göttliche ausdrücken kann. Wenn von oben bestimmt wird, ist es so, und der Mensch fügt sich.

Ich muss dann eingeschlafen sein, denn ich erwachte ungefähr eine halbe Stunde später. Sofort wusste ich alles ganz genau. Ich war tief bewegt und überlegte: Was sollte ich mit einem silbernen Schlüssel?

Kundalini-Schlange

An meinem zweiundvierzigsten Geburtstag zeigten sich folgende Bilder: Eine riesige Schlange kam auf mich zu. Diese Bilder konnte ich genießen, da ich wusste, es war Kundalini. Sie war wunderschön, bewegte sich elegant und sanft durch Lava und Erde. Ihre Farben waren Moosgrün, Efeugrün und verschiedene Brauntöne. Durch die brennende Glut glitt sie auf mich zu, bis sie mich fast erreichte.

Plötzlich schoss eine Blüte in Höhe meines Bauchnabels ins Bild. Sie öffnete sich, und ich sah traumhafte Farben. Als ich ihre Schönheit bewunderte, öffnete sie sich wieder, wurde noch schöner in Form und Farben und stieg etwas höher bis zur Brust. Da geschah das Gleiche wieder. Die Blüte kam immer höher vom Bauch bis zum Gesicht auf mich zu. Jedes Mal öffnete sie sich neu in größerer und schönerer Ausdrucksform.

Es ging rasend schnell, und ich war absolut beeindruckt – es war ein Staunen in mir! Immer näher, immer schöner öffnete sich die Blüte. Als sie ganz nah an meiner Stirn war und ich dachte, dies wäre der Höhepunkt, schoss aus der letzten Blüte ein Feuerwerk empor (durch das Scheitelchakra) in allen Farben des Regenbogens. Kein Feuerwerk hier auf Erden ist vergleichbar mit diesen Farben. Die Strahlen dieses Lichtermeeres ergossen sich über mich wie ein Wasserfall.

Ich war berauscht von diesen Farben und ich empfand wahre Glückseligkeit. Unbeschreiblich, es gibt keine Worte für diese Gefühle hier auf Erden.

Die Tage vergingen, und ich dachte: „Wie armselig hänge ich noch an meiner Ego-Seele, obwohl ich sie als schrecklich eng erlebe. Wie wenig Vertrauen habe ich ins Göttliche – Grenzüberschreitende – Geheimnisvolle." So versuchte ich, zuzulassen und nichts mehr zu hinterfragen.

Am 22. Mai, als ich mich zur Mittagsruhe hinlegte, befand ich mich augenblicklich in einem Raum, mit mehreren Menschen um einen Tisch sitzend. Es waren Asiaten.

Sie redeten alle durcheinander. Ich konnte nicht mit ihnen sprechen. Ihre Seelensprache war eine andere als meine. Ich spürte, dass ich keinen Zugang zur echten Seele dieser Menschen fand. Ich strengte mich an, aber es misslang. Während meines Bestrebens, mit ihnen in eine echte wahre Sprache zu kommen, spürte ich das Ringen meines höheren Bewusstseins. Mein Geist wusste, dass ich mich anstrengen musste, um diese höhere Ebene in den Raum zu bringen. Plötzlich brach es durch, ich konnte es im Raum spüren. Trotzdem sprachen die Asiaten in ihrer einfachen Ebene weiter. Nur einer der Männer am Tisch konnte es wahrnehmen. Er fing an zu lachen, um mir sein Erkennen mitzuteilen. Wir standen beide vom Tisch auf und verneigten uns zueinander. Der Lachende kam näher und näher. Das aufkeimende unbeschreiblich schöne Gefühl, das sich breit machte, beängstige mich. Wie immer war ich bei vollem Bewusstsein. Mit jedem Schritt, den wir uns näherten, stiegen in mir unglaubliche Glücksgefühle hoch. Wir berührten uns an der Stirn, und die starken Gefühle steigerten sich. Mehr und mehr von Sekunde zu Sekunde. Ich wollte aussteigen, aber eine unsichtbare Kraft kreiste kegelförmig um uns. Sie riss uns nach oben. Je höher wir kamen, umso ekstatischer wurden die Glücksgefühle. Nicht zu vergleichen mit den schon erlebten wunderschönen Gefühlen der anderen Visionen. Diese Verschmelzung von lichtgebündelten Glückseligkeitskraftströmen war göttlich – ich wollte für immer darin bleiben.

Aber gleichzeitig wusste ich, dass ich in meinem Bett in der Sonnenkopfstraße lag. Mein Hier und Jetzt meldete sich und sagte: „Geh hier raus – komm in dein Bett zurück." Es zog mich hin und her. Diese unbeschreiblichen Gefühle, die sich immer noch steigerten, und mein Verstand – oder war es meine Angst, die rief: „Ich will zurück in mein Bett – geh da jetzt nicht weiter mit!"

Der Glückseligkeitssog riss mich höher und höher – die Ekstase wurde stärker und stärker – hoch – hoch – spiralförmig zog es uns hoch.

Ich konzentriere mich auf meinen rechten Arm. Ich wollte ihn bewegen – er gehorchte mir nicht. Er war bleischwer. Nach großer Anstrengung gelang es mir, mit meiner rechten Hand auf das Bett zu schlagen.

Augenblicklich saß ich in meinem Bett. Meine Gedanken überschlugen sich: Was war denn das? Wenn ich mitgegangen wäre – wäre ich jemals wieder in meinen Körper zurückgekommen?

Damals wusste ich noch nichts von Verschmelzung mit der Urseele, von Erleuchtung oder Ekstase. Das sollte ich erst viel später alles begreifen.

Verschmelzung

Ende Mai 2000 wurden meine Visionen immer stärker. Ständig versank ich in diese tiefen Trancezustände. Ich sah viele Gesichter an mir vorbeiziehen. Es waren Heilige, Mönche und Einsiedler. Am 28. 05. 2000 hatte ich folgende Vision:

Ich lief durch ein mir unbekanntes Dorf. Plötzlich stand ich vor einem großen Kloster. Es gab drei Türen an diesem Gebäude. Ich klopfte an der linken Tür, und mir wurde geöffnet. Jetzt ging alles sehr schnell. Dahinter befand sich eine Rodelbahn, und ich fuhr mit dem Schlitten einen großen Berg hinauf. Genau andersherum wie im Leben. Als ich oben angekommen war, wusste ich, dass ich wieder zurückmusste. Plötzlich stand ich wieder vor den Klostermauern. Ich klopfte an die rechte Türe. Aber auch da fand ich nicht, was ich suchte. Jetzt blieb mir nur die Mitte. Ich klopfte, und ein Mönch öffnete mir. Ich sagte zu ihm: „Kannst du mir helfen?" Er lachte und sagte: „Ja, aber du musst hereinkommen, nur hier kann ich dir helfen." Zögernd ging ich mit. Im Innenhof des Klosters angekommen gab er mir ein Buch. Ich selbst hatte ein Schriftstück in der Hand. Der Mönch zeigte darauf und sagte lächelnd: „Kundalini, da forschst du." Ich erschrak, fühlte mich erkannt und sagte zu ihm: „Woher weißt du über meine Kundalini?" Er grinste mich an, und sein Lachen wurde breiter und breiter. Mir war unheimlich, es war das gleiche Lachen wie in meiner Vision vor ein paar Tagen. Der Mönch fing an zu tanzen. Er wiegte sich von einem Bein aufs andere und dazu bewegte er seinen Kopf im gleichen Rhythmus. Sein Gesicht zeigte Glückseligkeit, und seine Haare standen ihm zu Berge. Er lachte, und sein Lachen war wie ein Sog. Ich konnte mich nicht wehren. Mein Körper fing auch an zu tanzen und zu lachen. Ja, mein ganzer Körper lachte. Bei jedem Schwingen nach rechts und nach links kam ich tiefer in seinen Rhythmus. Ich spürte Freude, Loslassen, Glückseligkeit. Die Ekstase erhöhte sich von Sekunde zu Sekunde. Immer mehr an Gefühl – noch mehr. Ich taumelte mit ihm in einen ekstatischen Rhythmus. Es war so starke Glückseligkeit,

Gefühle, wie ich sie im Leben noch nie erlebt hatte. Es steigerte sich ununterbrochen – höher – höher – höher! Gleichzeitig bekam ich Angst und wollte zurück. Ich sagte zu mir: „Reiß deine Augen auf, du liegst im Bett. Du musst zurück!" Ich wusste nicht, wohin mich diese Ekstase führte, und hatte Angst, nie mehr in meinen Körper zurückzufinden. Es war unbeschreiblich schwer, mich aus diesem Strudel herauszunehmen. Endlich gelang es mir, meine Augen zu öffnen. Sie waren schwer wie Blei. Ich nahm wahr, ich lag im Bett. Diese enormen schönen Gefühle waren noch da, und so zog es mir die Augen wieder zu. Ich konnte sie nicht geöffnet halten, sie waren wie zentnerschwer. Kaum schlossen sich meine Augen, ging der ekstatische Tanz weiter. Wieder versuchte ich, ins Hier und Jetzt zu kommen. Endlich schaffte ich es.

Ich setzte mich im Bett auf. Ganz ruhig machte ich mir einen Kaffee und setzte mich an mein Küchenfenster. Von da aus hatte ich einen sehr schönen Blick auf meinen Hausberg. Ich fühlte mich schwer und sehr ruhig. Es kam mir vor, als wenn ich völlig losgelöst wäre vom Weltlichen. Es gab nur diese unendliche innere Ruhe und Gelassenheit in mir. Ich hatte kein Gefühl mehr von Angst noch von Zeit oder Enge. Alles war rund, harmonisch, weit, unendlich.

In diesem Zustand wünschte ich mir, diesen Kundalini-Prozess in einem Kloster erleben zu können. Geschützt vor dem Außen, um die volle Wirksamkeit des Erlebten richtig zu durchdringen. Es fiel mir unglaublich schwer, mich auf meine Kundin vorzubereiten, die in einer halben Stunde klingeln würde. Es kam mir so unwahr vor, jetzt gleich eine Kosmetikbehandlung zu machen. Was geschah mit mir? Da war die eine Welt, die reale, und gleichzeitig noch eine andere Welt. Wie konnte ich die beiden vereinen? Ich fühlte, das eine wollte zum anderen – und eigentlich war nichts getrennt. Trotzdem diese Angst! Mit wem konnte ich darüber sprechen? Mir würde niemand glauben, das war mir klar.

Diese Verschmelzung (Ekstase) mit meiner Urseele wiederholte sich noch einmal.

Bin ich eine schlechte Mutter?

Die einzige Hilfe war nach wie vor meine Tochter Diana – selbstlos und mit einer Liebe brachte sie mir Tee oder bereitete mir eine Wärmflasche, mixte mir meine Mineralsalze, die ich in hohen Mengen zu mir nahm.

In den Phasen, als es mich würgte und ich vor Schmerzen schrie und meine Angst stark war, tröstete sie mich mit den *Worten: „Mama, ich weiß, dass du nicht stirbst."* Ich fragte sie*: „Hast du keine Angst um mich?" Sie sagte: „Nein, ich weiß, dass das richtig ist, was passiert, und dass ich dich über alles liebe!"* Mein Kampf und meine Schuldgefühle, keine „bessere Mutter" zu sein, belasteten mich sehr. Aber mit der Zeit merkte ich, dass auch dies sich langsam auflöste und ich die Prozesse annehmen konnte, ohne mich andersartig, ungewollt und lästig zu fühlen. Das war eine wesentliche Erkenntnis für mich, die zu großer Erleichterung führte, dass alles was geschah, meinem Wesen entsprach und Berechtigung hatte, auch für Diana.

Juli 2000

Ich versuchte, die Enttäuschung, dass mir nirgends geholfen wurde, zu verkraften und meine Prozesse alleine auszuhalten. Täglich hatte ich weiterhin Schmerzen, Hitze, Kälte und unerklärliche Zustände. Oft konnte ich nicht mehr arbeiten und auch meinen Haushalt nicht mehr in Ordnung halten. Einkaufen war oft unmöglich. Diana und ich mussten uns mit Brot begnügen, da ich nicht mehr kochen konnte. Manchmal besuchte mich noch Thun. Er bügelte und saugte meine Wohnung, aber ich spürte, er tat es nicht gerne. Er wusste, dass sich niemand um mich kümmerte, und sah sich verpflichtet zu helfen. Thun war oft überfordert. Für ihn war ich nicht mehr die Frau, die er kennen gelernt hatte und die er sich wünschte. Dazu kam, dass ich zu diesem Zeitpunkt keine Sexualität mehr leben wollte. Etwas in mir wollte diese Energie mit niemanden körperlich teilen während der starken Prozesse. Ich wusste nicht, warum ich das so wollte, folgte nur meinen inneren Impulsen. Thun verstand dies nicht.

Bestätigung meines Kundalini-Durchbruchs

Von Frau V., dieser Heilpraktikerin die mich mit Jin Shin Jyutsu behandelt hatte, kaufte ich damals eine Creme, die ich auf die schmerzenden Stellen meines Körpers auftragen sollte. Ich bin nie mehr zu einer weiteren Behandlung gegangen, benutzte aber ihre Creme regelmäßig.

Als ich den Tiegel eines Nachmittags genauer betrachtete, fand ich eine Adresse des Herstellers. Es war ein Name, der mir bekannt vorkam. Ich erinnerte mich. Ein Heilpraktiker aus der Schweiz. Ich hatte ihn auf einem der Seminare von Shin gesehen. Mutig rief ich ihn sofort an. Es dauerte eine Weile, bis ich ihn persönlich am Telefon hatte. Aufgeregt schilderte ich ihm meine Lage.

Mit langsamer und ruhiger Stimme antwortete er mir: „Wie kommst du darauf, dass du Kundalini hast? Erschrocken sagte ich: „Ich bin bei Shin." – „Nicht jeder, bei bei Shin ist, hat Kundalini", antwortete er in einem nicht sehr freundlichen Ton.

Ich erschrak; das hatte ich nicht erwartet. Ich spürte, wie sich mein Kehlkopf schon wieder vor Angst zuschnürte. Schon wieder jemand, der mir nicht glaubte. *Jetzt* reichte es mir aber endgültig. Wütend sagte ich mit barscher, lauter Stimme: „Es ist mir ganz egal, ob ich bei Shin bin oder nicht oder ob ich Kundalini habe oder nicht. Mir geht es sehr, sehr schlecht. Du bist doch Arzt. Ich bitte dich lediglich, mir zu helfen. Kannst du das oder nicht?"

Daraufhin sagte er etwas freundlicher: „Ich müsste dich sehen, um sagen zu können was du hast. Du musst zu mir in die Schweiz kommen." – „ Ja", sagte ich „gib mir einen Termin, ich fahre überall hin." Mir war kein Weg zu weit.

Die Woche darauf fuhr ich Richtung Schweiz. Als ich in seiner Praxis ankam, war ich noch etwas unruhig. Aber zu meiner Überraschung verlief das Gespräch mit Herrn L. sehr positiv. Er ließ mir Zeit, meine Erfahrungen in Ruhe zu schildern. Er hörte aufmerksam zu, und ich spürte keine Überheblichkeit, sondern absolute Ernsthaftigkeit. Das war ein echtes Geschenk für mich.

Er bestätigte mir, dass Kundalini bei mir durchgebrochen war, und erklärte mir, dass ich jetzt in der Phase der Harmonisierung der Kräfte stünde. Ich kann niemanden sagen, wie erleichternd das für mich war. Endlich eine Bestätigung zu bekommen, ein Wissen, es war normal, Kundalini konnte *durchaus so* wirken. Ich war heilfroh, endlich jemanden gefunden zu haben, der wirklich etwas davon verstand.

Er empfahl mir Übungen und gab mir neue Mineralsalze. Außerdem konnte er mir die Phänomene erklären. Ich war sehr dankbar und beruhigt. Jetzt konnte ich die Bilder und Visionen besser verstehen. Er sprach mir Mut zu und beteuerte aus eigener Erfahrung, das dieser Prozess mit der Zeit ruhiger werden und ich später zu großer Glückseligkeit und Erkenntnis kommen würde. Das dies der Sinn dieser Kraft wäre und die außerkörperlichen Erlebnisse und meine Visionen dazu dienten, sie später zu den Menschen zu bringen. Ich sollte versuchen, keine Angst zu haben und alles als Geschenk annehmen. Ich war wirklich erleichtert, vor allem als ich hörte, dass ich nicht die *Einzige* war, die Kundalini *so* erfuhr.

Herr L. verlangte von mir kein Geld für seine Beratung. Er entschuldigte sich noch wegen seiner unfreundlichen Art am Telefon und erzählte mir, wie schwierig es für ihn sei, da viele von Shin´s Seminaren beim kleinsten Zucken glaubten, sie hätten Kundalini-Prozesse.

„Logisch“, dachte ich; mir ging es ja genauso – jeder hatte „Kundalini“ und wie *toll* „sanft“ sie bei allen lief. Ich konnte es schon lange nicht mehr hören, und es machte mich zu diesem Zeitpunkt wirklich *aggressiv*.

Herr L. betonte noch, dass keiner, der nicht selbst im Kundalini-Prozess stünde, im Ansatz nachempfinden könnte, was das *wirklich* bedeutete. *Ich gab ihm vollkommen Recht.*

Meine Wahrnehmungen stimmen – August 2000

Die folgenden Wochen verbrachte ich in schwierigen Krisen, und die Sterbeprozesse gingen weiter. Der Schmerz im Solarplexus wurde noch heftiger. Kundalini versuchte, sich wirklich im Herzchakra zu harmonisieren. Ständig hatte ich das Gefühl, einen Herzinfarkt zu bekommen. Es war ein Feuer, ein Drücken, Brennen und Stechen. Es lief wie ein Feuerstrahl vom Magen links über die Rippen durchs Herz in die Schulter und am Rücken zurück bis in das Schulterblatt. Da traf sich die Strömung wieder links vom Magen. Es rüttelte und zuckte in diesem Bereich. Ich versuchte, es anzunehmen, und cremte mich ein oder legte feuchte Tücher auf die schmerzenden heißen Stellen.

Es war mir eine große Hilfe zu wissen, *was* genau in mir geschah. Die Übungen des Schweizer Heilpraktikers halfen und gaben ein wenig Linderung.

Sogar beim Arbeiten hatte ich jetzt oft Schmerzen. Ich versuchte nur, von einem Tag zum anderen zu kommen. Am Morgen, wenn ich wach wurde, dachte ich: „O. k., wieder eine Nacht überstanden; jetzt schau ich auf den Tag und nicht weiter." Ich konnte die Prozesse ein wenig besser annehmen; nicht dass sie leichter wurden, im Gegenteil. Nach einer Nacht ohne Schlaf und mit furchtbaren Schmerzen war ich wie betäubt. Ich musste für meinen Lebensunterhalt weiter arbeiten und kämpfte um meine Existenz. Mittlerweile wurden meine Geldsorgen größer und größer. Viele meiner Kunden kamen nicht mehr; ich konnte das verstehen, spürte auch, dass sich etwas verändern wollte – aber meine Existenzängste arbeiteten unbarmherzig an mir. Ich hoffte nur, dass mein Körper durchhalten würde.

Ich traf Ronny. Er wirkte etwas gelöster, und wir konnten zumindest oberflächlich miteinander reden. Auch Ronny kämpfte um seine Existenz. Meine Liebe zu ihm hatte sich verändert. Ich liebte ihn immer noch tief, spürte aber kein Verlangen mehr, ihn zu besitzen. Gerne hätte ich Ronny meine tiefen Erfahrungen mit unserer Liebe erzählt. Es ging nicht. Ich spürte die Angst in ihm. Sobald ich von uns reden wollte, blockte er ab. Ich war traurig darüber, dass wir nicht in eine gemeinsame Sprache kamen. Nach dieser Begegnung telefonierten wir wieder öfter und tauschten unsere alltäglichen äußerlichen Probleme miteinander aus.

Urlaub am Meer

Als die großen Sommerferien nahten, entschloss ich mich, mit Diana ans Meer zu fahren. Meine Antriebsfeder und mein Mut war meine Tochter – sie hatte es verdient.

Noch nie war ich allein so eine weite Strecke mit dem Auto gefahren. In meiner Ehe fuhr immer mein Mann. Ich überwand meine Ängste und bemühte mich, eine ganz normale Mutter zu sein. Vom Rest der Abfindung aus meiner Scheidung buchte ich ein Viersternehotel. Ich wollte Diana zeigen, was Luxus ist und wie man sich in einem noblen Hotel verhält. Sie kannte ja bis jetzt nur den Campingplatz. Trotz Kundalini versuchte ich, meiner Diana alle Seiten dieser Welt zu zeigen. Ich wollte, dass sie von nichts getrennt würde, was es hier auf Erden an Genuss und Freude gibt. Wie sie später entscheiden würde, wenn sie erwachsen wäre, war ihre Sache.

Diana war begeistert vom Hotel und dem Luxus. Wir hatten einen tollen Swimmingpool und jeden Abend ein Gala-Essen. Erstaunt und freudig sagte sie: „Mama, wieso haben wir so viele Gabeln und Messer – wir sind ja königlich." Die italienischen Kellner bewunderten ihr langes Haar, und von allen Seiten rief es: „Diana – bella Bambina – ciao!" Alle im Hotel liebten sie, und den ganzen Tag schwamm sie im Meer oder im Pool. Diana war überglücklich.

Für mich war es weniger erfreulich. Shakti bewegte sich auch im Urlaub. Mein Körper schien ein Elektrizitätswerk zu sein, und ich wollte schreien, stampfen, tönen und tanzen. Nur wusste ich nicht wo. Am Strand zuckte ständig mein linker Arm, und ich hatte Mühe, dies zu verbergen. Mittags ging ich auf mein Zimmer, Diana blieb am Pool. Ich versuchte, meine Mudras und Übungen zu machen, oder meditierte. Es gelang mir nicht so wie zu Hause. Einmal wurde es so schlimm, dass ich dachte, ich schaffte es nicht. Die Hitze wurde unerträglich, und ich fiel in einen Angstzustand. Ich lag auf dem Bett und konnte mich nicht bewegen.

Bilder tauchten auf. Das Zimmer füllte sich mit Wasser. Ganz langsam – immer höher und höher. Über meinen Kopf hinaus – noch höher und höher. Unendlich weit oben schienen der Himmel und die Sonne zu sein. Ich konnte ihn nicht mehr sehen. Ich hatte das Gefühl, ich wäre tief am Meeresgrund – ich war in der tiefe des Meeres. Ich wollte nach oben und schwamm hoch. Doch zu meinem Entsetzten war an der Wasseroberfläche Eis. Ich war eingesperrt unter einer dicken Eisschicht. Ich konnte nicht raus – konnte nicht Luft holen – konnte nicht meine geliebte Sonne und meinen vertrauten Wind spüren. Panik machte sich breit. Es wurde mir schlecht. Mit wackligen Beinen rannte ich in Bad – ich musste mich übergeben. Selbst hierbei spürte ich das eisige Gefängnis.

Kaum lag ich wieder auf dem Bett, ging es weiter. Die Eisschicht schien mich zu erdrücken. Ich wollte raus – es ging nicht. Eingesperrt unter dem dicken Eis war ich gelähmt vor Angst. Ich konnte meine Arme und Beine nicht bewegen – und bekam keine Luft. Ich hatte kein Zeitgefühl – wie lange lag ich schon so in diesem fremden Hotelzimmer? Wo war Diana? – Ich konnte mich nicht bewegen – wusste nicht, wie ich jemals wieder laufen sollte – ich konnte das nicht aushalten – es war zu brutal – kein Mensch konnte das aushalten – ich war verrückt geworden – ich erstickte unter einer Eisschicht, die nicht da war – und doch war sie da – und ich gelähmt vor Angst. Bei vollem Bewusstsein erlebte ich dieses grauenvolle „Eingesperrtsein"!

Plötzlich schoss wie ein Blitz ein Gedanke durch meinen Körper: Liebe – Liebe –Liebe schmilzt das Eis und die Isolation. Sofort schickte ich warmes Licht und

Liebe vom Meeresboden an die Oberfläche. Tatsächlich bildete sich ein großes Loch im Eis. Ich konnte nach oben und aus dem Gefängnis. Langsam regte sich mein Körper wieder, und es wurde mir besser.

Nachts saß ich auf dem Balkon und schaute aufs Meer. Ich konnte es nicht genießen. Die Hotels am Strand standen so dicht nebeneinander, dass kein Platz mehr für die Natur war. Alles schrie in mir. Ich konnte die traurigen Wesen des Sandes, des Meeres und der Steine hören.

Tagsüber lagen die Menschen in Massen am Strand. Es war so schmerzhaft für mich, ich hätte nur noch heulen können. Ich litt mit dem Schöpfungswerk und war tief traurig. „Was machen die Menschen nur mit unserer Erde?“, dachte ich verzweifelt.

In den frühen Morgenstunden wollte ich Übungen am Meer machen. Ein bisschen tanzen und meinen Leib bewegen. Es ging nicht. Die ersten Jogger waren schon unterwegs. Ich dachte: „Wenn ich jetzt meine Übungen mache, glauben alle, ich bin verrückt.“ Es war schrecklich, ich fand nicht ein ruhiges Plätzchen in der Natur, wo ich ungestört in die Freude kommen konnte. Am Strand lagen die Menschen wie Ölsardinen nebeneinander. Jedes Wort, das gesprochen wurde, konnte man hören. Ob man wollte oder nicht. Die Gespräche gingen nur um den neuesten Schmuck, die Männer und die Kinder. Aber ich hörte nichts Liebevolles heraus. Ich versuchte, mich auf meine Bücher zu konzentrieren, und schrieb Tagebuch.

Am liebsten wäre ich abgereist, aber meine kleine Tochter war hier so fröhlich und heiter. Also hielt ich durch. Fast jeden Abend beim Essen erzählte mir meine Tischnachbarin aufgeregt, dass sie schon wieder ein paar tolle Schuhe gekauft hätte. Im Sonderangebot ermäßigt auf 325 DM. Mindestens fünf Paar kaufte sie in diesen zwei Wochen. Eine Schuh-Fanatikerin. Auch andere Errungenschaften aus der Einkaufsstraße präsentierte sie abends. Ihr Lieblingsthema war „Krankheiten“. Ein Moskito hatte sie am Fuß gestochen, und sie rannte sofort in die nächste Apotheke, um sich Cortisoncreme zu besorgen. Vor Schmerzen jammerte sie beim Essen. Ihre siebenjährige Tochter erzählte mir laufend von ihrem tollen Schminkkoffer und zeigte stolz ihr Make-up. Auch die Kleine war stolz auf ihre Sonderangebotsschuhe.

Es war grauenvoll für mich, ihnen zuhören zu müssen. Ich dachte: „Wieso beschäftigen sich Menschen mit so unwichtigen Dingen? Die armen Kinder hören nichts anderes. Wieso muss ich mir das immerzu anhören? So etwas hörte ich schon von meinen Kunden. Wer spricht denn eigentlich meine Sprache?“

Vor Verzweiflung wurde ich zornig und schrieb in mein Tagebuch:

Ich kann nicht tanzen, stampfen oder meine Körperübungen machen – sie würden mich hier im Hotel für verrückt erklären. Der Mensch kann sich nicht „WAHR" bewegen – weil er die anderen stört in ihrer Dumpfheit und in ihrem Roboter-Dasein! Deswegen erklären sie uns „Erwachenden" für gestört! Aber Joggen, extremes Radfahren oder Bungee–Springen, das ist normal. Es ist unfassbar, was mit den Menschen passiert – alles ist krank und verstellt – nichts stimmt mehr … Ich bin traurig. Ich fühle mich, wie wenn ich zwischen Mond und Sonne – zwischen ich bin und ich bin nicht mehr – zwischen irdisch materiell und überirdisch unsichtbar hin und her wandle. Ich bin nicht mehr Mensch wie die anderen, aber auch noch nicht neuer Mensch. Ich fühle mich wie ein Boot, das allein im Meer schwimmt und die Ruder über Bord wirft.

– Dein ist alles, was ich bin und habe. –

Früher als geplant reisten wir ab. Zu Hause ging es mir besser. Ich ging viel mit meinem Hund in der Natur spazieren. Suchte ruhige Plätzchen am See und starrte aufs Wasser. Sprach mit niemanden. Kommunizierte innerlich mit den Elementarwesen und fand wieder eine Balance zwischen den Welten.

Herzstillstand

Ich sah viele Bilder im dritten Auge. Sie waren jetzt oft wunderschön. Traumhafte Landschaften – Täler, Berge, Wiesen. Aber es gab auch immer wieder Sphären, in die ich blicken durfte, die mich sehr erschreckten. Mir kam es so vor, als wenn es Bereiche wären, wo Wesen fest hingen: hetzende, rennende, unsichere, angstvolle, irritierte Menschen. Sie konnten nicht miteinander in Verbindung treten. Es war kein Frieden unter ihnen. Sie rannten aneinander vorbei, so als wenn sie etwas suchen würden und nie fänden. Wenn sie mich erblickten, sahen sie mich Hilfe suchend an. Ich versuchte, auf sie zuzugehen, aber als ich näher kam, verzerrten sich ihre Gesichter zu Fratzen, oder sie lösten sich auf. Ich wusste, dass ich keine Angst haben sollte, aber mein Pulsschlag raste, und der Schweiß lief mir am Körper herunter. Meistens stand ich auf und zwang mich, aus den Bildern herauszukommen.

Kaum legte ich mich wieder ins Bett und schloss die Augen, ging es weiter…

Das Schlimmste aber war das nächtliche Hochschrecken. Mitten in der Nacht schreckte ich aus dem Schlaf hoch. Oft bis zu zehnmal. Immer wenn ich erwachte, hatte ich keinen Herzschlag mehr, keine Luft – ein unbeschreiblicher Zustand.

Manchmal versuchte ich, ans Telefon zu kommen, um einen Notarzt zu rufen. So sehr ich es auch versuchte, ich konnte mich nicht bewegen. Auch konnte ich nicht schreien oder sprechen. Nach ein paar Minuten beruhigte es sich immer wieder – diese Minuten waren Ewigkeiten. Kaum war ich vor Müdigkeit wieder eingeschlafen – schreckte ich erneut hoch, kämpfte mit Atemnot und Herzstillstand. Ich kann dieses fast stündliche Hochschrecken selbst heute nicht in Worten erklären. Es war so grauenvoll, dass ich jedes Mal dachte: "Jetzt sterbe ich – aus – jetzt ist es – aus." Keine Luft – das Herz schlug nicht mehr – keine winzige Regung im Leib. Nur absolutes Entsetzten – ein Gefühl, als ob zwei Augen lebend in einem toten Körper wären.

Es zeigte sich viel stärker als 1994. Ich hatte grauenvolle Angst vor jeder Nacht. Erst kamen viele Bilder, manchmal schöne, manchmal schreckliche, dann schlief ich ein. Grundsätzlich kam die erste Hochschreckphase nach ein paar Minuten, ich glaube schon beim Hinübergleiten in das Nachtbewusstsein.

Beim Frühstück sagte ich mir jeden Morgen: „Jetzt gehst du zum Arzt; du bist bestimmt schwer krank, das hat nichts mit Kundalini zu tun.“

Im Laufe des Tages wurde ich klarer. Was sollte ich dem Arzt denn erklären? Ich hatte ja gar keine Worte für diese Zustände. Zu wem wollte ich gehen? Sicher gab mir der Arzt nur eine Beruhigungsspritze oder Psychopharmaka. „Das hilft mir bestimmt nicht“, dachte ich.

Immer wieder überlegte ich, was mich so entsetzte, fand mich aber im Laufe der nächsten Jahre damit ab, dass dies eben zu mir gehörte – so war es – es gehörte zu mir, ich musste es annehmen.

Diese ständigen Einblicke in andere Sphären gingen in Höchstgeschwindigkeit weiter in eine Welt, die ich bis dahin nicht kannte.

Im Innersten wusste ich, dass ich mich diesen Prozessen hingeben musste. Während der Tiefs glaubte ich immer zu sterben, und alle meine Sinne schrien dann laut: „Ich kann nicht mehr.“ Doch es folgten auch sehr schöne Momente von absoluter Glückseligkeit.

Sobald ich die Augen schloss, flog ich bei vollem Bewusstsein wie ein Adler über die Erde. Ich hatte auch so scharfe, klare Augen wie er. Alles konnte ich betrachten. Ich wusste nie, wohin die Reise ging. Nach jedem Tal, das ich überflog, kam eine neue Landschaft: wunderschöne Farben, eine sanfte Ruhe, ein leises Gleiten. Ich spürte rechts und links von mir die schweren, großen Flügel.

Ich bin Er – und Er tritt ein ins Wir

Ich bin mir sicher, dass ein Mensch, der eine initiatische Kundalini durchläuft, alle Intoleranz verliert. Er fühlt sich oft so hilflos und so schwach, wie sich ein anderer vielleicht noch nie gefühlt hat. Gleichzeitig bildet sich eine freie, unabhängige, gewaltige Kraft. Es zeigt sich wie ein Senfkorn – winzig klein und doch riesig groß in seiner Wirkung.

Während dieser Momente der Hilflosigkeit wurde mir bewusst, dass ich mich vor keinem Menschen mehr beugen würde, einzig vor Gott.

Ich durfte erkennen, dass Er allein mein Vater, meine Mutter, mein tiefster Freund, mein Leben, meine Liebe, mein Beschützer wart. Dass Er mich erschaffen hatte und dass ich zu Ihm wieder zurückkehren würde. Auf dieser langen, langen Reise bin ich immer nur *mit* und in *Ihm und ich bin Er – und Er tritt ein ins WIR.*

Ich wusste, Er liebt mich so, wie ich bin. Es ist Gott egal, ob ich Vegetarierin bin oder keusch lebe. Um diese Dinge geht es nicht – wirklich. Im Gegenteil, darin liegen Gefahren – die Menschen haften sich an Äußerlichkeiten. Sie wollen Göttlichkeit *lernen.* Erleuchtung kann man nicht lernen – es geht ums Erwachen – um die Frage: „Wer bin ich?" Es geht um die Fragen: „Was ist Wahrheit, was ist Freiheit?" Freiheit sieht ganz anders aus, als alle meinen. Sie ist wirklich FREI. Da gibt es NICHTS mehr. Es gibt kein „Ich werde jeden Tag spiritueller" – „Ich bin auf dem Weg" – „Ich bin erleuchtet" – „Ich meditiere täglich". Durch solche Kopfvorstellungen halten die Menschen sich fest. Damit schlafen sie genauso wie die Materialisten.

Es will doch keiner hören, dass Erleuchtung ein NICHTS-ZUSTAND ist. Das bedeutet wirklich NICHTS. Dieses NICHTS muss man erleben, um es zu verstehen. Es ist nicht zu erklären. Alles andere ist „spiritueller Schnickschnack" und übergestülpter Schein, der nur aufhält. So erreicht man den Gipfel nicht.

Nach der NICHTS-ERFAHRUNG ist man MENSCH. Ganz einfach Mensch. Keiner, der mit einer „vollkommenen Aura" herumläuft und meint, etwas Besonderes zu sein.

Das NICHTS – hat keine Vorstellung und ist eine Erfahrung, die ALLES auflöst, was IST und was der Mensch MEINT ZU SEIN.

Als ich diese tiefen Erkenntnisse erhielt, wurde ich innerlich ruhiger, und die Angst wich. Wir alle sind eins mit Gott und gleichzeitig und genau deswegen *frei*.

Wenn wir das im Herzen wahrnehmen können, gibt es keine Unachtsamkeit der Menschen mehr. Es macht uns Menschen erst zum wahren Menschen, so wie es Gott für uns vorgesehen hat. Wir gehören nur Ihm, und Er liebt uns mehr, als wir jemals im Irdischen geliebt werden. Nichts kann dieser Liebe gleichgestellt werden. Alles irdische Verhaftetsein wird niemals zur Glückseligkeit führen. Nicht einmal zu länger anhaltendem Glück.

Was uns Menschen hindert, ins Licht zu gehen, ist die Angst. Sie gehört dem Prinzen der Entzweiung.

Wer einen wahren, lebendigen Gottesweg geht, wird am Ende unverstellt sein: offen, ehrlich, direkt, angstfrei, lebendig, heiter, staunend, tolerant, gefühlvoll, liebevoll, mitfühlend, unabhängig, frei von Schuld und frei von Lüge. – Unverstellt sei die Welt.

Und ich dachte: „Ich persönlich fühle mich jetzt nicht mehr verpflichtet, mich den Normen und engen Systemen unserer Gesellschaft oder einer spirituellen Gruppe anzupassen. Diese sind von Menschen aufgestellt worden, und man muss nicht weit blicken, um zu sehen, wohin sie uns geführt haben. Das hat nichts mit Rebellion eines unerfahrenen Menschen zu tun, sondern mit freier, reifer Erkenntnis dessen, was hier *NICHT* stimmt."

Ich entschied mich, nach Feldkirch zu einem Seminar zu fahren. Ich wusste, Shin war der Einzige, der diese Freiheit noch viel tiefer verstand als ich. Während der Tage mit Shin, arbeitete Kundalini stark. Ich weinte viel während des Seminars, und Zuckungen durchliefen mich. Ich spürte, ich musste noch tiefer loslassen, und ich konnte nicht. Der Schmerz saß in jeder Zelle meines Körpers. Der Weltenschmerz, der Schmerz dieses Lebens und vieler anderer.

In den Pausen rauchte ich eine Zigarette und kam mit einer lieben Teilnehmerin aus Bregenz ins Gespräch. Sie rauchte auch noch. Ich war immer froh, wenn ich nicht die Einzige war, die diesem Laster noch frönte. Ich kannte sie schon von den anderen Seminaren her. Ich mochte sie sehr gern und hatte einen guten Draht zu ihr. Sie fragte mich nach meinem Kundalini-Prozess. Meine Empörung über das „Fallenlassen", das ich erlebte, sprudelte aus mir heraus. Sie tröstete mich liebevoll und meinte: „Ich setze mich bei unserem Lehrer für dich ein; du braucht Hilfe."

Nachts im Hotel wurde ich wach, und mir war übel. Ich musste mich schlagartig übergeben und hatte das Gefühl, dass ich *dies* noch *nie so erlebt* hatte. Das Erbrochene sah aus wie Gewebe oder Schleimhäute. Es fühlte sich an, als ob aus dem Körper, aus den kleinsten Kapillaren sich Altes herauswürgte. Hitze und Kälteschübe wechselten sich ab, ich lag im Bad am Boden und zuckte am ganzen Leib. Es ging mir so schlecht – ich war vollkommen entmutigt und erschöpft.

Am nächsten Morgen war ich so schlapp und desinteressiert, dass ich nicht mehr ins Seminar wollte. Meine Beine waren wacklig und schwach, und ich dachte: „Was soll das alles, was will ich auf den Seminaren? Hier hilft mir auch keiner." Ich überlegte lange – und entschied mich doch in letzter Minute, in den Saal zu gehen. Alle anderen Teilnehmer saßen schon im Raum. Shin hatte schon begonnen.

Ich suchte nach einem Platz; es war nur noch ein Stuhl im Saal frei. Ich setzte mich auf ihn. Als ich hochschaute, sah ich in die Augen meines Lehrers. Er saß mir genau gegenüber und begann das Seminar mit den Worten: „Jetzt spreche ich über Kundalini."

Shin erklärte, dass es verschiedene Kundalini gäbe. Die Schlangenkraft wäre in jedem Menschen, aber wenn sie sich bündelte, verstärkte sich Kundalini, und diese Menschen würden etwas völlig anderes erleben. Er gab noch Tipps und Übungen für Kundalini-Erwachende. Ich war sehr dankbar und fühlte mich stündlich besser und hoffte, dass die anderen im Saal es auch gehört hatten.

Wieder zuhause betete ich die nächsten Tage:

Herr, ich danke Dir für diese Erkenntnisse
Für den Prozess in mein – Ich bin
Für die Liebe, die ich jetzt wahrhaft aussenden kann,
die niemals mehr begleitet wird vom – Ich will –
für die wahre Liebe ohne Scheinheiligkeit

für den gestärkten Rücken
für das Bestrahlen
für das Erwachen
für das Erleben des Getrenntseins

für das Erleben des Alleinseins
für die tiefe Angst
für das große Leid
für den Kampf mit dem Dunkel
für das Begegnen mit dem Licht
für mein Leben.
Amen

Herr lass mich nicht allein.
Du bist mein Wegführer,
Mein Licht in der Dunkelheit.
Amen

Die Reise mit meinem Seelenpartner

Ronny rief an. Ich konnte das erste Mal von meinen körperlichen Beschwerden erzählen. Natürlich nicht die ganze Wahrheit, aber zumindest berichtete ich von meiner Schlaflosigkeit und den Herzrhythmusstörungen. Ronny machte sich Sorgen um mich und meinte: „Du musst aus deiner Wohnung raus. Du bist den ganzen Tag zuhause – arbeitest da auch noch. Dir fällt die Decke auf den Kopf, das ist alles. Du brauchst ein bisschen Freude."

Ein paar Tage später rief er noch einmal an und bat mich, mit Freunden und seiner Familie drei Tage nach Italien zu fahren. Sein bester Freund feierte Silberhochzeit. Für alle Teilnehmer war die Reise kostenlos. Ich sagte zu Ronny: „Ich kenne deinen Freund doch gar nicht; wieso sollte er mich auf so ein Wochenende einladen?"

„Meine Freunde sind auch seine Freunde; mach' dir darüber keine Gedanken", antwortete er mir. Ich hatte Bedenken, denn seine Familie war dabei. Ronny meinte: „Ja sicher sind die dabei, aber bitte überlege es dir; ich würde mich so sehr freuen, wenn du mitfährst."

Ich spürte, dass er es wirklich gut meinte, und sagte zwei Tage später zu. Ronny freute sich und sagte am Telefon: „Ich habe gewusst, dass du mitfährst – es wird sicher toll und es wird dir gut tun." Das hoffte auch ich.

Mit einem Bus, einzig für die Gäste zur Silberhochzeit gemietet, fuhren wir eine Woche später los. Ich kannte niemanden. Wir waren ca. zwanzig Personen. Ich suchte mir im Bus einen Platz weit weg von Ronny. Seine Frau begrüßte mich überschwänglich und nahm mich in den Arm. Ronny hingegen konnte mir nicht in die Augen schauen. Das war das Schwierigste. Wenn wir auf den Raststätten kurz anhielten, behandelte er mich wie eine flüchtige Bekannte. Ich dachte: „Wieso ist er so verkrampft? Er wollte doch, dass ich mitfahre."

Der Rest der Gäste war sehr nett zu mir. Sie fragten mich: „Woher kennst du Ronny?" Ich antwortete: „Wir sind uralte Freunde aus der Kindheit." Der Allerliebste war mir der Gastgeber selbst und seine Frau. Zwei wunderbare Menschen. Ich bedankte mich schon im Bus für seine Einladung. Er erzählte mir, dass er enttäuscht wäre, da er Absagen von guten Freunden bekommen hätte. Umso mehr freute er sich, dass ich mitführe. Er lächelte mich an und sagte: „Freunde von Ronny sind auch meine Freunde." Ich fühlte mich wirklich liebevoll angenommen.

Die Tage in Italien mit dieser Gruppe bleiben für mich unvergessen. Der Strand war fast menschenleer, und ich genoss die Ruhe und das tiefblaue Meer. Körperlich ging es mir gut. Ich hatte mit meiner Kundalini gesprochen und sie gebeten während diesem Wochenende zu ruhen. „Bitte keine Zuckungen in Italien; es ist mir wichtig, ich will mit Ronny zusammensein", sagte ich zu ihr. Es funktionierte, ich hatte nur in meinem Hotelzimmer Zuckungen und niemand bekam mit, in welchen Prozessen ich stand. Den ersten Abend feierten wir Silberhochzeit. In einem tollen Restaurant wurde uns ein Galamenü serviert. Danach wurden die Instrumente aufgebaut, und Ronny spielte mit einem Freund. Seltsam war, dass Ronny an diesem Abend keine Stimme hatte. Er war heiser. Ziemlich früh verabschiedete er sich und ging mit seiner Frau ins Hotel. Ich feierte und sang mit Ronnys Freunden die halbe Nacht.

Am nächsten Tag am Strand waren wir alle müde. Aber am meisten schlief Ronny. Er schlief den ganzen Tag. Ich hatte das Gefühl, er nähme sich einfach raus. In mir kämpfte es auch. Es war für mich sehr schmerzhaft, Ronny mit seiner Familie zu sehen. Dann war ich wieder glücklich – einfach in seiner Nähe zu sein – am Strand – am Meer. Ein paar Minuten später hatte ich eine riesige Wut auf ihn. Aber auch Zorn auf mich: „Wieso bin ich nur mitgefahren, wieso tue ich mir so etwas an?", dachte ich.

Am zweiten Abend blieb ich im Hotelzimmer. Ich hatte keine Kraft mehr, Ronny und seine Frau zu sehen. Sie turtelten wie zwei verliebte Tauben. Es war ein einziges Schauspiel. Wenn man Augen hatte, um zu sehen, sah man den verzweifelten Versuch, heile Welt zu spielen. Ronny tat mir Leid, und sogar für seine Frau hatte ich Mitgefühl. Wie sie sich bemühte um ihn, damit ihre heile Welt nicht brach, und was für Schuldgefühle er mit sich herumschleppte. Sie erinnerten mich an mich selbst damals in meiner Ehe. Ronny gehörte zu ihr. Warum sie zusammenblieben, waren Themen ihres Lebens. Ich durfte mich nicht einmischen. Ich weinte mich in den Schlaf.

Am nächsten Morgen beim Frühstück sagte Ronny stotternd, er stotterte immer leicht, wenn er nervös wurde: „Wo warst du denn gestern Abend?"

„Ich habe verschlafen", log ich. Ich spürte, dass er mir keinen Ton glaubte. Ich riss mich zusammen und verbarg meine Trauer. Am letzten Abend stritt sich Ronny mit seiner Frau, um sich dann wieder mit ihr zu versöhnen. Wir saßen alle in einem Restaurant und aßen gemeinsam. Zu später Stunde teilte sich die Gruppe. Ronny blieb mit seiner Frau im Restaurant, und ich ging mit den anderen in eine Diskothek. Die halbe Nacht blieb ich auf der Tanzfläche. Die Körperbewegung tat mir gut – und ich tanzte und tanzte.

Mir war egal, wo ich tanzte. Ob in heiligen Räumen oder in einer Disko – Hauptsache Tanz! Ich spürte genau, wo es mir gut ging. Ich hatte einen leidenschaftlichen, gut aussehenden Italiener als Tanzpartner gefunden, und unserer Körper bewegten sich im schwingenden Tanz zu den Rhythmen. Zeit und Raum verloren sich, und ich genoss den Augenblick.

Als um 9 Uhr morgens wild an meine Hoteltür geklopft wurde, hatte ich gerade drei Stunde geschlafen. In Windeseile packte ich meinen Koffer; ich hatte den Wecker nicht gehört. Die Gruppe wartete schon am Bus auf mich. Als ich endlich kam, lachten schon alle. „Wo warst du denn die ganze Nacht?", neckten sie mich. Ich lächelte nur. Ronnys grimmiger Blick sprach Bände. Auf der Heimfahrt sah ich ihn nur noch in den Pausen; er saß im Bus ganz vorne beim Fahrer.

Mir ging es gut – ich lächelte über mich selbst – Leidenschaft kann sehr lebendig und feurig sein. Ich gehörte mir – und ich war frei!

Zuhause angekommen verabschiedete ich mich liebevoll von Ronny. Ich bedankte mich bei ihm. Er sagte freundlich: „Nichts zu danken, und besuche uns, du weißt ja, wo wir sind." Wir küssten uns rechts und links auf die Wange.

„Was sind wir Menschen doch für gute Schauspieler in unserem Weltenspiel", dachte ich belustigt auf dem Weg nach Hause.

Die Tage vergingen, und das lange Wochenende in Italien hatte mir gut getan. Ich fühlte mich wieder als Frau, fühlte die Liebe zu Ronny, zu mir und zur Welt. Wie ein Melos bildete sich: „Ich und Ronny und die Welt sind eins – Die Welt und Ronny und ich sind eins – Ronny die Welt und ich sind eins."

Alles hatte seinen Sinn. Auch wenn ich es nicht begreifen konnte: Ich spürte, dass ich *auch* in der sichtbaren Welt bleiben sollte, wo der Tanz des Lebens stattfand. „Alles gehört zusammen, wir sind von nichts getrennt", dachte ich. Alles muss durchdrungen werden – ohne Beurteilung. Ich nahm mich selbst an und dachte: „Ich weiß nicht, was gut oder schlecht ist, moralisch oder unmoralisch – ich kann nur leben und das Leben bewegen – mehr kann ich nicht. Ob das jetzt rein ist oder nicht – ich weiß es nicht! Wer weiß denn überhaupt, was Heiligkeit bedeutet, was Gott von uns will und wie sich alles zusammenfügt?"

Mir fiel ein Satz von Babatschi ein: „Der Heilige hat eine Vergangenheit und der Mörder eine Zukunft."

Oktober 2000

Die Kundalini-Prozesse mit ständigen Zuckungen, Hitze und Kälte gingen weiter, und ich bekam Einblick in meine früheren Erdenleben.

An einem Wochenende war ein Bekannter aus Weil am Rhein zu Besuch; zu diesem Zeitpunkt sah ich innere Bilder. Ich hatte an diesem Tag starke Atemnot. Mein Brustkorb verengte sich. Wir unterhielten uns darüber. Mein Bekannter, ein Therapeut, schlug mir während des Gesprächs mit seiner rechten Hand auf meine Brustmitte und sagte laut: „Hier sitzt es, lass endlich los." Durch den heftigen Schlag ausgelöst, fing ich an zu weinen. Ich sah grauenvolle Bilder:

Ein Verlies – dunkel und kalt – dreckig – stinkend – menschenunwürdig. Ich lag in diesem Kerker, nackt im Urin und Kot. Ohne menschliche Würde vegetierte ich in diesem Raum eine ganze Inkarnation. Missbraucht und vergewaltigt fühlte ich mich nicht mehr als Mensch.

Bestimmt eine Stunde hielt mich mein Bekannter, und es schüttelte mich, während ich schluchzte. Ich spürte die große Ablehnung gegen Männer, den Missbrauch aus anderen Inkarnationen, den Schmerz, den ich ertragen hatte, ich und bestimmt viele Menschen.

Gespräch mit meinem Lehrer

Ende 2000 bekam ich ein persönliches Gespräch mit Shin. Seine Liebe war für mich der größte Trost. Er sprach mir Mut zu und gab mir spezielle Übungen und Mudras für meinen Kundalini-Prozess. Er gab mir eine Antwort darauf, *warum* mein Prozess so feurig war. Er sagte: „Du hast in früheren Leben mit geistigen Kräften gearbeitet. Du kannst dich jetzt nur nicht mehr daran erinnern. Außerdem bist du sehr leidenschaftlich.“ Weiter sprach er zu mir: „Du kannst einen neuen Beruf erlernen, Kundalini-Therapeutin. In Zukunft werden Menschen wie du, die *so* durch diesen Prozess gegangen sind, den Menschen helfen beim Kundalini-Erwachen. Andere können das nicht.“

Ich sprach ihn auf meine weiteren Zweifel an und sagte: „Ich will ja den Menschen helfen, aber ich brauche dabei meinen Lippenstift, meine Weiblichkeit und getönte Haare.“ Er lachte herzhaft. „Wie kommst du denn darauf, dass du das nicht mehr darfst? Bleibe wie du bist; ich erfreue mich an deinem Wesen“, sagte er und weiter sprach er zu mir: „Tanz ein bisschen, das reicht bei dir; meine Übungen musst du nicht machen, dein wahres Wesen ist spielerisch und frei, lass dich von niemanden unter Druck setzen.“ Er fragte mich, ob ich wüsste, dass ich Heilhände habe. Ich sagte: „Ich hatte schon ein paar Impulse, aber richtig weiß ich es nicht“. Er meinte: „Du wirst noch vielen Menschen sehr Gutes tun mit deinen Händen.“ Als wir uns verabschiedeten, umarmten wir uns.

Ich war überglücklich – ich durfte tanzen, lachen und lustig sein – laut, temperamentvoll, leidenschaftlich – *sein – wie ich bin – mein Wesen durfte sein.*

Sogar beim Heilen durfte ich mich schminken; ich musste dazu nicht in Jute und grauem Haar herumlaufen. Ich durfte meine Beine enthaaren und weiblich schöne Kleider tragen. Sicher auch einen roten BH – dass hatte ich Shin jetzt nicht direkt gefragt, aber ich spürte, das waren doch auch nur uralte Dogmen gegen die wahre Urkraft der Frau.

Shin war kein falscher Guru, das stand für mich fest. Bei jedem Lehrer der eng, dogmatisch oder bestimmend gewesen wäre, hätte ich längst das Weite gesucht. Im Internet hatte ich unter dem Begriff Kundalini einen anderen geistigen Lehrer gefunden. In diese Gruppe durfte man nur eintreten, wenn man Vegetarier war und nicht rauchte. Außerdem meditierten sie nackt – das war nichts für mich. Viel zu viele Vorschriften. Ich konnte mich mein Leben lang noch nie länger in Gruppen aufhalten. Egal, ob es eine Bastelgruppe oder der Kirchenchor war. Ich liebte kreative Beschäftigungen und ich sang auch leidenschaftlich, aber am liebsten, so wie es in *mir* singen wollte. Wenn man genau hinhörte, war bei Shin alles frei. Er hatte keine Dogmen und er lehrte nichts und doch alles. Für mich war er auf jeden Fall der richtige Begleiter. Ich spürte eine tiefe Liebe und Dankbarkeit zu ihm.

Seine Übungen, die er mir gegeben hatte speziell für *meinen* Kundalini-Prozess, halfen mir. Die Schmerzen veränderten sich. Es stach jetzt zwar oft überall am Körper wie tausend Nadelstiche, aber diese Symptome machten mir nicht mehr viel aus. Die starken Solarplexusschmerzen hatten „Gott sei Dank" aufgehört.

Die Kräfte nehmen zu

In den nächsten Wochen ereigneten sich seltsame Dinge in meinen Kosmetikstudio. Es konnte bei der Maniküre vorkommen, dass von meinen Händen ein starker Energiestrom in die Hände und in den Leib meiner Kundin fuhr, diese dann große Hitze empfand und einen roten Kopf bekam und es sich nicht erklären konnte. Mir war das peinlich, da ich meine Energien nicht steuern konnte. Es verunsicherte mich, ich wollte auf gar keinen Fall irgendjemandem Schaden zufügen.

Wieder, wie bei meiner Tochter, traten Angst und Unsicherheit in mir auf. Sollte ich ganz aufhören, mit Menschen zu arbeiten, bis ich klarer wurde? Aber wovon sollte ich dann leben?

Gott sei Dank kam nach einer gewissen Zeit wieder eine innere Klarheit, die sagte: „*Ich gehe meinen Weg!* Der ist mit niemandem zu vergleichen. Ich muss aufhören, meine Erfahrungen als unecht oder verletzend für andere anzusehen, sondern sie stattdessen annehmen und lernen, damit zu leben. Niemand nimmt es mir ab und niemand kann mir sagen, wie ich durch diesen Läuterungsprozess komme oder wie ich mit diesen Kräften umgehe."

Ich bin ein leuchtender Springbrunnen

Ab Januar 2001 wurde die Shaktikraft und damit ich etwas ruhiger. Die schlimmsten Schmerzen schienen vorbei zu sein. Mein Solarplexus kam vollkommen zur Ruhe. Die Blasenentzündungen waren verheilt, und ich fühlte mich wie neu – eine unbeschreibliche Erleichterung nach den brutalen Schmerzprozessen der letzten Jahre.

Am Tag führte ich wieder ein *normales* Leben. Das Einkaufen fiel mir leichter, und ich versuchte, unter Menschen zu gehen. Nur nachts arbeitete Kundalini weiter. Mein Herz flatterte, und alle Zellflüssigkeiten schwappten hin und her. Ich hatte mich langsam daran gewöhnt, und meine Angst sterbenskrank zu sein, ließ nach.

Erfreulicherweise blieb das Lichtermeer. Sobald ich meine Augen schloss, sah ich meinen Körper – hell erleuchtet. In der Versenkung konnte ich eine goldglänzende, sprühende Flüssigkeit wahrnehmen, die aus meinem Herz- und Scheitelchakra pulsierend in die Welt floss. Wie ein leuchtender Springbrunnen.

Wenn meine Kundalini tagsüber mächtig wurde – musste ich tanzen. Oder ich duschte ständig. Das half mir wenigstens so viel, dass ich arbeiten konnte.

Auch ging ich oft in die Natur. Nicht zum Wandern, mein Körper war noch zu schwach. Ich suchte einen ruhigen schönen Platz. Hier konnten meine mentalen Energien ihren freien Lauf nehmen. Ich bewegte mich tanzend und schwingend immer im Einklang mit allen Naturwesen. Ich liebte diese Momente. Alles sprach mit mir. Wenn ich den Wind rief, blies er mir sanft um meinen Körper. Hatte ich sehr starke Kräfte, kam der Wind mit seiner stürmischen Seite. Wir tanzten oft gemeinsam – einen kraftvollen, leidenschaftlichen Tanz.

Dabei schaute ich immer wieder in alle Richtungen und achtete darauf, dass mich keiner sah. Das war sehr unangenehm für mich. Meine Freude wurde dadurch sehr gebremst. Ich bedauerte, dass die Menschen noch keine Ahnung hatten von diesen Kräften. Ich stellte mir vor, wie die neugierigen Zuschauer in eine *echte Berührung* des Göttlichen kommen könnten, wenn sie offen und ohne Vorurteile solchen Tänzen begegneten. Doch ich wusste, wenn mich jemand *so* sah, würde er mich für verrückt erklären. Das versuchte ich zu vermeiden. Ich wollte niemanden stören.

Februar 2001

Ich konnte auf einmal malen. Nie im Leben hatte ich vorher einen Pinsel in die Hand genommen. Nach dem Öffnen des dritten Auges und nach den vielen Bildern kam der Impuls „Ich muss das malen". Ich kaufte mir Leinwand und Ölfarbe und fing einfach an. Es machte mir unheimliche Freude. Manche Bilder malte ich in wie in Trance. Während der Pinsel wie von selbst über die Leinwand lief, sprach es in mir in ständiger Gottesanbetung. Ich malte tage- und nächtelang durch. Für meine Seele war das Balsam. Ich fühlte mich frei von Zeit und Raum, während der Pinsel über die Leinwand lief. Die vielen Bilder in meinen Visionen bekamen Farbe und Form.

Im Juni 2001 lernte ich Marlene näher kennen. Sie gehörte auch zu den Leuten von Shin, die in unserer Stadt wohnten. Gott sei Dank stand sie mir in den folgenden Monaten zur Seite. Ich war sehr dankbar, dass sie meine feurige Energie aushielt und stets kam, wenn es mir schlecht ging. Manchmal hatte ich Angst, dass ich mich während eines Prozesses verletzen oder ohnmächtig werden könnte. Vor allem wollte ich meiner Tochter solche Situationen ersparen.

Marlene war einfach da – und ich spürte wieder Vertrauen nach den vielen Ablehnungen. Sie blieb oft über Stunden, nahm sich die Zeit oder übernachtete sogar bei uns, wenn es kritisch wurde.

Durch die starken Prozesse eröffnete sich mir immer tiefer mein wahres Wesen. Ich spürte, dass Kundalini mir half, mich zu erinnern. Meine Heilkräfte und ich wurden täglich stärker. Ich fing an, mit Energieheilungen zu arbeiten. Es war erstaunlich, was während den Behandlungen geschah. Ich hatte kein System, nach dem ich vorging. Sobald ich eine Hand aufgelegt hatte, wusste ich, wo die andere hingehörte. Die Menschen, die ich behandelte, spürten starke Wärme, aber manchmal auch Kälte. Sie fühlten ein Kribbeln im Leib oder sahen Lichter und Bilder. Auch ich konnte manchmal Bilder aus der Kindheit oder einer anderen Inkarnation meiner Kunden sehen. Immer hörte ich Melodien, die ich dann innerlich mitsang. Mit der Zeit konnte ich die Energieströme sehen. Ich sah sofort, wo Blockaden waren. Ich sah die Schwingungsfelder meiner Kunden. Für mich war alles ein einziges Staunen. Wenn die Kundin nach der Behandlung noch etwas ruhte, ging ich in einen anderen Raum. Mit der Zeit merkte ich, dass meine Arbeit noch nicht zu Ende war, wenn ich meine Hände nicht mehr an meiner Kundin hatte. Ich tanzte in mentaler Verbindung mit der Kundin im anderen Raum. Noch immer musste ich mich überwinden, solchen inneren Erinnerungen nachzugehen. Mein sehr erdiger Verstand fand das gar nicht lustig. Meine Arme flogen durch die Gegend und malten tanzend irgendwelche Formen in den Raum. Meistens raste mein Herz dabei, und es strengte mich sehr an.

Oft dachte ich: „Das ist einfach nichts für mich. Ich weiß ja überhaupt nicht, was ich hier eigentlich tue. Wie sehe ich denn aus? Wie ein alter Indianer, der ums Feuer tanzt; das bin ich doch gar nicht! – Oder doch?"

Einer der ersten Menschen, die ich am 20. 10. 2000 behandelte, war ein junger Mann aus Augsburg. Er hatte von mir gehört. Seine Ehe war zerbrochen, und er litt darunter und wollte nicht mehr leben. Ich behandelte ihn zwei Stunden. Ein Jahr später schrieb er mir:

Liebe Biggi,

ich weiß nicht, ob Sie sich noch an mich erinnern können, ICH jedenfalls weiß es noch sehr genau, wie ich am Freitag, 20. 10. 2000 bei Ihnen läutete. Damals war ich total am Ende und als ich von Ihnen wegging, hatte ich sooo viel Kraft in mir, dass es auch bis heute noch anhält.

Mein ganzes Leben hat sich seitdem geändert (neue Wohnung/neue Freundin/neue Arbeitsstelle). Und ich bin mit meinem neuen Leben sehr glücklich. Das alles habe ich nur geschafft, weil Sie irgendetwas Unerklärliches in mir freigesetzt haben. Diese Wärme und diese Kraft damals werde ich nie wieder vergessen.

Ich möchte mich noch mal ganz herzlich bei Ihnen bedanken.

Internette Grüße

Wolfgang

Ich war dankbar über diese Grüße aus Augsburg. Das Feedback tat mir gut, und meine Unsicherheit hinsichtlich meiner Heilkräfte ließ etwas nach. „Ich schade niemanden – es geht den Menschen gut", dachte ich. Das war eine große Erleichterung für mich.

Weitere Einblicke in frühere Leben

Ausgelöst durch Gefühle, Gerüche oder innere Bilder bekam ich jetzt immer öfter Einblicke in meine früheren Leben wie Teile eines großen Puzzles.

Im Sommer, als ich einen großen Spaziergang machte, kam schlagartig ein Gewitter auf. Es regnete in Strömen. In kürzester Zeit war ich nass bis auf die Haut. Ich rannte über eine große freie Wiese nachhause. Mich überfiel panische Angst. Plötzlich zitterte ich am ganzen Körper. An einem Waldrand setzte ich mich auf eine Bank. Ich sah schnelle innere Bilder. Durch die Gefühle, die sie auslösten, weinte ich hemmungslos.

Eine Hand, die mich hält – sie zerrt mich weiter – immer schneller – weiter – schneller – lauf – lauf – schlammiger Boden – ich bin barfuß – ich bin erschöpft, verwirrt und ängstlich – alle rennen – schnelle, rennende Beine – sonst sehe ich nichts – ich bin noch klein – vielleicht fünf Jahre alt – ein Junge mit schwarzem, dickem Haar – es regnet – es ist kalt – es stürmt – wir rennen – es blitzt und donnert – wir kommen an einen Fluss – Kanus werden ins Wasser geworfen – schnell – hinein – schnell – sie fuchteln mit den Armen – ich sehe ihre Lippen – sie schreien – es ist so laut – die Gesichter sind verzerrt – der Regen – das Wasser – die Wellen – ich friere – sie werfen unsere Sachen in den Fluss – die Wellen – die Strömung – die Kanus kentern – die Frauen schreien – die Strömung reißt sie mit – Männer, Frauen, Kinder – sie ertrinken – viele ertrinken – mein Herz schlägt wie wild.

Ich saß auf dieser Bank im Jahre 2001 durchnässt, frierend, erschüttert und erschöpft. Die Bilder und Gefühle waren so real wie im jetzigen Leben. Langsam ging ich nachhause. Durch das Weinen fühlte ich mich ruhig. Ich hörte auf, diese Dinge, die geschahen, zu hinterfragen. „Es geschieht einfach – ich kann das nicht steuern“, dachte ich. „Was ich sehen soll – werde ich sehen und fühlen.“

Es zeigten sich aber auch sehr schöne Erinnerungen. Sie kamen über meine positiven Gefühle. Es geschah während des Tanzes. Besonders wenn ich draußen in der Natur war. Jede Bewegung kannte ich. Sie war selbstverständlich, als wurde ich in diesem Leben nichts anderes tun als tanzen. Jeder Ton, der von selbst aus meinem Mund strömte, war wohltuend – Erinnerung an eine Zeit (nicht aus diesem Leben), in der ich sehr glücklich gewesen sein musste. Wenn der Himmel sehr bewegend war, z. B. bei einem Sonnenuntergang, besang ich alle Farben. Ich brauchte das Lichterspiel nur anzusehen und schon konnte ich am Horizont die Noten meines Melos lesen und singen. Es floss einfach aus meinem Kehlkopf heraus – ich sang in einer mir unbekannten Sprache voller Leidenschaft und Liebe. Das waren wundervolle Momente für mich. Ich wusste hundertprozentig, dass ich „dies“ *schon ewig tue*. Ich besang das Wunderwerk Gottes.

Der einzige Mensch, dem ich mich anvertraute, war Marlene. Ich spürte, dass sie gefühlsmäßig verstand, wovon ich sprach. Es war sehr wichtig für mich, meine Erinnerungen und das Erleben dieser Phänomene mit einem Menschen zu teilen, der mich *ernst* nahm. Ihre Liebe, Offenheit und Fürsorge waren für mich zu diesem Zeitpunkt lebensnotwendig. Vielleicht wäre ich sonst doch noch verrückt geworden oder hätte Psychopharmaka geschluckt.

Marlene konnte mir nicht erklären, um was es ging, aber das war gar nicht so wichtig. Wichtig war ihr aufmerksames Zuhören, das ganz ohne Neid und ohne Beurteilen war, das spürte ich deutlich.

Heilsingen

Immer stärker sprach ich in dieser *anderen Sprache*. Es sprach in mir, und ich wusste nicht was. Ich überlegte. Manchmal hörte es sich asiatisch oder jüdisch an. Dann wieder hörte ich Arabisch, Indisch oder Russisch heraus.

Wenn meine Schmerzen im Herzbereich sehr stark waren, konnte es vorkommen, dass ich laut schrie: „ JAM JAM – HAM HAM – RAM RAM – HARA CHRISNA HARA RAM HAM HARA RAM RA MA ....

Hare Krishna!“ – „Woher kenne ich das?“, überlegte ich. Das andere, „Ram – Jam“, sagte mir gar nichts. „Hat nicht George Harrison so einen Song in den Siebzigern gesungen? Vielleicht singe ich es deshalb“, überlegte ich.

Dann schrie ich wieder laut: „So man a jei!“

Ich zischte wie eine Schlange oder gurgelte im Kehlkopf wie eine Taube. Wenn ich sehr traurig war, presste es aus meinem Hals ein verzweifeltes „Annamej – annamej – annamej“. Ich hatte dann das Gefühl, dass mir das kostbarste genommen würde, das ich besaß. Es wurde mir entrissen – ich konnte es nicht halten – „Anna – annanda – annamej“ ... Ich lag voller seelischem Schmerz auf meinem Sofa und schrie verzweifelt. Ich wusste nicht, was geschah.

Zu diesem Zeitpunkt hatte ich erst wenige Seminare von Shin besucht. Ich hatte keinen Kontakt mehr mit Menschen,die auch zu ihm gingen. Ich wusste wirklich überhaupt nichts. Erst im Februar 2004, während eines Seminars über Kundalini, das Shin hielt, kam ich dem Ganzen etwas näher. Während des Seminars arbeitete Shin im Herzbereich und rief laut: „JAM – JAM – HAM – HAM ...“ – „Oh“, dachte ich bewegt, – „er kennt das auch.“ Ich staunte immer nur.

Aber damals, 2001, konnte ich noch gar nichts verstehen. Ständig hörte ich in mir diese andere Sprache. Endlich begriff ich, dass es vielleicht Mantras sein könnten. Ich verstand kein Wort. Fühlte nur diese Sehnsucht beim Singen.

Am Anfang machte es mir *wie immer* Angst. Was passierte jetzt schon wieder? Was war das für eine Sprache? Ich konnte es nicht fassen, was sich alles in mir zeigte. War das wirklich ich? Dann sang es in mir ganze Melodien, die ich noch nie zuvor gehört hatte. Ständig *sang* ich in dieser *anderen Sprache*. Erst innerlich, dann leise und später erlaubte ich mir, laut zu singen, wenn ich alleine war.

Wenn ich sang, war es entweder sehr gefühlvoll oder voller bewegender Kraft. Mit der Zeit lernte ich, *dass mein Gesang Schwingungsfelder* erzeugte. Auch in mir, wenn ich Schmerzen litt, sang ich in die Schmerzräume. Alles weitete sich augenblicklich. Ich ließ alles zu, nahm alles an, was sich mir zeigte.

Ich liebte diesen Gesang – auch diese Sprache – ich fühlte mich damit zu Hause.

Trotzdem – und immer wieder – tauchten ängstliche Fragen auf: *„Was kommt noch? Was löst sich noch ab? Was muss ich noch loslassen? Was wird bleiben? Wen verliere ich noch? – Wer werde ich sein?“*

Vom Verstand her wusste ich, dass ich mich hingeben musste. Diesem Prozess und allen seinen Auswirkungen. Trotzdem kamen die Zweifel wieder und wieder, und ich glaubte, es nicht zu schaffen.

Dann hinterfragte ich wieder alles. Ich verstand nicht, warum ich durch so einen Alptraum gehen musste. Gott sei Dank kam nach jeder schweren Krise eine Zeit der Freude und Glückseligkeit.

In den guten Wochen konnte ich durch den Wald gehen und mit jedem Tier sprechen. Es kamen Eichhörnchen in meine Nähe, die ich sonst noch nie gesehen hatte. Innerlich kommunizierte ich voller Freude mit ihnen. Ich war verbunden mit allem und eins mit dem Wald. Ich war der Wald, ich war das Tier, ich war der Fels …

Meine Liebesfähigkeit steigerte sich ständig. Ich erfuhr Ebenen, die ich bis dahin noch nicht gekannt hatte. Auch jetzt kann ich sie nicht in Worte fassen. Ich wünschte, dass jeder Mensch diese überquellende Liebeskraft erfahren dürfte. Es ist unglaublich wundervoll. Diesen ganzen Reichtum, diese ganze Fülle, all das hat Gott uns geschenkt. Wie reichhaltig Sein Schöpfungswerk ist und mit welchen Fähigkeiten Er uns ausgestattet hat, ist nicht in Worte zu fassen.

Blutstillen

Die Erinnerungen gingen stetig weiter. Eines Tages wusste ich, dass ich Blut stillen konnte. Beim Putzen in meiner Wohnung schlug ich mit voller Wucht mit dem Kopf an die spitze Ecke meiner Verkaufstheke. Es gab einen lauten Knall, und ich saß am Boden. Beide Hände legte ich wie selbstverständlich übereinander auf die klaffende Wunde. Vorsichtig befühlte ich mit einem Finger das dreieckförmige tiefe Loch an meiner Stirn. Noch kam kein Blut. Ich dachte: „Wer fährt mich jetzt ins Krankenhaus? Das muss genäht werden. Gleich spritzt das Blut, sobald der Schock vorbei ist.“ Ich überlegte, wie weit ich vom Telefon entfernt war und wo in der Nähe Handtücher waren. Ich wollte nicht, dass mein Teppich voller Blut würde. Es war mir klar, dass jetzt gleich Fontänen ähnlich Blut fließen würde. Alles ging in Sekundenschnelle.

Als ich so überlegte, hörte ich innerlich eine klare, laute Stimme: „Du kannst Blut stillen.“

Entrüstet dachte ich: „Klar – wie konnte ich das vergessen – ich kann doch Blut stillen – ich weiß das doch.“

Am Boden sitzend, die Hände immer noch an meiner Stirn – bis jetzt noch kein Tropfen Blut geflossen – fing ich an, die Dinge zu tun, die ich anscheinend aus einer früheren Inkarnation kannte. Es ist nicht möglich, sie hier zu erklären – es gibt keine Worte dafür. Es ist eine mentale Arbeit.

Ich wusste genau, was ich zu tun hatte. Nach ungefähr zehn Minuten stand ich auf, legte mich auf mein Sofa – nahm die Hände von der Stirn – es blutete nicht! Ich sagte zu mir: **„Jetzt** – schlafe ich.“ Sofort fiel ich in einen Trancezustand. Dabei bat ich meine Heilwesen um weitere Hilfe während des Schlafes. Nach zwanzig Minuten Tiefschlaf wachte ich auf und schaute in einen Spiegel. Auf meiner linken Stirnhälfte hatte sich eine ungefähr acht Zentimeter große Kruste gebildet. Sie sah aus wie eine kerzengerade dünne Naht. Interessanterweise war sie nicht breit, dafür aber sehr hoch.

Nach vier Tagen fiel sie ab – ohne dass *ein Tropfen Blut* geflossen war. Meine Stirn sah an der betroffenen Stelle leicht rosa aus. Nach einer weiteren Woche war alles wie vorher – keine Narbe – keine Veränderung der Hautpigmentierung – nichts – gar nichts!

Ich war nur noch erstaunt.

Es fanden noch viele so seltsame Dinge statt. Tarotkarten konnte ich, ohne sie jemals tiefer zu lernen, einfach lesen. Ich war zu Hause – sobald ich sie berührte. Doch spürte ich deutlich: Meine Aufgabe war es nicht, Karten zu legen. Es war ein reiner Zeitvertreib für mich selbst.

Es geschah jetzt immer öfter, dass ich Lichter und Bilder im dritten Auge sah, ohne in tiefer Versenkung zu sein. Ich konnte mich mit Marlene ganz normal unterhalten, schloss kurz meine Augen und sah – Wasser – fließendes Wasser – Blitze – gelb – grün – blau – rot – Kreise – Lichtkegel – pulsierende Formen, die sich rasend schnell in andere Formen veränderten. Explodierende Sonnen und Planetenbewegungen. Ich testete es aus, um zu forschen, und war dankbar, dass mir Marlene zuhörte.

Langsam lernte ich im Alltag, mit den verschiedenen Welten umzugehen. Die Zweifel, die mich noch manchmal quälten, besänftigte ich mit liebevollen Worten: „Alles ist in Ordnung – alles ist gut. ICH bin ‚IN' Gott!"

Mein weltliches Leben rückte ein Stück von mir ab, um Platz zu machen für das Übernatürliche. So gingen meine Erfahrungen stetig weiter.

Der Berg spricht mit mir

An einem Wochenende im Sommer übernachtete ich mit meiner Tochter in den Bergen. Wir waren auf einem Hochgrat. Kaum hatte ich mich zur Ruhe gelegt, fing der Berg an, mit mir in Kontakt zu treten. Ich sah viele schnelle, klare Bilder: Berggestein, Geröll, Schluchten, Bäume, Felsen, feinste Wasserläufe. Ich flog wie ein Vogel über dem Berg – ich war in seinem tiefsten Inneren – bewegte mich in den engsten Gesteinsmulden – spürte die Feuchtigkeit, Dunkelheit, nahm seine Kraft wahr – seine Beständigkeit und Unbeirrbarkeit – und seine bewegende Entwicklung. Von allen Seiten zeigte mir der Berg seine Geheimnisse. Es war faszinierend. Der Berg und ich waren **eins.**

Tagebuchauszug:

Mein Wesen ist Licht, göttlich, empfangend – verbunden mit den Engelwesen und allen Wesen des Himmels! Mein Wesen ist Feuer, Erde bewegend, irdisch durchdringend – verbunden mit allen (Ur-)Wesen der Erde. Alles ist in mir und wirkt aus mir heraus. Himmel und Erde! In meiner Mitte ruhe ich im Einklang mit den Welten. Ich kann elementar leben – ich kann feinstofflich leben – ICH BIN … der ich bin.

Immer noch hatte ich jede Nacht Beklemmungen, Hitze, Kälte, Ausdehnen von Körperteilen und das furchtbare Hochschrecken. Tagsüber, sobald ich mich zum Ruhen hinlegte, erlebte ich die Erde im dritten Auge:

Ich lief durch einen Wald, sah und fühlte die Blätter und Bäume, dann plötzlich war ich am Boden. Ich war ein Wurm und kroch durch die warme Erde. Ich roch den Duft und fühlte mich geborgen. Dann plötzlich, wie in einer Metamorphose, entpuppte ich mich zum Reh. Ich sprang am Waldrand durchs hohe Gras. Wieder größte Freude, Freiheit und gleichzeitig Behütetsein. Dann kam ich an einen kleinen Teich, blickte hinein und war in diesem Moment das Wasser. Klar, kühl, ruhig, weit. Plötzlich verwandelte ich mich zum Fisch. Ein kleiner bunter Fisch. Ganz mit dem Wasser verbunden, schwamm ich glücklich durch den Teich. Ich spürte das sanfte Liebkosen des Wassers an meinem Leib. Wie zärtlich es zu mir war. Plötzlich war ich im Ozean; die Wellen waren stärker und fühlten sich anders, aber genauso schön an. Auf einmal gab es einen Strudel nach unten, und es zog mich hinein. Tiefer und tiefer. Das Wasser war auf einmal nur noch ein kleiner Bach, ein Gletscherbach. Er lief ins Innere der Erde. Über Felsen und Höhlen, tiefer und tiefer. Ich ließ mich mit dem Wasser mitreißen. Ich war das Wasser. Als ich an der Quelle ankam und mich in sie hineingleiten ließ, um das wonnige Gefühl zu genießen, riss es ein Loch (oder ein Tor) auf. Ich war im Erdinneren. Glühende Lava, brodelnd, sanft und stark zugleich. Ich war die Lava. Plötzlich schoss ich durch ein spiralförmiges dunkles Tor und war – im Universum. Ich war ein Stern unter tausend Sternen. Ich raste in Lichtgeschwindigkeit durch das All. Unbeschreiblich schön! Millionen glitzernder funkelnder Sterne schossen in meine Stirn, und ich schoss in sie. Ich war in allem, und alles war in mir.

Manchmal unterbrach ich solche Reisen, da ich plötzlich hochschreckte. Wohin ging es noch? Wieder sagte ich zu Kundalini: „Bitte zeige mir nur so viel, wie ich verkraften kann!“

In den darauf folgenden Monaten regnete es ständig. Ich bekam eine starke Depression und weinte nur noch. Es hört nicht auf, in mir zu weinen.

Ich dachte: „Jetzt verstehe ich endlich, warum in meinem ‚inneren Schauen' so viel Wasser und Erdbewegungen vorkommen."

Damals konnte ich noch nicht ahnen, das es zu großen Naturkatastrophen auf der Erde kommen sollte.

Tagebuchauszug 06. 07. 01

Immer wieder wundere ich mich, dass ich nicht verrückt werde; die Nächte sind furchtbar. Seit Wochen weine ich nur. Nichts ist heil auf Erden. Alles krank. Es tut mir unendlich weh, dies wahrzunehmen. Ich empfinde einen unerklärlich starken Weltenschmerz. So wie ich die Natur in der Freude wahrnehmen kann, fühle ich gleichzeitig ihren Schmerz. Überall nur Zerstörung der Natur und der gesamten Erde. Ich weine und weine – so wie die Welt – es regnet und regnet. Ich fühle mich getrennt vom wahren „Sein". Die Tiere werden gequält, die Liebenden finden nicht zusammen, die Menschen begegnen sich würdelos und jeder schaut nur, dass es ihm selbst gut geht. Ich weine und weine – der Schmerz ist universell.

Schocktraum

Abends schlief ich vor lauter Müdigkeit ein, schreckte aber schon ein paar Minuten später wieder aus dem Schlaf hoch. Mein Körper fühlte sich wie Kaugummi an – ausgedehnt, gelähmt. Wieder war dieses grauenhafte Entsetzen in mir. Die Angst in diesen Momenten kann ich nicht beschreiben. Keine Atmung – das Herz stand still.

Mein Inneres schrie: „Hilfe – Hilfe – ich ersticke – Angst – lähmende Angst – Entsetzen – nein, das darf nicht sein! – Hilfe – ich kann nicht schreien – ich sterbe."

Plötzlich erinnerte ich mich, was mich so entsetzte, und sah Bilder:

Ich war Gefangene in einem Kerker bei Wasser und Brot. Sie hatten mich von dem liebsten Menschen, den ich hatte, getrennt. Eine Frau, die mir zu essen gab, versprach mir, dass ich freikäme und ihn wiedersehen würde. Ich vertraute ihr. Eines Tages öffnete sie die Tür und brachte mich zu ihm. Ich war so glücklich, endlich wieder bei ihm zu sein. Vor seinem Zimmer gab mir die Frau einen Holzknüppel in die Hand und verlangte, dass ich ihn tötete. „Nur zu dir hat er Vertrauen", sagte sie. Ich wusste, dass es keinen Ausweg gab; sie hatten mich betrogen, und ich hatte ihnen geglaubt. Der Schock war grauenvoll – pures Entsetzten – ich sollte ihn töten – ich wusste, ich würde sterben – und er auch.

Nach dieser Erinnerung wurden meine Schockzustände nachts etwas besser.

Auch Gott will frei sein

Ich spürte die vergangenen Inkarnationen – das viele grausame Leid. Das musste endlich aufhören. Der Missbrauch der Weiblichkeit war entsetzlich. Der Missbrauch Gottes war entsetzlich. Der Missbrauch des Männlichen war entsetzlich. Der Missbrauch der Kinder und Jugendlichen war entsetzlich. Der Missbrauch der Erde und ihrer Wesen war entsetzlich. Immer tiefer kam ich an die Erinnerungen der Erden- und Menschenentwicklung.

Was war geschehen? Ich spürte, auch Gott will frei sein. Wir alle müssen frei werden. Frei von allem Verfälschten, Unnatürlichen, Verstellten. Wenn wir die tiefe Freiheit nicht spüren, können wir nicht wahrhaft lieben. Ich spürte plötzlich die Enge des Leibes und meiner Seele. Fühlte, wie ich mich ausdehnen wollte – meinen Körper, der mir auf einmal viel zu schwer und verdichtet war. Ich wollte endlich ganz frei und echt sein. Ohne moralische Verengungen und Schuld und Pflichtbewusstsein. Immer diese Schuld und Verantwortung dem Falschen gegenüber. Jetzt wollte ich mich selbst in die Hand nehmen, wollte kein Opfer mehr sein. Ich wollte keine Angst mehr haben, auch vor Gott nicht mehr.

Shin fiel mir ein. Hatte ich Angst vor ihm? Hatte ich ein altes Gottesbild auf ihn übertragen? War ich frei von ihm? Ließ ich ihn frei?

Diese Fragen ließen mir keine Ruhe mehr. Ich wollte eine Antwort.

Ich versuchte, mich mit Shin zu verbinden. Als ich visuell vor meinem Lehrer stand, schrie er mich an und stach mir plötzlich zwei goldene Dolche in den Leib. Einen vorne in die Brustmitte und den anderen genau gegenüber in meinen Rücken. Es waren genau die Körperstellen, an denen ich die größten Schmerzen hatte.

Ich erschrak und bekam Angst. Wieso tat er das? Ich war nicht schuldig – es gab keine Schuld. Ängstlich wollte ich mich vor ihm beugen.

Doch auf einmal schrie *ich* Shin in meiner Vision an:

„Warum tust du das?"

„Ich komme aus dem Licht; da wo es seine Quellen hat, ich bin – das Licht."

„Ich entscheide über mein Leben, ich will kein Opfer mehr sein."

Ich zog mir die Dolche aus dem Körper, und in diesem Moment sprudelte aus den Wunden helles, goldenes Licht. Ich stand in einem Wasserfall aus Licht, das in alle Richtungen floss. Ich spürte eine gewaltige Kraft. Die zwei Dolche steckte ich über Kreuz vor Shin in die Erde. Dann legte ich mich zu seinen Füßen. Er gab mir nach einer Weile ein Zeichen, dass ich mich erheben sollte. Er legte seine Hände auf meine Schultern und sagte: „So ist es."

Als ich aus dieser Vision erwachte, war ich sehr glücklich. Ich spürte die grenzenlose Freiheit, in der ich mit Gott stand. Spürte, wie frei mich Shin ließ. Spürte, dass auch ich ihn freilassen musste. Er gehörte mir nicht, ich konnte nicht zu ihm gehören wie in einer Sekte. Das würde er nicht zulassen. Er war selbst frei – *so frei, dass er für alle da sein konnte.* Ich begriff tiefer, dass wir nur durch diese ganz tiefe Freiheit in das WIR, in eine Einheit verschmelzen können. Wir sind EINS und gleichzeitig FREI.

Urlaub in Ischia

Die letzten Monate waren sehr anstrengend gewesen, und deswegen entschied ich mich, ans Meer zu fahren. Ich wollte aus meiner Wohnung raus und unter Menschen. Ich wollte das Meer fühlen und die Sonne. Wollte allein verreisen – auch einmal ohne Diana. Von Ronny hatte ich gehört, dass er im Oktober in Ischia mit seiner Band spielte. Ich entschloss mich, dort Urlaub zu machen. Ich hoffte, Stefan und seine neue Freundin, eine Rechtsanwältin, würden mir helfen. Ich erklärte ihnen, dass es mir gesundheitlich nicht gut ginge und ich dringend Urlaub bräuchte. Ich fragte, ob Diana eine Weile bei ihnen wohnen könnte. Die letzten Jahre hatte Stefan sie nur jedes zweite Wochenende abgeholt und noch nie in den Ferien bei sich aufgenommen. Wir trafen uns im Büro meines Ex-Mannes. Stefan´s Freundin übernahm das Gespäch. Überheblich und arrogant, erklärte sie mir, dass ich eine furchtbare Mutter sei. Diana würde ihr Leid tun, dass Kind wüsste ja gar nicht, wo es zuhause sei. Sie beschimpfte mich - ich verstand nicht um was es ging. Die Tränen standen mir im Gesicht. Ich kam gar nicht zu Wort und versuchte verzweifelt in Stefan´s Augen zu schauen. Aber er blickte zu Boden. Sie machte mich *verbal* so fertig, dass ich nur noch gehen wollte. Fluchtartig rannte ich aus dem Büro. Ich hörte noch, wie sie mir zynisch hinterher rief: „Tja, wenn man dir einmal die Wahrheit ins Gesicht sagt, rennst du weg!" Mir war klar, dass ich gegen *solche Menschen* keine Chance hatte – *ich wollte sie auch gar nicht haben.*

Ich erinnerte mich bei ihren Worten, wie schlecht Stefan damals über die Mutter seiner ersten Tochter gesprochen hatte. Und jetzt, war *ich* diejenige!

Ich beruhigte mich wieder und schwor mir, Stefan *nie* wieder um etwas zu bitten.

Und wenn du denkst es geht nicht mehr, kommt irgentwo ein Lichtlein her … – und so war es auch. Zufällig traf ich Katharina, eine frühere Freundin. Spontan bot sie mir ihre Hilfe an und versorgte Diana. Dafür bin ich ihr heute noch sehr dankbar.

Endlich konnte ich nach Ischia fahren. Ich blieb drei Wochen. Als ich nach achtzehn Stunden Fahrt auf der Insel ankam, regnete es. Ich war sehr müde und wollte nur noch in mein Hotelzimmer. Sehr mürrisch fragte ich an der Rezeption nach meinem Schlüssel. Der Hoteldirektor begrüßte mich lächelnd mit den Worten:

„Herzlich willkommen. Eigentlich müsste die Sonne scheinen, wenn so eine schöne Frau auf unsere Insel kommt." Meinte er mich? Die Worte taten mir gut – ich lebte noch. Sein Lächeln erfreute mein Herz, und es blitzte wie Funken zwischen uns. Er war ein sehr schöner Mann.

In den folgenden Wochen entwickelte sich eine zarte, freie, freudige Liebe zwischen uns. Ich schrieb in mein Tagebuch:

Ich wandere durch Dunkel und Gestrüpp, wälze die Verkrustungen meines Erdreichs durch. Bin manchmal Wurm und Käfer und manchmal schon eine erblühte Rose. Es ist nicht wichtig, ob ich Wurm oder Rose bin. Gott liebt mich immer, und wenn ich auch tausendmal die gleichen Fehler mache – dann habe ich tausendmal die Chance zu lernen. Ich bin NICHTS – und in diesem NICHTS ist alles enthalten.

Als sich die Sonne endlich in Ischia zeigte, war ich berauscht von der Schönheit der Natur und den Heilkräften und Schwingungen dieser Insel. Ich fühlte mich sofort zuhause. Tagsüber genoss ich das Meer, tauchte und schwamm. Ich lief barfuss im Sand und kleidete mich mit bunten Stoffen und schwingenden Kleidern. Ich fühlte mich frei und reich beschenkt. Die Thermen heilten meine Wunden, körperlich wie seelisch.

Die Sonne beruhigte meinen Geist, und ich genoss den Urlaub. Nachts, wenn alle im Hotel schliefen, tanzte ich auf der Terrasse mit den Winden. Ischia hat im Herbst kräftige Stürme. So stark, dass es die Gartenstühle durch die Lüfte reißt. Im Dunkeln tanzte ich mitten unter den fliegenden Gartenmöbeln mit dem Sturm, tanzte mit ihm seinen spielerischen, kraftvollen Tanz.

Ich spürte, dass ich zu Kräften kam, und schrieb in mein Tagebuch:

Hier in Ischia komme ich zu mir. Die Liebe, die ich suche, findet hier ihren Ausdruck. Hier ist sie allgegenwärtig, lacht mich an, erfreut mein Herz in jedem Augenblick. Es ist das Meer, alle Geräusche, der Regen, der Wind, die Sonne, die Pflanzen, Tiere und Menschen. Hier finde ich meine zweite Hälfte. Hier bin ich ganz, hier bin ich die Liebe, und sie strahlt überall zurück. Hier empfinde ich keine Enge – sie löst sich auf in eine große, weite, liebende, seelische Körperwahrnehmung. Meine Brust vorne und der Rücken dehnen sich mindestens sechs Meter aus, und die Seitenflügel öffnen sich. Die Mitte ist brennend heiße Liebe, erfüllt vom Lichtstrahl. Er pulsiert in mich hinein und pulsiert aus mir heraus. Eine göttliche Osmose! Es will tanzen und jubeln in mir. Nichts ist, wie es wahr. Alles ist Liebe, Farbe, Form, Spiel, Leichtigkeit und Unendlichkeit. Ein Verbundenheitsgefühl mit allen Lichtwesen dieses Seins. Alles ist in ständiger Bewegung, alles schwingt frei und alles will lieben.

Täglich ging ich ans Meer. Am liebsten lag ich am „Cava dell Isola“, einem kleinen Strand in der Nähe von Forio. In den fünfziger Jahren trafen sich hier die Künstler. Dieses kleine Paradies war mein Lieblingsplatz; ich liebte es, von hier aus stundenlang aufs Meer zu blicken. Um diese Jahreszeit waren wenig Touristen hier, wahrscheinlich auch deswegen, weil man keine Liegestühle ausleihen konnte. Alle lagen hier einfach gemütlich im Sand. Es waren überwiegend Einheimische in dieser Bucht.

Viele Liebespaare kannten diesen romantischen Ort und liebten sich nachts am

„Cava dell Isola“ zu den Rhythmen des Meeres im warmen Sand. Jeder in Ischia wusste das.

Auch andere Strände auf der Insel suchte ich auf. In Panza, einem idyllischen Plätzchen, fand ich die Sorgeto-Bucht. Man muss sehr viele Treppen hinunter steigen, um sie zu erreichen – aber es lohnt sich. Der Name „Sorgeto“ ist von dem ursprünglichen italienischen Wort für „Quelle“ abgeleitet. Dieses warme mineralhaltige Wasser, das sich mit den Wellen des frischen Meerwassers mischt, ist ein Hochgenuss. Man setzt sich einfach ins Meer und badet wie in einem Freilicht-Whirlpool. Ich war hier überglücklich.

Der Weg in den nächsten Ort, nach Sant'Angelo lohnte sich auch. Am Maronti-Strand grub ich mich in den heißen Sand ein und inhalierte die schwefelhaltigen Dämpfe, die direkt am Meer aus den Natursteinen drangen. Für mich war das „Wellness pur“.

An den wunderschönen Sonnenuntergängen über dem Meer erfreute ich mich jeden Abend und bewunderte die göttlichen Farben.

Bei schlechterem Wetter lief ich auf der traumhaften Küstenstraße nach Forio, um ein wenig einzukaufen und in der „Chiesa del Soccorso" drei Kerzen anzuzünden. Eine für Ronny, eine für mich und eine für unsere Liebe.

Die berühmten Poseidon-Gärten liegen in der Citara-Bucht. Ich mochte diese Bucht sehr gerne, aber es waren mir zu viele Touristen hier. Da ich hoffte, Ronny zu sehen, lief ich an einem frühen Nachmittag Richtung Citara.

Vom Weiten hörte ich schon die laute Musik, die in den Strandrestaurants gespielt wurde. Ich konnte mir gut vorstellen, dass er hier irgendwo unter den vielen Touristen auf einem Liegestuhl in der Sonne brutzelte. Er liebte den Rummel, tief braune Haut und schöne Frauen. Hier fand man dies in Mengen.

Ich suchte mir unter den nach Sonnenöl riechenden Massen einen Platz und legte mich irgendwo in den Sand. So richtig wohl fühlte ich mich nicht unter diesen vielen Menschen und dachte: „Ob ich ihn hier sehe?" Ich lag schon eine ganze Weile, als ich ihn plötzlich ca. zehn Meter von mir entfernt mit seiner Frau entdeckte. Er lag halb schlafend auf einem Liegestuhl – genauso hatte ich es mir vorgestellt!

Ich überlegte, ob ich mich bemerkbar machen sollte, entschied mich aber, es zu unterlassen, und las in meinem Buch weiter. Das tat ich natürlich nicht wirklich. Ich spitzelte unter meiner Sonnenbrille Richtung Ronny. Ich war glücklich, ihm so nahe zu sein.

Ronnys Frau entdeckte mich als Erste. Ich sah, wie sie auf mich deutete und ihren Mann anstupste. Ronny erhob sich gemächlich, schaute in meine Richtung und schüttelte den Kopf. Er ließ sein Haupt wieder langsam sinken. Ich hatte eine neue Haarfarbe und mit der Sonnenbrille war ich sicher nicht leicht zu erkennen. Nach einer Weile wiederholte sich das Rätselraten. Ich entschied mich, dem Spiel ein Ende zu setzten, und winkte ihnen zu.

Beide sprangen augenblicklich scheinbar erleichtert auf, winkten erkennend zurück und kamen zielstrebig auf mich zu. Ruhig blieb ich auf meinem Handtuch sitzen. Seine Frau erreichte mich zuerst, beugte sich zu mir herunter und umarmte mich scheinbar herzlich; sie sagte: „Du bist auch in Ischia, so eine Überraschung." Ronny war so erstaunt, dass er für einen Moment die gegenwärtige Situation zu vergessen schien. Wie als Jugendlicher kniete er sich auf mein Handtuch knuddelte mich überschwänglich und rief lachend: „Warum hast du nicht gesagt, dass du auch hier bist – Mann – du bist ja lustig!" Er balgte mit mir so herum, dass wir das Gleichgewicht verloren und nach hinten in den warmen Sand kippten. Einen kurzen Moment lang hielten wir uns innig im Arm. Erst, als uns bewusst wurde, dass er auf mir lag – spürten wir die unerlaubte Nähe. Unsere Körper berührten sich. Sein Blick fand den meinen. Sein Mund war nur Millimeter von meinen Lippen entfernt. Wir schauten uns in die Augen. Tief, klar und ruhig – wie ein Bergsee war sein Blick, und ich erkannte in diesen Sekunden, dass unsere Liebe in dieser Inkarnation nie ins Leben kommen muss– sie *war, ist und wird immer sein – so wie schon alle anderen Leben zuvor* – ganz einfach und selbstverständlich.

Als ich schon meinte, er würde mich jetzt küssen, schreckte er plötzlich hoch, gab mir ein herzhaftes Bussi auf die Wange und stand ruckartig auf. Sofort stellte er sich seitlich neben seine Frau und legte den Arm um sie. Sie lächelte ihn an und schmiegte sich an seine Brust.

Ich saß mich in Höchstgeschwindigkeit sortierend im Sand und schaute von unten das „glückliche Paar" an. Riesengroß, gegen die Sonne gerichtet, stand er vor mir. Jetzt – war er wieder dieser Ronny, *dessen Wesen* ich kaum erkannte. Der den Vorstellungen der anderen ständig gerecht wird – um zu überleben. Der in Windeseile in jede Rolle schlüpfen konnte – der Entertainer – der Sonnyboy – der coole Unnahbare – der Autoverkäufer – der Bierverkäufer – der Manager – der Ehemann – er war ein guter Schauspieler.

Etwas unsicher, aber schon wieder alles beherrschend, schaute er auf mich herab. Seine Masken waren wieder zurechtgerückt – alles im Lot – alles im Griff – auf dem sinkenden Schiff!

„Wie schaffte er das nur – wie hält er es aus?", dachte ich traurig. Aber auch ich lächelte den beiden ins Gesicht und log, dass sich die Balken bogen. „ Wie geht es dir?", fragte Ronny strahlend. „Fantastisch, sehr gut – bestens!", antwortete ich locker. Was – wenn ich jetzt die Wahrheit sagte? Das wollten die beiden bestimmt nicht hören – niemand wollte die Wahrheit hören. „Alles Lüge", dachte ich – „alles Lüge – auf dieser Erde. Wenn ich jetzt ehrlich bin, ist der Urlaub für die beiden gelaufen. Sollte ich sie schonen oder sprechen?" Es wäre für mich das Leichteste gewesen, ihre *heile Welt* zu zerbrechen, das war mir sonnenklar. Ich entschied mich, zu schweigen. Wir sprachen über das Meer und diese herrliche Insel und wie schön es war, dass wir endlich Urlaub hatten. Sie luden mich in das Restaurant ein, in dem Ronny mit seiner Band spielte.

An diesem Abend überlegte ich lange, ob ich es schaffen würde, zu dieser Veranstaltung zu gehen. Im Hotelzimmer richtete ich mein Haar und wusste nicht, was ich anziehen sollte. Ich zog mich mehrere Male um und entschied mich dann endlich für ein königsblaues langes Abendkleid. Ich wollte unbedingt wunderschön aussehen – glücklich und lebensfroh. Er sollte nicht sehen, dass ich wegen meiner Prozesse und unserer Liebe litt. Es war doch sowieso schon alles schlimm genug. Auf dem Weg zum Lokal zitterten meine Beine – „Gleich werde ich ihn sehen – gleich – in ein paar Minuten bin ich bei ihm", dachte ich. Ich war sehr aufgewühlt, hatte Hubschrauber im Bauch (es waren schon lange keine Schmetterlinge mehr), aber überglücklich, gleich mit ihm in einem Raum zu sein. So wie damals als junges Mädchen, wenn er das Klassenzimmer betrat. Dann war mein Tag gerettet – er war da!

Und *jetzt* war ich da – setzte mich ganz hinten ins Lokal, bestellte mir ein Glas Rotwein und hoffte, dass ich diesen Abend überleben würde.

Seine Frau setzte sich zu mir an den Tisch. Sie schüttete mir auch noch zu allem Übel ihr Herz aus und berichtete, dass sie so schrecklich eifersüchtig auf Ronny wäre. Scheinbar hatte er auf der Fahrt mit einer gertenschlanken, jungen Blondine heftig geflirtet, und sie wusste nicht was sie jetzt tun sollte, sprach sie vertrauensvoll weiter. Was sollte *ich* ihr sagen? Und so versuchte ich, einigermaßen in der Wahrheit zu bleiben, und sagte zu ihr: „Du weißt doch, wen du geheiratet hast; er liebt die Frauen. Das ist doch auch etwas Schönes an ihm – er ist doch auch lieb zu dir – jetzt schau halt endlich einmal genauer hin – werde endlich wach!" Sie schaute mich entgeistert an, und ich glaube, sie verstand kein Wort – ich hatte sie irgendwie richtig gern.

Ronny spielte unterdessen für die Touristen auf der Bühne den Clown. Ich konnte es fast nicht ertragen. Er sah müde und schlecht aus, aber nach außen spielte er den lustigen Entertainer. Die Menschen liebten ihn, wenn er auf der Bühne stand. Er brachte sie zum Lachen und bewegte sie dazu, Polonäse zu tanzen. Das ganze Lokal schien sich zu amüsieren. Stündlich steigerte sich die Stimmung der Touristen mithilfe des vielen Alkohols. Ronny sang den „Anton aus Tirol", und alle grölten mit klatschenden erhobenen Händen auf der Tanzfläche. Ich beobachtete traurig das Treiben, mir wurde es ganz übel. Ich erinnerte mich: Er hasste Polonäse und Faschingsstimmung. Ronny spielte diese Art von Musik nur, um Geld zu verdienen, um die Familie über Wasser zu halten. Wie oft hatte er am Telefon vor einen Auftritt zu mir gesagt: „Ich kann bald nicht mehr – aber ich muss gleich auf die Bühne." Ich wusste, dass er lieber eine andere Art von Musik spielen wollte. Lieder von der Freiheit und der Liebe. Aber die Touristen wollten unterhalten werden – scheinbar gehörte das zum Urlaub für sie dazu. Ich fragte mich, wie viel Kraft Ronny hatte, um das durchzusehen. Er tat mir Leid. Seine Frau hatte sich wieder im Griff – so wie sich das gehörte – und rannte lachend mit klatschenden Händen durchs Lokal, um die Gäste zu animieren.

Ronny konnte mir nicht in die Augen schauen. Er tat, als wenn ich nicht anwesend wäre. Ich wollte mir das nicht antun und ihm auch nicht.

So verbrachte ich die drei Wochen weit weg von ihm und doch ganz nah. Ich wollte Ronny auch nichts mehr erzählen von meinen inneren Erfahrungen; dieses Bedürfnis hatte aufgehört. Ich wusste, jeder von uns beide musste in diesem Leben tun – was eben zu tun war. Das hatte ich nicht zu hinterfragen oder zu kritisieren.

Doch immer noch wünschte ich mir tief, ihn in meine Arme zu nehmen – ihn zu wiegen mit dem Wind – so gern wollte ich ihm sagen, dass er *selbst* die Liebe war. Dass es einen Platz gab in unseren Herzen, wo wir uns immer wieder treffen und ewig vereint wären.

Aber ich wusste, dass er es falsch verstehen würde. Deswegen versuchte ich, *alles geduldig und mit liebe so* anzunehmen, wie es *eben kam,* und schrieb meine Gefühle und das tiefere Verstehen dieser Liebe in einem Gedicht nieder:

Anam Cara

Ein Blick nur in deine Augen
und mein Leben scheint mir zu entrinnen

Vergangenheit, Gegenwart, Zukunft
nichts hat mehr Bedeutung

alles, was ich meine zu „sein"
existiert nicht mehr

nur diese Tiefe deiner Pupillen
wie etwas, in das ich hineinfalle
etwas Glänzendes, Sternförmiges bestrahlt mich
wärmend, vertraut – Heimat
ein sich ausbreitendes, schweigendes Verstehen
ewige Daseinsform umhüllt mich

ein Wimpernschlag lang
dann schließt der altbekannten Vorhang den geliebten Blick
es hüllt sich wieder in den Nebel der Verstellung
schmerzvoll spüre ich das Hier und Jetzt
den schweren engen Leib
wo auch ich Masken tragen muss
damit ich überlebe

Die Wahrheit schließt die Augen
trennt uns von
der Liebe
von der Quelle des Lichtes
von der Unendlichkeit
vom Sonnengeist der Einheit

Ein kurzer Einblick ins Paradies
tief hat er mich berührt
Wie lange ist ein Wimpernschlag?
Jahre, Jahrzehnte, Inkarnationen oder Äonen?

Der liebende Blick
ist zeit- und raumlos

eine grüne Wiese in unseren Herzen
auf der wir uns immer wieder begegnen

Jetzt … bin ich … hier und jetzt
auch wenn wir andere Wege gehen
in diesem Leben
der Schmerz ist universell
es ist der Weltenschmerz
das Getrenntsein von der Einheit

Ich ertrage es – halte es aus
ich tanze im Licht
tanze in allen Formen und Substanzen
tanze mit dem Wind, den ich über alles liebe
ich tanze durch die vielen Leben
weil ich nichts anderes kann – als tanzen

Der Nebel lichtet sich vor meinen Augen
„nichts" trennt mich von dir
wir sind die Liebe und wir sind frei
wir sind EINS – Anam Cara – mein geliebter Seelenfreund
ich bin dir unendlich dankbar
für den erinnernden Blick in die Ewigkeit

Leider gingen die drei Wochen viel zu schnell zu Ende. Als ich von der Insel und ihren heilenden Wesen Abschied nahm, versprach ich ihnen wiederzukommen.

Zuhause gingen meine Kundalini-Prozesse wieder heftiger weiter. Es kam mir vor, als hätte ich die letzten Wochen eine Pause eingelegt, um mich zu kräftigen.

Nachts arbeitete die Schlangenkraft weiter, und mein Alltag kehrte wieder ein. Eines Morgens, als ich erwachte, schrieb ich in mein Tagebuch:

Nachts geht es mir immer noch sehr schlecht. Kälte und gleichzeitige Hitze schießen durch meinen Körper. Hitze wie Feuer an den Beinen und trotzdem Schüttelfrost am Leib. Der Oberkörper zittert vor Kälte. Ich brauche zwei Decken und bibbere. Mein Herz flattert, kein richtiger Schlag. Meine Zellen und meine Zellflüssigkeiten und andere Flüssigkeiten im Körper schwappen hin und her. Der Kopf ist im Nebel; auch hier schwappt alles und tönt wie Wellen. Plötzlich tauchen Bilder auf: Farben und Formen fließen ineinander, und aus einem Bild formt sich sofort ein neues. Ich versuche, ganz ruhig zu bleiben – nur keine Angst – die Arme werden pelzig, ich kann sie nicht mehr spüren. Ich reibe sie und versuche, die Energie zum Fließen zu bringen. Licht – ich brauche Licht! Das ist besser! Ich schlafe wieder ein – kurz vor dem Tiefschlaf reißt es mich hoch. Das Schwappen und Zoomen (wie bei einer Kamera) ist ganz stark, ich bekomme keine Luft, alle Glieder sind taub. Ein scharfer, brennender Stich schießt durch die linke Zehe nach oben durch den Leib. Das Herz brennt und vibriert, die Organe fühlen sich kühl an und links dehnt sich der Körper aus und weitet sich ca. 30 cm. Was passiert mit mir? Gedanken schießen wie Pfeile durch meinen Kopf. Wie lange hält das mein Körper noch aus?

Ich kann nicht mehr – Nacht für Nacht! Ich rufe zu Gott:

Ich rufe meinen Lehrer. Kann er mich hören?

Plötzlich lege ich den linken kleinen Finger in meinen Bauchnabel, den rechten kleinen Finger zwischen die Augenbrauen und den Ringfinger aufs dritte Auge. Gleichzeitig lege ich den linken Fuß auf das rechte Knie.

Wieso tue ich das?

Ich höre in die Stille, ja – es verschafft mir Erleichterung – Warst Du das, Gott, oder Shin – oder beide – seid ihr eins? – Wenn ich eins bin mit Gott, ist Shin auch eins mit Gott – wir alle sind eins mit Gott.

Am Morgen brennt immer noch Licht in meinem Zimmer. Mein erster Gedanke ist: „Ich lebe noch – ich darf weiterleben. Ich bin nicht traurig oder beunruhigt!" Ganz leise danke ich Gott für seine Anwesenheit, bitte ihn die Erde zu befreien; ich segne alle Menschen und die Erde und bin zufrieden in meinen Gedanken.

Ich stehe auf – mein Körper funktioniert, etwas wackelig, es strömt immer noch, aber ich kann laufen.

Jetzt bin ich wach, Rüttlungen und Zuckungen durchfließen meinen Körper.

Ich danke dir, mein göttlicher Vater, meine göttliche Mutter in mir –

ICH BIN … ICH BIN …

Erfahrungen mit einem Psychiater

Jeden Tag versuchte ich, *nur* zu überleben. Meine Diana zu erziehen, das Geschäft aufrechtzuerhalten und hoffte, mein Körper hielte durch.

Noch einmal versuchte ich, bei einem Arzt, der sich mit dem Titel Naturheilpraktiker rühmte, Hilfe zu bekommen und aufzurütteln. Ganz ehrlich schilderte ich meine Symptome. Er untersuchte mich, nahm Blut ab, um „nichts" zu finden. Er diagnostizierte „Überanstrengung des vegetativen Nervensystems" und schickte mich zum Psychiater. Ich dachte: „Jetzt will ich mal wissen, was ein Psychiater mit mir macht", und gleichzeitig hoffte ich auf ein offenes Ohr. Ich hoffte ständig, dass ich mit Ärzten und Psychologen ins Gespräch kommen könnte. Ich dachte: „Sicher suchen Erwachende hier Hilfe" – so wie ich das ja auch seit Jahren tat. Die Ärzte mussten wissen, dass es Kundalini gab – um zu helfen.

Ein paar Tage später saß ich nach dreistündiger Wartezeit vor Herrn Doktor J. Er war sehr nett und hörte sich meine Beschwerden an. Als Erstes musste ich zum Messen der Gehirnströme. Die Verkabelung wurde an meinen Kopf geschraubt, und ich „meditierte", während der Computer aufzeichnete. Alles war wie immer in helles Licht getaucht. Ich war gespannt auf die Ergebnisse meiner Gehirnströme.

Als die Auswertung kam, blickte der Psychiater ernst auf seine Papiere und meinte: „Haben Sie Probleme mit Ihrer Schilddrüse?" Als ich verneinte, schien Herr J. ratlos. Ich lächelte innerlich und sagte laut: *„Wieso, was ist mit meinen Gehirnströmen?"* – „Nichts", sagte er, „alles in Ordnung." Er empfahl mir ein starkes Antidepressivum und eine Verhaltenstherapie von mindestens zwei Jahren. *Ich lehnte dankend ab.*

Daraufhin wurde ich mutig und erzählte ihm von Kundalini. Ich sagte: „Wenn Menschen unbewusst in diese Prozesse kommen, wenden sie sich bestimmt zuerst an Sie. Vielleicht haben Sie ja schon Patienten mit diesen Symptomen behandelt." Er schien interessiert und fragte nach Literatur. Ich versprach, Unterlagen zu schicken.

Am nächsten Tag schickte ich Herrn Doktor J. meine persönlichen Kundalini-Bücher, da meine finanzielle Lage nicht die beste war. Dazu schrieb ich einen netten Brief, indem ich ihm anbot, ihm gerne weitere Fragen zu beantworten.

Bis heute warte ich auf eine Antwort, ein Dankeschön und auf die Rücksendung meiner Bücher. „Tolle Psychiater haben wir heutzutage, sehr menschlich!“, dachte ich enttäuscht. Wie naiv und hoffnungsvoll ich war – *die Könige ließen sich noch nie mit den Bettlern ein.*

So vergingen die Monate, und ich versuchte, mir selbst zu helfen, alles liebevoll anzunehmen, nichts zu hinterfragen und an mich zu glauben.

Januar 2002

Am Anfang des neuen Jahres fand ich endlich mein neues Zuhause. In einem schönen alten Haus mit Garten.

Mit letzter Kraft schleppte ich Kisten und Möbel – ohne Schlaf ist man sehr kraftlos. Wenigstens hierbei halfen meine Geschwister. Ich war ihnen sehr dankbar. Wir strichen alle Räume neu. Für jedes Zimmer wählte ich eine andere Farbe. Ich spürte, dass wir es kaum schaffen konnten, da ich auch die alte Wohnung noch streichen musste. Ich rief Thun an und bat ihn um Hilfe. Er kam sofort und half, wo er konnte. Sabine und Marlene kamen auch, um Kisten auszuräumen. Marlene brachte ein selbst, gebackenes Brot und Salz mit. Sie überreichte es mir in der Türschwelle und wünschte mir Glück. Ich freute mich sehr darüber. Von den anderen Menschen aus meiner Stadt, die zu den Seminaren zur *„Harmonisierung der Menschen und der Erde“* von Shin gingen und mich gut kannten, fehlte jede Spur. „Wo sind sie denn?“, dachte ich. „Wie harmonisieren sie denn die Erde?“

Ich bekam keine Hilfe von ihnen – im Gegenteil. Herr B., mein ehemaliger Heilpraktiker, wusste Schauergeschichten über mein neues Heim zu erzählen. Es lag am Waldrand, und etwa 200 Meter entfernt stand eine alte Ruine aus dem 13. Jahrhundert. Herr B. behauptete, dass diese Burg früher Fluchenstein hieß und er niemals in diese Ecke unserer Stadt ziehen würde. Laut verkündete er – dass dies, wo mein Haus stand, ein sehr dunkler Platz wäre. Ich kam mir schon wieder wie im Mittelalter vor. „Mann“ – dachte ich – „werdet endlich wach! Solche Spielchen brauchen wir nicht mehr – dazu haben wir gar keine Zeit mehr.“ Ich ließ mir keine Angst machen, da ich wusste, dass dies alte Ängste vor dem BÖSEN waren. Das Böse, Dämonische – das Jahrhunderte lang gepflegt wurde. Für mich gab es das alles nicht. Es gab nur Gottes Schöpfungswerk, und auch die Schattenwesen wollten nur ins Licht. Sicher würden sich die Wesen der alten Burg freuen, mich zu sehen, dachte ich. Nicht umsonst zog ich *genau in dieses Haus.*

Ohne Probleme unterschrieb ich den Mietvertrag. Mit Frau M., der Vermieterin, verstand ich mich von der ersten Begegnung an gut. Ich erzählte ihr von meiner jahrelangen Suche nach einer geeigneten Wohnung und von den vielen Absagen. Frau M. sagte zu mir: „Ich bin den Vermietern dankbar, die sie abgelehnt haben, denn jetzt ziehen sie in mein Haus, und das freut mich sehr.“ Es war so heilend für mich, von Frau M. so angenommen zu werden. Ich erzählte ihr offen, dass ich nicht nur Kosmetikerin war. Erzählte ihr von meinen Heilhänden und dass ich Energiebehandlungen machen würde. Sie sagte: „Ich glaube an so etwas; sie können ruhig diese Arbeit in meinem Haus machen.“ Nach Wochen mit sehr viel Arbeit war es vollbracht. Ich hatte ein neues Zuhause. Von Anfang an fühlte ich mich sehr wohl im neuen Heim. Endlich hatte ich einen Garten, konnte im Sommer mein eigenes Gemüse anbauen und mit den Pflanzen kommunizieren. Die Natur half mir, mich zu regenerieren, das wusste ich. Ich war sehr, sehr müde, und mein Rücken tat mir weh nach der vielen Arbeit, aber ich war überglücklich, endlich irgendwo angekommen und willkommen zu sein. Ich nützte die Gelegenheit, meinem Geschäft einen neuen Namen zu geben: *„Garten der Seele“*. Mittlerweile arbeitete ich verstärkt mit den Heilströmen und den Beratungen.

Im Dezember 2001, beim Einzug kamen mir meine Mitbewohner freundlich entgegen. Als ich mein Werbeschild am Haus aufstellte, veränderte sich das schlagartig. Sie forderten mich auf, das Schild wieder zu entfernen. Ich weigerte mich, da ich die Genehmigung meiner Vermieterin hatte. Von nun an wurde ich beschimpft oder ignoriert. Es fielen Begriffe wie „Sekte“ und „Zigeunerin“. Ich konnte nichts mehr recht machen, und angeblich hielten wir uns nicht an die „Hausordnung“. Mit einer der Nachbarinnen, einer Psychologin, versuchte ich noch wiederholte Male, ins Gespräch zu kommen. Es misslang jedoch, sie suchte nach Ausreden. Sie hätte keine Zeit, ihre Arbeit würde sie so beanspruchen – sie bräuchte Ruhe, kam als Antwort.

Eines Abends, als wir spät nach Hause kamen und ich gerade in der offenen Garage einparken wollte, rief Diana aufgeregt: „Vorsicht Mama, du kannst nicht hineinfahren, irgendetwas liegt am Boden!“ Wir stiegen aus, um nachzusehen. Die halbe Garage war voll mit dreckigem Hausmüll. Ganz hinten sah ich drei Blätter Papier am Boden liegen. Darauf stand in großen Druckbuchstaben „Station seelische Müllablade“. Meine Tochter weinte leise. Sie tat mir so Leid. „Mama, was machen die mit uns? Ich habe Angst“, sagte sie.

Ruhig räumte ich auf und tröstete meine Tochter. „Wenn sie das mir antun“, dachte ich – „o. k. – ich halte es schon aus.“ Aber meinem Kind … „Nichts kann uns passieren – nichts", sagte ich laut „Wir wissen nicht, wer es getan hat, und wir werden auch niemanden beschuldigen." Trotzdem zog es mir die Kehle zu, ich ließ es mir aber vor Diana nicht anmerken. „Was ist nur mit den Menschen los?", frage ich mich. „Überall ist Krieg, Schüler erschießen ihre Lehrer und Eltern und irgendjemand hat nichts anderes zu tun, als mir Müll in die Garage zu werfen, weil ihm meine Art zu leben nicht gefällt." Als gäbe es nicht wichtigere Dinge auf Erden.

Gott sei Dank – die Freude an meiner Wohnung und meinem neuen Garten war für mich viel größer als die Unvollkommenheit der „menschlichen Spezies".

Die kommenden Wochen war ich voller Lobpreisungen Gottes und lebte in ständiger Verbindung mit ihm und allen Wesen. Ich sang Mantras, tanzte, war glückselig und ruhig. Das 200 Jahre alte Haus ließ mich spüren, wo es Hilfe brauchte. Das Gestein im Naturkeller stammte aus der alten Burg. Hier hatten die letzten Hexenverbrennungen in unserem Ort stattgefunden. Das Gestein war voller Kälte und Schmerz. Sobald ich es berührte, raste mein Herz, und Wellen durchliefen mich. Ich versprach, den Steinwesen zu helfen. Erklärte ihnen, dass ich selbst noch nicht bei vollen Kräften wäre, und versprach ihnen – nach und nach – zu lindern. Auch der Garten und die zwei Birnenbäume an der Hauswand riefen mich. Einer der Bäume stand ganz nah mit seinen Wurzeln an der schwierigsten Mauer. Ich berührte ihn mit meinen Händen und strömte Licht und Liebe zu ihm. So arbeitete ich im Haus mit den Lichtschwingungen und tanzte durch die Räume. Abends ging ich zur Ruine. Als ich näher kam, konnte ich die Energien spüren. Respektvoll sprach ich zu den Wesen: „Ich bin es – ich komme, um zu helfen. Zeigt mir, wie weit ich gehen darf." Ich musste öfters umkehren und erst nach einer Weile konnte ich in das Innere der Burg. Ich zündete Lichter an und tanzte, ließ meinen Energien freien Lauf und belebte den Ort mit meinen geistigen Kräften.

2002 ging es meinem Vater sehr schlecht. Er war sein Leben lang nie ganz gesund. Asthma hatte ihn seit der Jugend geplagt. Aber nun saß er nur noch vor dem Fernseher. Er konnte nicht mehr aus dem Haus. Sein Herz war schwach und seine Luft gering. Ich besuchte ihn öfter und war dankbar, weil ich tief spürte, dass unser Kampf aufgehört hatte. Ich schrieb ihm einen langen Brief und bedankte mich bei ihm, dass er mich gelehrt hatte, keine Angst vor dem wahren Wort zu haben, bedankte mich, dass er mich Mitgefühl für jeden Obdachlosen gelehrt hatte. Mein Vater brachte sie oft im Winter mit nach Hause und ließ sie bei uns im Keller übernachten, als ich Kind war. Weiter bedankte ich mich dafür, dass er mich gelehrt hatte keinen Unterschied zwischen den Kulturen zu machen. Er sagte früher oft: „Egal was für eine Hautfarbe ein Mensch hat, ob schwarz, weiß, rot oder gelb – Mensch muss er sein.“ Ich sprach mein Verzeihen aus und meine große Liebe zu ihm. Er las den Brief und sagte berührt: „Das war der schönste Liebesbrief meines Lebens.“

Ich spürte, dass er nicht mehr lange hier auf Erden sein würde. Abends weinte ich oft – ich konnte auf einmal alle Zusammenhänge seines Lebens und Leidens verstehen und in mir spüren. Ich verabschiedete mich langsam von ihm.

Es folgten wieder Wochen des Schmerzes. Die linke Körperhälfte tat ständig weh. Am Hinterkopf bekam ich Schuppenflechte. Sie nässte, und meine Lymphdrüsen am Kopf waren angeschwollen. Zwei Tage konnte ich nicht laufen. Mein linkes Bein war wie gelähmt. Es ließ sich nicht richtig bewegen, brannte und stach bis an die Hüften. Die Schmerzen zogen hoch zu den Nieren. Das Feuer brannte lichterloh in mir. Diana hielt mir die Fersen, um mich zu erden, und meinte nach ein paar Minuten: „Ich kann dein linkes Bein nicht anfassen, es ist heiß wie Lava.“

Drei Tage später Erbrechen, Durchfall – wieder die Angst, zu sterben. Mithilfe von feuchten Kompressen, Weinen und Zulassen, dass dies alles zu mir gehörte und es mein Weg war, wurde es langsam besser. Das Singen und Tönen dieser anderen Sprache half. Oft trommelte ich mit den Fäusten gegen meine Brust, um mir Erleichterung zu verschaffen. Es fühlte sich wie ein Schraubstock an, der sich langsam zudreht. Noch immer forderte es von mir eine gewisse Überwindung, diesen „Dingen“ und inneren Anweisungen zu folgen. Es kam auch vor, dass ich mich wiegend nach vorn oder hinten bewegte oder komische Verrenkungen machte. Ich musste mich immer beherrschen, nicht an die Irrenanstalt zu denken. Bilder aus dem Fernsehen schossen mir in den Kopf. Nein – bei mir passierte etwas anderes – signalisierte ich meiner Angst. Wenn es mir gelang, mich zu beruhigen, konnte ich mich wieder auf mein Gefühl einlassen und bekam Linderung. Ich dachte: „Wer weiß, wie viele Kundalini-Erwachende in der Irrenanstalt sitzen!?“

Zeitlöcher

Mein Körper fiel in Zeitlöcher. Im Bett liegend fiel meine linke Körperhälfte in eine andere Dimension. Sie war einfach nicht mehr da. Kurz darauf konnte ich wieder beide Seiten spüren.

Oder es riss mich aus meinem Leib. So ein Gefühl von hin und her gerissen. Im Körper sein und nicht im Körper sein. Ich finde keine Worte dafür, es flößte mir Furcht ein. In diesen Nächten kamen wieder die brennenden Fratzen und viele Gesichter, die ich nicht kannte.

In meinen Meditationen wurden die Lichter immer stärker. Ich war in helles Licht gehüllt – konnte einen innerlichen Goldstrom sehen, der mich durchlief. Manchmal sah ich Jesus schwebend im Raum.

Oft waren meine Versenkungen so tief, dass ich meinte, nicht mehr zu atmen. Dann schreckte ich immer hoch, um festzustellen, ob ich noch am Leben war. Alles lief spontan ab. Kaum kam ich ein bisschen zur Ruhe, stellten sich diese Trancezustände ein. Es war nicht so, dass ich meditierte oder Entspannungsübungen machen musste. Nein – ich war immer hellwach – setzte mich – und fiel augenblicklich in eine bleierne Schwere. Trotzdem wusste ich genau, dass ich auf meinem Sofa saß. In meinen Visionen befand ich mich gleichzeitig im Wohnzimmer. Ich wusste alles, was in diesem Raum passierte. Ich schwankte ständig zwischen Glückseligkeit und Panik hin und her. Ich dachte immer: „Nein – das darf nicht sein, ich habe eine kleine Tochter, ich muss hier bleiben." Die Angst, dass ich in einen Trancezustand fallen könnte, der über Stunden ging, war groß. Oder dass ich aus einem Trancezustand nicht mehr aufwachen würde und meine Tochter einen Schock bekäme.

Mein Freundes- und Bekanntenkreis wurde noch kleiner. Eigentlich hatte ich niemanden mehr. Am Anfang bestürzte es mich noch, aber mit der Zeit konnte ich sie alle loslassen. Ich spürte deutlich, dass ich mich so verändert hatte, dass ich nicht mehr zu ihnen gehörte. Nicht mehr so wie früher. Sie verstanden mich nicht, und ich konnte mich nicht erklären. Was sollte ich ihnen sagen? „Ich habe Kundalini und deswegen bin ich nicht mehr die, die ihr gekannt habt." Teilweise versuchte ich es aber – sie lasen nicht einmal die Bücher, die ich ihnen gab. Meine Freunde versuchten es nicht einmal, zu verstehen, was mit mir passierte. Das war sehr schmerzhaft für mich, und ich weinte viel. Es kam wieder ein Periode, in der ich mich sehr isoliert und einsam fühlte. Manchmal weinte ich tagelang; auch das konnte ich nicht kontrollieren. Gott sei Dank holte Stefan jedes zweite Wochenende Diana zu sich. Er wusste von nichts und fragte mich auch nicht. Ich sah schlecht aus und weinte oft, wenn er Diana abholte. Stefan fragte mich nie, wie es mir ging. Er schaute so schnell wie möglich, dass er wieder aus meiner Wohnung kam. Für meine Tochter war es sicher nicht leicht, und ich bewunderte und liebte sie immer mehr. Sie war die Einzige, die sich mit Kundalini auseinander setzte. Immer noch versorgte sie mich liebevoll. Manchmal war es sehr schwer, da ich auch sehr unbeherrscht sein konnte, wenn die Schmerzen kamen. Dann schrie ich sie manchmal an und sagte: „Schnell Diana hol mir dieses oder jenes“, ganz nach den Impulsen, die ich bekam. Ich spürte oft, dass sie überfordert war und manchmal Angst bekam. Überwiegend wenn ich sehr laut brüllte und stampfte wie ein Stier. Ich konnte es nicht unterdrücken. Die Laute drangen einfach aus meiner Kehle, und Energie entlud sich auf diese Weise. Es erschreckte mich selbst. Ich brüllte manchmal wie ein Tiger oder ein Löwe oder irgendein Urtier.

Trotzdem entwickelte sich Diana zu einem wunderbaren Mädchen. Diana liebte es, sich mit Lesen oder Tanzen zu beschäftigen. In diesen Jahren wurden wir nie eingeladen. Weder zum Grillen noch zum Kaffeetrinken. Wir gewöhnten uns daran, ständig allein zu sein. An den Wochenenden gingen wir mit unserem Hund spazieren, schauten uns einen schönen Film an oder kochten, wenn es mir gut ging. Wir sprachen viel miteinander. Hatten ja nur uns zum Gesprächsaustausch.

Wenn Diana krank wurde, ging es mir jedes Mal gut, und ich konnte sie versorgen. Ich hörte ihr stundenlang zu, wenn sie mir von ihren Schulproblemen erzählte. Ich telefonierte mit ihren Lehrern, um zu beschwichtigen. Setzte mich ein, sprach mit dem Rektor. Diana zeigte gute Leistungen und schaffte den Übergang auf die Realschule. Dort war der Druck für sie sehr groß, und sie hatte oft Probleme mit ihrer Atmung. Ich sprach viel über die Erdenentwicklung mit ihr und erklärte ihr die krankhaften Systeme, die sich hier in Europa gebildet hatten. Langsam entwickelte sie sich zu einem starken, freien Menschen. Diana schaffte es, in der sichtbaren und unsichtbaren Welt zu sein. Sie tanzte mit ihren Zwergen und Wesen. Schon mit drei Jahren hatte ich das bei ihr beobachtet. Als sie acht wurde, vertraute sie es mir an. Ich erzählte ihr von meinen Begleitern aus meiner Kindheit. Diana konnte die Wesen rufen. Für sie waren es Zwerge. Ihre Freunde waren immer bei uns, wenn wir spazieren gingen oder im See badeten. Ich konnte sie nicht wie Diana sehen, aber spüren. Als sie älter wurde, erklärten ihr die Zwerge, dass es jetzt immer schwieriger werden würde, bei ihr zu bleiben. Tatsächlich kamen sie nur noch in ihrem Zimmer. Sie dürfte nichts Materielles anlangen, das erklärten sie ihr. Sobald sie das aus Versehen tat – waren sie weg. Ich hoffte, dass Diana sich alles gut merken konnte und sich nicht trennte von den geistigen Welten.

Erstaunlich war, dass meine Tochter auch sehr weltlich leben konnte. Sie hatte wie alle Jugendlichen eine Lieblingsband und viele Poster in ihrem Zimmer. Diana zog sich sehr modern an und experimentierte mit zwölf wie jedes Mädchen mit Lippenstift und Wimperntusche. Ich beobachtete, ohne einzugreifen. Erklärte ihr und zeigte ihr, wie man sich typgerecht schminkte. Deutete aber auch darauf hin, dass sie noch zu jung wäre und es mir persönlich nicht gefiel. Eine Woche ging sie geschminkt in die Schule, danach war es uninteressant für Diana. Ich erzählte ihr viel aus meiner Jugend und von meinem Durchwandern des Alkohols und der grauen Zonen dieser Welt.

Ich erlebte nie, dass meine Tochter die Musik zu laut aufdrehte. Es gefiel mir nicht alles, was sie sich anhörte, aber ich tolerierte es. Ich hatte in dieser Hinsicht keine Angst um ihre seelische Entwicklung. Ich wusste, sie findet ihren Weg. Ich glaubte an Diana und hatte tiefes Vertrauen zu ihr. Wenn sie den CD-Player anschaltete, fragte sie mich immer rücksichtsvoll, ob es mich stören würde. „Nein", sagte ich immer, „hör nur Musik und tanze; das ist gut für dich."

Wenn sie in der Schule war, lüftete ich ihr Zimmer und räucherte manchmal. Den Wesenheiten, die unsere Jugendlichen belegen wollten, zeigte ich deutlich, dass ich der Herr im Hause bin. Irgendwann sah man keine Wand mehr in Dianas Zimmer. Es starrten mich nur noch die Gesichter der Band an. Da entfernte ich das eine oder anderer Poster. Diana sah das nicht gern und stritt mit mir. Aber ich setzte mich durch, weil ich spürte, dass es nicht mehr stimmte. Ich ließ ihr den größeren Teil der Poster, aber nicht mehr alle. Nach einer Weile dekorierte Diana an den frei gewordenen Wänden Fotos unserer Familie und ihrer Schulfreundinnen. Ich freute mich darüber. Ich hoffte für ihre Generation – hoffte auf eine bessere Welt, die sich nicht mehr trennen würde von den geistigen Welten.

So verging unser Alltag im Miteinander trotz Kundalini und ihren Auswirkungen. Ich schaffte es, mein Leben zu behalten. Sicher veränderte sich vieles im Kosmetikstudio, aber das hatte keinen Nachteil für Diana. Meine Kunden wurden immer weniger, und ich nützte die Zeit, das Buch zu schreiben. Ich machte mir Gedanken über Seminare, die ich gerne halten wollte, sobald es mir besser ginge. Das Geld war knapp, und ich hatte noch so manchmal Angst um unsere Existenz. Aber schon ein Jahr später sollte ich mein erstes *Lichttreffen* gründen.

Ich rutsche in eine andere Zeitdimension

An einem Samstag, Marlene war gerade bei mir, geschah etwas Außergewöhnliches.

Mein Körper reagierte wieder einmal mit Hitzeschüben und starken Zuckungen. Es ging mir diesmal ganz schlecht. Ich hatte das Gefühl, meinen Kopf und Kehlkopf zerrisse es. Die Hitze war nur ab dem dritten Chakra nach oben zu spüren. Unterhalb des Bauchnabels war mein Körper kalt. Es ging über Stunden. Marlene blieb ruhig im Raum. Sie vermittelte mir ein erdiges, geborgenes Gefühl durch ihre Anwesenheit.

Ich fiel in Trance – meine Stimmbänder begannen einen Gesang – es hörte sich an wie ein Klagelied. Da ich immer bei vollem Bewusstsein war, konnte ich mich selbst beobachten. Die Töne und Laute, die von mir kamen, waren mir in diesem Leben völlig unbekannt. Diesmal war der Gesang sehr schmerzhaft und quälend für mich. Ich war nicht mehr richtig hier – ich war nur in diesem *Zustand*. Meine Freundin hielt mich, und ich legte mich in ihre Arme. Mein Kehlkopf schmerzte, und nach einer ganzen Weile weinte ich hemmungslos. Aus meinem Hals drückten sich Laute, und innerlich hörte ich Worte in einer anderen Sprache. Sie waren mir sehnsuchtsvoll bekannt, aber nicht aus diesem Leben.

Nach Stunden formte sich die Sprache auch im Kehlkopf, und unter größter Anstrengung und gleichzeitiger Befreiung konnte ich die Worte aussprechen. Es war ein enormes Ringen, bis sie über meine Lippen kamen.

Drei gleiche Sätze presste es in dieser anderen Sprache aus meinen Hals. Endlich fühlte ich erleichternde Dankbarkeit. Es kam mir vor, als hätte ich tausend Jahre darauf gewartet. Als die Worte im Raum waren, fühlte ich auch im Leib etwas Erleichterung.

Dann zitterte ich, ein heftiger Schüttelfrost folgte. Ich sagte zu meiner Freundin: „Schnell, mach' mir bitte ein Fußbad mit viel Salz." Ich wusste nicht, warum ich diese Anweisungen gab. Nach einer Weile wurde ich ganz ruhig und schwer wie Blei. Es war nur noch Leere.

Plötzlich sagte ich zu Marlene: „Ich bin da – ich bin da – ich bin da." Gleichzeitig schlug ich mit meiner rechten Hand auf den Tisch.

Ich sah meine Freundin an, und alles war anders. Ich sagte zu ihr: ***„Wo sind denn die anderen?"***

Ich blickte mich in meiner Wohnung um, wusste genau, dass ich hier wohnte. Gleichzeitig war alles neu, als hätte ich es noch nie gesehen.

Die Küche war mir vollkommen fremd. Es waren noch Kuchen und Salate vom Vortag da. Ich schaute alles erstaunt an und konnte nicht begreifen, dass ich in diesem Leben kochte. Ich spürte mich als einen alten, mental starken Mann. Nichts Weibliches spürte ich an mir. Ich fühlte enorme Kräfte. Ständig langte ich meine Arme und meinen übrigen Körper an und sagte zu meiner Freundin: „Was ist das für ein kleiner Körper? Wo sind meine großen Schultern?" Ich konnte es nicht fassen. Was tat ich in diesem Leib? Voller Schrecken dachte ich: „Das geht nicht, meine Kräfte sind zu stark für diesen Körper. Das geht nicht ..."

Ich lief durch meine eigentlich geliebte Wohnung und fand alles grauenvoll. Als ich meine Studiotüre öffnete, war ich vollkommen frustriert. Ganz ruhig und erkennend sagte ich zu Marlene: „Hier arbeite ich jetzt! Ich fühlte mich winzig klein – viel zu klein."

Als ich zum Fenster hinausschaute, konnte ich die Autos kaum ertragen. Was war geschehen?

Ich erinnerte mich plötzlich an dieses Leben und sagte resignierend zu meiner Freundin: „Ich bin Kosmetikerin und massiere Frauen." Sie bejahte alles. Ich war traurig und entsetzt und sagte: „Das geht nicht, ich arbeite für Gott und die Erde. Ich trage eine große Verantwortung."

Ich lief in den Flur, sah meine vielen Bücher. Alle hatte ich gelesen und doch wusste ich jetzt genau – es stand *nichts wirklich Wichtiges* darin. Meine Möbel, meinen Kühlschrank – alles berührte ich – es war mir fremd.

Als meine Tochter nach Hause kam, öffnete ich die Tür. Ich hatte keinerlei Muttergefühle in mir. Diana sah mich und fing sofort an zu weinen. Sie sagte: „Mama, du siehst aus wie ein Mann mit schwarzen Haaren. Wo ist meine Mami?" Ich nahm sie in meine Arme und sagte: „Ich liebe dich, und alles wird gut." In diesem Moment wusste ich nicht, ob alles gut werden würde. Blieb dieser Zustand so? Wer war ich in Wirklichkeit?

Dieser „ Zustand“ hielt noch drei Stunden an. Dann rückte alles langsam wieder ins Jetzt.

Meine Freundin erzählte mir später, ich hätte völlig anders ausgesehen. Ganz alt und männlich.

Tagelang danach rutschte ich noch manchmal für kurze Zeit in diese Seins-Form. Beim Schminken am Morgen sagte ich zu mir: „Du kannst das!“ Die einfachsten Dinge wie Kochen oder Zähneputzen musste ich bejahen. Immer wieder sagte ich: „Du kannst das, du hast das schon oft gemacht.“

Mit der Zeit fand ich mich wieder ganz im Hier und Jetzt ein. Ich malte ein Ölbild, wie ich früher als dieses Wesen für die Erde gearbeitet hatte. Ich war froh, dass ich malen konnte – es half mir, meinen Verstand nicht zu verlieren. So konnte ich die inneren Erfahrungen in die Materie bringen.

Versuchskaninchen für eine Psychologin

Marlene, die mir helfen wollte, empfahl mir im Herbst 2002 eine Psychologin. Sie kannte Frau E. persönlich und war der Meinung, diese Therapeutin würde etwas von Kundalini verstehen. Sie hätte mit ihr über mich gesprochen und meinen Namen erwähnt, und Frau E. könnte sich noch gut an mich erinnern. Ich sollte sie anrufen.

Ich kannte Frau E. Vor sieben Jahren hatte ich einige Sitzungen bei ihr wegen meiner Asthmabeschwerden. Damals bejahte die Therapeutin meinen Mut und meine rebellierende Kraft, mich für meine Wahrheit einzusetzen. Ich rief sie an. Mein Wunsch war immer noch, einen erfahrenen Gesprächspartner zu finden oder in einen Austausch zu kommen.

In kürzester Zeit hatte ich einen Termin. Kaum saß ich in ihrer Praxis, fragte sie nach Kundalini. Es schien sie zu interessieren. Ich fragte sie nach eigenen Erfahrungen, worauf sie mir erzählte, dass sie mit Bewusstseinserweiterungen in einer Gruppe experimentierte – mit künstlichem Hyperventilieren. Frau E. betonte, wie wichtig es wäre, während solcher Erfahrungen von Therapeuten gehalten zu werden.

Ich fragte mich während unseres Gesprächs, ob wir wirklich über das *Gleiche* sprachen. Während unserer Unterhaltung forderte sie mich auf, von meinen Symptomen zu berichten. Ich berichtete offen. Sie notierte alles eifrig. Anfangs fühlte ich mich noch ganz wohl in ihrer Praxis. Als ich merkte, dass sie ständig auf meinen „Rebellen in mir" zu sprechen kam, wurde ich leicht unruhig. Wir sprachen unter anderem von meinem neuen Geschäftsnamen. Frau E. wusste bereits von meinem Werbeschild und auch, wo ich wohnte. Sie war sichtlich gut informiert. Ich fragte sie, woher sie denn das alles wüsste. Sie meinte: „Eine meiner Kolleginnen wohnt bei Ihnen im Haus." Zu diesem Zeitpunkt glaubte ich noch ihren Erklärungen.

Später, als wir intensiver auf meine Kindheit eingingen, fiel mir auf, dass sie beharrlich auf dem Rebellen herumhackte. „Bei Ihnen sitzt noch dieser Widersacher, der sich gegen die Systeme auflehnt und sich nicht einordnen will. Das hat etwas Provokantes und nichts mit Kundalini zu tun", sagte sie locker.

Als sie so sprach, sah ich auf einmal Bilder in mir, und der Raum veränderte sich. In meinem dritten Auge sah ich Frau E. mit meiner Nachbarin am Tisch. Sie sprachen angeregt über mich. – Mein Solarplexus signalisierte mir unangenehme, beklemmende Gefühle. Schlagartig wusste ich: **Sie hatte mir nicht die ganze Wahrheit gesagt.**

Ich unterbrach ihre Anschauungen über meinen „Rebellen“ und erzählte ihr meine inneren Bilder. Sehr direkt sprach ich sie an: „Sie haben mir nicht die Wahrheit gesagt; meine Nachbarin ist nicht nur eine Kollegin von Ihnen, sie ist ihre Freundin, ich kann es spüren. Sie kennen unser Haus“, sprudelte es aus mir heraus“, und haben schon oft mit ihr über mich beim Kaffeetrinken gesprochen. Meine Behandlungsunterlagen von vor sieben Jahren dienten Ihnen beiden als Grundlage, um mich aus der Sicht der Psychologie zu analysieren und zu beurteilen – kein Wunder, dass ich so abgelehnt werde. Sie betrachten mich **nur als Patientin** – nicht als Menschen! Wissen Sie“, sagte ich wütend, „dass Sie der Schweigepflicht unterliegen?“ Ich war empört!

Frau E. wirkte erschrocken und verlegen. Sie konnte nichts mehr ableugnen und bestätigte mir meine Wahrnehmung. „Warum haben Sie mich angenommen“, fragte ich sie. „Sie sind zu befangen, Sie hätten mich ablehnen müssen“, sagte ich zu ihr. **„Ich war neugierig auf Sie“**, antwortete Frau E.

Ich verließ den Raum und sagte zum Abschied: „Als Psychologin sollte Ihr oberstes Denken Ehrlichkeit und Wahrheit sein und nicht Neugierde!“ Sie versprach mir, nicht über mich mit ihrer Freundin zu sprechen. Lächelnd sagte ich: „Dann wünsche ich Ihnen in Zukunft viel Spaß beim Kaffeeklatsch mit meiner Nachbarin – vielen Dank für Ihre Ehrlichkeit“ – und verließ den Raum.

Zu Hause angekommen, war ich außer mir vor Zorn. Ich war empört. Was lief da ab? Wieso war ich so interessant für die Menschen, überlegte ich. Nicht nur, dass mir jegliche Hilfe vorenthalten wurde – nein – sie waren *neugierig* auf mich. **War ich ein Versuchskaninchen?**

Ich ärgerte mich darüber, dass ich vor Jahren wegen meines angeblichen Asthmas und der Hyperventilationen bei ihr in Behandlung war. Ich überlegte angestrengt. Wenn ich das damals schon gewusst hätte, dass sie erst Jahre später einen Kurs belegen musste, um Eigenerfahrungen mit Hyperventilieren zu machen, hätte ich mich ihr *nie* anvertraut. Aber was wusste ich schon damals? Verzweifelt suchte ich Hilfe.

Jetzt wusste ich wesentlich mehr. Trotz meiner Überlegungen spürte ich auch alte Ängste. „Sie machen mich fertig“ – dachte ich – „immerhin habe ich noch mein Geschäft, und in unserer Kleinstadt wird viel geredet. Wer weiß“, dachte ich weiter, „mit wem Frau E. außer meiner Nachbarin noch über mich spricht?“ Ich traute niemandem mehr.

„Die Psychologen und Ärzte haben so viel Macht“, dachte ich entsetzt – „sie können uns ‚Erwachende' in die Klapsmühle stecken." Ein Schauern lief mir über den Rücken.

Tagelang beschäftigte mich dieses Erlebnis mit Frau E. Ich versuchte zu verstehen, was in ihr vorging. Verstehen half mir immer; ich wollte Klarheit, damit meine Wut verrauchte. Ich kam zu der Erkenntnis, dass sie neugierig auf meine Gottes-Erfahrungen durch Kundalini war. Gebiete, die sie noch nicht erforscht hatte. Ich hörte später von Marlene, dass Frau E. sehr „Gott verbunden" war. Es ging ihr nicht um meine Heilung.

Trotzdem dachte ich mir: „O. k. – wenn sie mich anruft und privat um ein Gespräch bittet, um über Kundalini zu sprechen, würde ich sie nicht abweisen." Ich war gespannt, wie *neugierig* sie wirklich war. Und ob ihre Neugierde noch bestand, wenn sie dafür *nicht* von einer Krankenkasse bezahlt wurde.

Natürlich geschah nichts, und ich dachte zornig, vielleicht sollte Frau E. einmal selbst den Mut haben zum „Rebellen" im Leben; sicher würde sie dann das Hyperventilieren schneller lernen als in ihrer geschützten Gruppe.

Da hätte sie dann kein Programm – nur das nackte Leben! Frau E. konnte sich doch gar nicht vorstellen, was es bedeutete, aus dem „ Leben" heraus zu hyperventilieren, ohne dass man von einem Therapeuten rechts und links gehalten wurde und in einer „Intellektuellen Versuchsgruppe" sicher aufgehoben war, in denen die Menschen meistens noch mächtig stolz sind, dass sie *„über die Grenzen des Bewusstseins zu gehen*" lernen.

„Die sind doch alle nur im Kopf", dachte ich wütend. „Zu viel Studieren kann auch schädlich sein, so lernt man den Rebellen nicht. Im Gegenteil, man lernt, den Rebellen zu unterdrücken."

Ich erinnerte mich, in einem Zen-Tarot eine Karte gesehen zu haben, die diesen Namen trug. Ich malte sie auf Leinwand und las den Text, der mir persönlich viel mehr entsprach als die Auslegung der Therapeutin. Es war der Rebell im Dienste des Lebens.

Der Rebell

Der mächtige, Respekt einflößende Mann auf dieser Karte ist Meister seines Schicksals. Auf der Schulter trägt er ein Emblem der Sonne, und die Fackel in seiner rechten Hand symbolisiert das Licht seiner schwer errungenen Wahrheit. Einerlei, ob er reich oder arm ist – der Rebell ist ein echter Kaiser, weil er die Ketten der Unterdrückung durch die Gesellschaft und ihre Meinungen gesprengt hat. Er hat sich selbst geformt, indem er alle Farben des Regenbogens angenommen hat, aus den dunklen und formlosen Wurzeln seiner unbewussten Vergangenheit aufgetaucht ist und mit neu erworbenen Flügeln zum Himmel emporgestiegen ist. Schon seine Art des Existierens ist rebellisch – nicht weil er gegen jemanden oder etwas kämpft, sondern weil er seine wahre Natur entdeckt hat und entschlossen ist, im Einklang mit ihr zu leben. Sein spirituelles Tier ist der Adler, der Bote zwischen Erde und Himmel.

Den Rebellen (Erleuchteten) kann man nicht versklaven oder einsperren. Jeder

Genius, der eine innere Wahrheit kennt, ist schwer aufzunehmen: Er ist ein Störfaktor. Die Masse möchte aber nicht gestört werden, selbst wenn sie im Elend lebt – sie ist an das Elend gewöhnt. Und jeder, der nicht elend aussieht, sieht fremd aus. Der Erleuchtete ist der auffälligste Fremdling in der Welt. Er scheint nirgendwo hinzugehören. Keine Organisation, keine Gesellschaft, keine Nation kann ihn für sich beanspruchen.

Im Nachhinein war ich dankbar. Ich hatte wieder viel gelernt. Wieder eine Angst losgelassen – mich mehr und mehr befreit aus den Engen unserer Gesellschaft. Aus der Vorstellung, „andere" wüssten mehr als ich.

„Meine Wahrnehmungen stimmen, und ich sollte dankbar dafür sein und sie mir nicht von spirituell Unerfahrenen, selbst wenn sie mehrere Doktortitel haben, entreißen lassen", dachte ich voller Kraft.

Ich zog mich wieder zurück. Selbst von Marlene löste ich mich. Ich spürte, dass es für sie auf Dauer zu anstrengend war, mich zu begleiten. Ich ging in die Stille.

Manchmal, wenn ich abends mit meinem Hund spazieren ging, kehrte ich in ein dreihundert Jahre altes Wirtshaus ein. Ganz allein setzte ich mich an die Theke und bestellte ein Bier. Sofort fand ich schöne Gespräche mit den Einheimischen. Ich fühlte mich wohl unter diesen Bauern – ich liebte sie. Ihre spirituelle Einfachheit war für mich Labsal. Sie sprachen nie über Blockaden und Reinigungen, kannten das Wort Spiritualität nicht, aber ich spürte ihr Herzfeuer und ihre Liebe zur Erde. Ihre wohltuende Einfachheit, Wahrheit und Kraft.

In Ruhe trank ich Bier mit ihnen und sprach über alltägliche Dinge. Nach und nach erzählte ich von meiner Traurigkeit über die Entwicklung unserer Erde und von meiner heilenden Arbeit. Für sie war das nichts Neues. Sie kannten meinen Schmerz und wussten auch über heilende Hände Bescheid. Früher gab es in jedem Dorf eine Frau, die „ab betet", erzählten sie mir. Ich äußerte den Wunsch, einmal im Freien ein Feuer zu machen, aber leider war das ja überall verboten.

In einem tiefen Dialekt bekam ich als Antwort von einem Einheimischen: „Des isch guat, dass du soebbs duesch – des brüchet d'Litt. Du kasch ming Hitte hong." Er bot mir wie selbstverständlich sein Grundstück oben in den Bergen an, um dort mit Menschen zu singen zu tanzen und ein Feuer zu entzünden.

So einfach, frei und ohne große Worte war für sie das Leben. Ich war gern bei ihnen.

Der neue Mensch und Shambala

In dieser Einfachheit lief mein Leben weiter. Ich war für jeden Tag dankbar, an dem es mir wieder gut ging. Es gab für mich keine Hektik mehr – kein „Ich muss" – kein „Ich will".

Eines Nachmittags legte ich mich hin und versank augenblicklich in die anderen Welten. Bilder zeigten sich im dritten Auge:

Ich stieg hoch und höher. Weit über die Wolken. Ich bin im Universum – Sterne – Sterne … .alles erleuchtetes Ur-Dunkel. Höher und immer höher – in einer enormen Geschwindigkeit – schneller als eine Rakete, Sterne die durch mich schießen. Ich durchfliege den Sternenhimmel in Höchstgeschwindigkeit, und er durchfliegt mich. Ich bin glückselig.

Plötzlich sehe ich vor mir Schleier, Nebel – sie lichten sich und vor mir liegt eine Stadt. Wunderschön! Golden! Ich dachte: „Was ist das?" Innerlich hörte ich SHAMBALA – das neue Jerusalem.

Ich erschrak und war erstaunt – oh – Shambala, ich durfte es sehen! Auf einmal tauchte hinter der Stadt etwas ganz Grelles, Helles, Goldenes auf. Als ich richtig hinschaute, war es ein Mensch.

Sofort erkannte ich ihn – DER NEUE MENSCH – riesengroß, golden strahlend – in ihm Shambala. Es blendete mich von dieser leuchtenden Schönheit.

Ich riss meine Augen auf und rief: „Der neue Mensch ist Shambala – Shambala ist der neue Mensch."

Wenn sich der neue Mensch initiiert hat auf Erden, ist Shambala manifestiert.

Ich sprang aus dem Bett, überwältigt von dieser Erkenntnis, nahm augenblicklich eine Leinwand und malte meine Vision.

Bis zum Jahresende verliefen die Wochen ruhig. In den Nächten konnte ich schon ab und zu durchschlafen. Die Zuckungen wurden weniger, und ich hatte mich mit meinen Visionen, Bildern und außergewöhnlichen Phänomenen angefreundet. Sie und Kundalini gehörten endlich zu mir.

Neu geboren

Eines Nachts wachte ich auf und spürte einen enormen Druck im ganzen Körper. Ich spürte, dass sich alles in mir auflösen wollte. Mein Körper, meine Seele und mein Geist wollten *eins* werden mit dem *ewigen Licht*. Ich dachte: „Ich kann alles loslassen und gehen, wohin E*r* mich befielt – wenn *Er* meint, es ist soweit – gehe ich ins Licht." Mein Körper dehnte sich aus, unendlich weit. Ich ließ mich ins Gotteslicht fallen – vertraute tief – ließ es geschehen – kämpfte nicht mehr dagegen an. Ich liebte Gott so unbeschreiblich, dass ich nur noch eins werden wollte mit Ihm. Die Angst war weg. Ich hatte sie besiegt. Immer weiter dehnte ich mich aus – immer weiter und weiter – bis ins Weltall – in den Ozean der Sterne – dann explodierten meine Zellen. Jede einzelne Zelle in meinem Körper wurde gesprengt und verwandelte sich in einen leuchtenden Stern. Tausende von Sternen schossen aus meinem Leib, und ich wurde eins mit allem. Jeder einzelne Stern weitete sich ins Unendliche. In das ewig weite Dunkel des Einen der immer sein wird. Es war ein funkelndes, glitzerndes, unbeschreibliches Lichterspiel. Man kann es nur mit göttlicher Glückseligkeit bezeichnen, was ich fühlte.

„Alles ist eins – alles ruht in Gottes Liebe, Fülle und Unendlichkeit. Wir sind in einem weichen, warmen Licht – eingehüllt von zarter Liebe und Geborgenheit – im ewigen Ozean des *Einen,* der uns ruft."

– Ich bin – der ich bin –

Als ich am nächsten Morgen erwachte, sprach ich zu mir: „Ich bin heute Nacht gestorben – so stirbt man – ich bin gestorben – und lebe. Ich darf auf Erden sterben und neu leben – darf Einblick haben ins Paradies. Ich bin neu geboren. Nicht nur, dass ich es vom Kopf her weiß, nein – ich habe es leibhaftig erlebt, ich durfte es spüren und sehen."

Ich konnte es nicht fassen. Ich liebte Gott so sehr – ein warmes, strömendes, leidenschaftliches Gefühl erfasste mich – ich war unendlich dankbar – Er, nur Er ist meine aller größte Liebe. Ich kniete nieder, weinte vor Glück und dankte Gott für

Seine große Gnade, die Er mir erwies.

Ich war endlich frei. Frei von allen Vorstellungen, Dogmen und übergestülpten Meinungen. Ich war endlich Mensch. Ganz einfach Mensch – alle Masken waren von mir abgefallen – alle Vorstellungen, wer ich war und wer ich jemals sein würde, hatten sich aufgelöst. Aus allen Zellen meines Leibes hatte sich das Alte, Kranke herausgearbeitet. Meine Ängste, nicht zu genügen, krank zu werden oder zu sterben, hatte ich besiegt. Meine Ideale waren wie Seifenblasen zerplatzt, meine Vorstellung über die Liebe zerbrachen an den Klippen des großen Ozeans der *wahrhaften freien Liebe.*

In der Wahrheit zu stehen, war meine Welt – und sie existierte. Ich hatte sie gefunden. Meine Fragen „Was ist Freiheit? Was ist Wahrheit?“, die ich mein ganzes Leben lang gesucht hatte, waren für mich beantwortet.

Es ist das Einfachste und das Geringste – das jeder selbst in sich erfahren muss, um es wirklich zu begreifen.

Auf der goldenen Straße nach Hause

Am 15. März 2003 starb mein Vater.

Den letzten Winter verbrachte er schwer atmend im Wohnzimmer. Er konnte fast nicht mehr laufen. Sein Herz war müde und sein Körper voller Wasser. Als er am Donnerstag Abend ins Krankenhaus eingeliefert wurde, dachte niemand von uns, dass er achtundvierzig Stunden später sterben würde.

Am Todestag saß ich morgens beim Kaffee und überlegte mir gerade, ob ich ihn nachmittags oder abends besuchen sollte. Plötzlich hörte ich *in* mir: „Er stirbt – mein Vater stirbt – jetzt – heute." Ich erschrak und dachte: „Wo ist meine Mutter – wo sind meine Geschwister?"

Es war zehn Uhr vormittags. Ich rief meine Familie an. Es war Samstag Vormittag, aber keiner war zu Hause. „Sie müssen doch spüren, dass er stirbt. Vielleicht sind sie schon bei ihm", dachte ich. Schnell weckte ich meine Tochter und erzählte ihr meine Eingebung. Ich fragte Diana, ob sie die Kraft hätte, sich zu verabschieden. Sie weinte und sagte: „Ich gehe mit dir, ich will Opa noch einmal sehen."

Schnell fuhren wir los. Als wir ins Krankenzimmer kamen lag ein anderer Patient in seinem Bett. Mir zitterten die Knie, und ich dachte: „Wir sind zu spät." Ich lief zur nächsten Krankenschwester, die mir mitteilte, dass er auf der Intensivstation läge. Als wir das Zimmer betraten, wusste ich – er geht.

Angeschlossen an Schläuche und Kabel von Kopf bis Fuß, ganz allein, lag er da in einem kalten, unpersönlichen Raum. Der Monitor piepste unaufhörlich. Mich fröstelte.

Die letzten Wochen hatten wir viel über das Sterben gesprochen. Immer wieder sagte ich zu meinem Vater: „Fürchte dich nicht, es gibt keinen Tod. Du gleitest ganz leicht hinüber, und dort ist es leuchtend hell, weit und wunderschön. Hab dann keine Angst, orientiere dich immer ans Licht. Alle werden da sein, die du liebst." Er belächelte mich und meinte: „Wir werden ja sehen; ich bin der Nächste, der es erfährt." Mein Vater war ein sehr realistischer Mensch. Ich erzählte ihm von meinen Erfahrungen mit dem Göttlichen. Besorgt sagte er: „Wenn du einen wahren Gottesweg gehen willst, gehst du einen gefährlichen Weg. Du kannst wahnsinnig werden. Pass auf dich auf." Er sprach aus eigener Erfahrung.

Er zog sich nach seinen Enttäuschungen über Gott zurück – hatte keine Freunde – wurde ein Einzelgänger. Die letzten Jahre weinte er viel. Sie sagten, er hätte eine leichte Depression. Das stimmte nicht – er weinte – mit Recht – *Es* weinte in ihm.

Sterbend lag er vor mir. Er war bei vollem Bewusstsein. Resignierend deutete er auf den schrecklichen Signalton und die vielen Schläuche. „Können sie ihn nicht würdig sterben lassen?“, dachte ich. „Das ist ja wie ein Wecker, der den Sterbenden aufweckt, sobald das Herz die letzten Rhythmen des langen Lebens schlagen will.“

Als sich unsere Blicke trafen, liefen mir die Tränen vor Berührung übers Gesicht. Seine Augen waren nicht mehr die, die ich kannte. Es war ein *Leuchten* und ein *Glanz* in ihnen, den ich nie vergessen werde. *Sie waren staunend wie die eines unschuldiges Kindes.*

Das war das größte Geschenk , das er mir zum Abschied machte. Seine Blick sagte: „Weine nicht, du weißt doch, wohin ich gehe, du musst nicht traurig sein“, und laut kam klar und deutlich von seinen Lippen: „So ist es, wir müssen alle einmal gehen, und jetzt bin anscheinend ich an der Reihe.“

Ich war voller überquellender Liebe für ihn und bewunderte seinen Mut und seine Bereitschaft – loszulassen – das letzte große Loslassen. Wie tapfer er war! Sein Kampf mit der Welt und Gott war vorbei.

Verzweifelt sah ich mich um. Es gab nicht einmal einen Stuhl in „diesem“ sterilen Raum. Ich fragte ihn, ob er noch einen Wunsch hätte, ob ich noch etwas für ihn tun könnte. Er schüttelte den Kopf. Mein Vater hatte seinen Frieden gefunden. Still, ruhig und voller Staunen war er bereit zu gehen. Ich umarmte ihn liebevoll, küsste ihn auf den Mund und sagte wie damals als kleines Mädchen: „Ich habe dich lieb.“ Die Tränen wollten nicht aufhören.

Ich nahm all meine Kraft und sagte zu mir: *„Lass ihn los – du musst ihn jetzt gehen lassen – Vati hat die Kraft, zu gehen – hab du sie jetzt auch.“* Ich spürte, es war Zeit – er wollte gehen.

„Hast du Angst?“, fragte ich leise. Er verneinte. Mein Vater schloss die Augen, sein Atem ging schwach. Ich sagte: „Ich glaube, du willst jetzt schlafen.“ Er nickte. Diana umarmte ihn ein letztes Mal und küsste ihn auf den Mund. Ich musste meine Tochter nach Hause bringen, ich spürte ihre starke Trauer. Ich wollte die Familie anrufen und wieder an sein Sterbebett zurückkommen.

Als wir an der Türe standen, um zu gehen, riss mein Vater die Augen plötzlich noch einmal weit auf und blickte uns lange an. Ich wusste in diesem Moment, *jetzt* war der Abschied – *jetzt – jetzt*. Ich hielt tief traurig und doch standhaft seinen Blick und hob meine linke Hand zum letzten heiligen Gruß, schickte ihm schweigend Beistand und Liebe. Ich fühlte, dass wir *eins* waren, verbunden mit allem was *IST*. Lange blicken wir uns schweigend an. Die Zeit blieb stehen – es gibt eine Sprache, die keiner Worte bedarf.

Zuhause angekommen, setzten wir uns an den Küchentisch und weinten. Meine Tochter sagte: „Mama, ich lege mich ins Bett, ich bin so müde." – „ Ja", sagte ich, „es ist gut, wenn du jetzt schläfst." Eigentlich wollte ich gleich wieder ins Krankenhaus fahren, aber ich spürte ein deutliches *Nein*. Ich legte mich auf mein Sofa und versank in tiefe, göttliche Andacht. Mit meiner geistigen Kraft bildete ich einen großen Lichtkelch. Laut flehte ich zu Gott, allen Wesen und Ahnen, die meinen Vater in den ewiglichen Daseins-Formen begleitet hatten – und zu ihm gehörten. Rief die Verstorbenen, seine Mutter und seinen Vater laut beim Namen – seine Schwester, die er sehr geliebt hatte. *„Gerlind – Gerlind – es ist soweit – er will zu euch – holt ihn – empfangt ihn – er braucht euch jetzt"* – hallte es aus meiner Brust ins Ewige. Ich bat von ganzem Herzen um Begleitung seiner Seele in die geistigen Welten.

Ich konnte sie spüren – fühlte – die Lichtwesen im unendlichen Raum. Sah, wie das göttliche Licht herabsank und sich mit meinem Lichtkelch vereinte.

Auf dieser goldenen Straße konnte er nach Hause gehen – mein Vater – zu seinem Vater!

Während meiner Versenkung klingelte das Telefon. Es war meine Mutter, und sie sagte: „Das Krankenhaus hat angerufen, Vati ist soeben gestorben."

Ich wusste es schon! Die Klagelieder in meiner Ursprache, die darauf folgten, kamen wie von selbst. Sie waren laut und flehend und milderten meinen großen Schmerz.

Mein Vater hatte Recht! Der Weg zum Göttlichen ist der gefährlichste Weg und das größte Ziel.

Warum sich Kundalini in mir erhoben hat und was noch kommen wird – ist für mich heute keine quälende Frage mehr.

Vielleicht geschah es einzig, um meinen Vater im Sterben zu begleiten. Vielleicht um zu lernen, dass jedes Ende ein neuer Anfang ist und wir auf dieser Reise immer nur „in Gott" sind. Das wir alle göttlich lichtdurchströmte Wesen sind und das neue Jerusalem *in uns ist.* Und *wir der neue Mensch* sind.

Es hat sich alles gelohnt. Die Qualen, die verzweifelten Momente – nicht eine einzige Minute möchte ich missen. – *ICH BIN* – neu geboren. Meine Seele ist frei und schwingt in einer lebendigen Einheit mit allen Wesen im Rhythmus der allumfassenden göttlichen Liebe.

All das habe ich Kundalini, der Liebe meines hohen Lehrers und der Gnade Gottes zu verdanken.

„Sein Wille geschehe, geläutert durch mich."

Autorenportrait
(aus der 1. Auflage 2006)

Birgit Hassenkamp lebt mit ihrer Tochter im Allgäu. Seit ihrem Kundalini-Erwachen ist sie eine sehr gefragte spirituelle Heilerin. Sie gibt Seminare im Allgäu, in Italien und ist offen für andere Orte. Birgit verfügt über ein freies, unverstelltes Wesen und reine Shaktikräfte.

Ihr Lebensmotto lautet:

Unverstellt sei die Welt!

Birgit Hassenkamp verhilft Menschen zu innerer Klarheit, Beständigkeit, Freiheit und gelebter Wahrheit. Durch ihre hohen Lichtkräfte wurden bereits Kranke geheilt. Weiterhin betreut sie Kundalini-Erwachende und Menschen mit seelischen und/oder spirituellen Problemen.

In Einzelbehandlungen und Seminaren schenkt sie Licht und Liebe.

Nachwort der Autorin
10 Jahre später ...

Von Herzen möchte ich mich bei den vielen, lieben Lesern bedanken, für die zahlreichen, berührenden Feedbacks zu meinem Buch. Die Emails haben mich tief bewegt und ich bin darüber sehr glücklich, dass ich Menschen in ihren spirituellen Prozessen, Zuversicht, Mut, Hoffnung und Verständnis für ihren Weg schenken konnte.

Oft wurde mir die Frage gestellt: *Wie geht es dir heute?*
Es geht mir sehr gut. Meine Kundalini ist ruhiger geworden, aber trotzdem noch sehr feurig und freudig. Sie hat sich harmonisiert und fließt gleichmäßig. D.h. ich bin tiefer in meiner Mitte und meine Schatten sind durchwandert. Das Licht fließt in mir und Leib, Geist und Seele sind erhoben, veredelt und verfeinert.

Die schwere und tiefe meiner Prozessarbeit ist im Nachhinein so zu erklären, dass mein wahres Wesen, einen schamanischen Transformationsweg gewählt hat. Die extremen und schmerzhaften seelischen wie körperlichen Zustände, die ich in Tagesbuchform erzählte, waren unwillkürliche Trancezustände, Tiefenreinigungen und Initiationsprüfungen, die dazu dienten mich auf meine spirituelle Meisterschaft vorzubereiten.

Alles Unaufrichtige brennt das Kundalinifeuer hinweg und führt uns zum Licht der Erkenntnis. Und so durchlief ich, in einem Jahr, einen schonungslosen, radikalen schamanischen Kundaliniprozess, der nichts mit theoretischen, kopflastigen und überheblichen Welt- und Erleuchtungsvorstellungen zu tun hatte.

Mein Ziel war immer EINS zu werden mit Gott und Göttin. Dieser Weg forderte von mir Mut und Klarheit, geistiges Wissen und vor allem tiefe Hingabe. Was dann noch geschah, war für mich Gnade, die ich erleben durfte.

Ich kann jedem nur empfehlen tiefer zu gehen. Sich nicht zulange mit falschen Selbst- und Fremdbildern aufzuhalten, denn in unserer modernen Zeit sind schnell wechselnde, rationale Idealvorstellungen, Gefühlsblindheit und Orientierungslosigkeit schon fast normal; aber es trennt uns von echter Spiritualität! Der Weg führt zum Wesenskern!
Nicht jeder muss in seinen Erwachungsprozessen das erleben, was ich erlebte.

Der Königsweg, den ich durchlief, ist einer der schwersten. Mein Weg erinnert an gebrochene Knochen, Totenschädel und an die Märchen der Baba Yaga, die eine andere Gerechtigkeit und Weisheit kennt, wie wir heute und die sich nicht von selbstscheinenden Wahrheiten vom Menschen täuschen lässt, sondern tief blicken kann, ganz tief auf den Grund der Seelen.

Ihr Licht der Erkenntnis lehrt dich Ehrfurcht und würdiges Verhalten zum ewigen Kreislauf von Leben und Tod.

Was ist nach dem Prozess anders?

Die Antwort auf diese Frage ist einfach – Alles hat sich verändert, mein Denken, Fühlen und Handeln. Ich lebe jeden Tag ganz einfach, unauffällig und tief.

Tief Verbunden mit der Natur, der Göttin und mir.

Meine Initiationen waren herausfordernd, schmerzhaft und schwierig, aber demensprechend stark und wuchtig sind jetzt meine Heilkräfte und -methoden.

Ich lebe heute in Deutschland und Südtirol. Im Vinschgauer Tal gründete ich vor 7 Jahren ein Kundalini-Heilhaus mit meinem heutigen Lebenspartner. Die Jahre seit dem Schreiben meines Buches kann ich hier nur andeuten. Sie waren sehr bewegend im Inneren wie im Äußeren. Mit Renovierung des Hauses, Heilung des Gartens, weitere feurige Prozesse, und viel Hingabe und Liebe an die Natur und zu den Menschen, die ich begleite in ihren teils schwierigen Erwachungsprozessen.

Meine spirituellen Kräfte und Fähigkeiten, die sich durch die Einweihung eröffneten, zeigen sich als; Urschamanische feurige Liebeskräfte, die mit inniger Wucht und Tatenkraft, als Heilerin, Dämonenreiterin, Blitz-Schamanin, gütige Mutter und geistige Lehrerin tätig sind.

In meinen Seminaren erscheine ich, als die ALTE, die JUNGE, die GÜTIGE, die SCHRECKLICHE, die Einweihende Frau, als Kraft und Weisheit.

Der westliche, rational orientierte Verstand kann die Urkraft in meinen Schulungen nicht immer verstehen, aber die Wirkung ist tief berührend und reinigend. Ich gebe Shakti Pad in meinen Schulungen durch Wort, Berührung und Gesang. Mit alten verlorene Heil,- und Lehrmethoden erinnere ich die Menschen wieder an die kosmischen Gesetze und ihre heilige, sensible, soziale Wirkungsweise im Alltag. Meine Herzenssprache ist tief und echt und verschont selten, was verstellte, falsche Identifikationen sind, die im Einweihungsweg hindern. Das denken, fühlen und handeln – auch der Sinn und die Werte – der heutigen Menschen in unserer Kultur, unterscheidet sich extrem von den Alten Urkulturen, die aus Erfahrung heraus (mit Körper, Gefühl und Geist) sprachen und lehrten.

Ein Wissen, das über Bücher und Systeme erlernt wird, ersetzt nicht die lebendigen, ursprünglichen, natürlichen Einweihungserfahrungen. Diese erst, verändern das rationale/ westliche/ heutige Denken und Handeln. Und zwar ohne Zutun und Bemühung! Diese ja wieder aus dem rationalen, perfektionistischen Handeln kommt und oft ohne Tiefe ist und den eigentlichen Weg verfehlt oder verzögert.

Die keltische Schamanin und Heilerin in mir…

Die Heilerin in mir, behandelt die Suchenden, oder kranken Menschen in Einzelsitzungen und leitet die verdichteten, grauen Zonen aus dem Lebensleib und den Energiefeldern. Mein heiliger Gesang erhöht die Schwingungen und löst die Schattengeister. Dazu reicht eine Stunde. Hierzu kann jeder zu mir kommen.

Die zwei wöchigen, schamanischen Intensiv – Retreats und die wöchentlichen Einzelarbeiten halte ich im Seminarhaus in Südtirol mit seiner wunderbaren Heilkraft und Natur im Verbund mit allen Wesen.

Hier können Menschen zu mir finden, die in Ruhe lernen wollen, was Selbsterkenntnis und Selbstverantwortung mit heiligen Prozessen zu tun hat. Ich meine, dass dazu auch gehört spirituell erwachsen zu werden.

Was das bedeutet, ist bei mir erfahrbar und lernbar.

Ich freue mich diejenigen zu begleiten, die dazu wirklich bereit sind, mehr Tiefe und echte Spiritualität zu erfahren und zu erleben.

Ein tägliches Tagesprogramm bietet; schamanische Unterweisungen, schattenarbeit, Karma Yoga, Tiefenseelische Klärung, Stille und Herzarbeit, individuelle Kundaliniübungen, Kundalini-Therapie, sowie Rituale, initiatischen und mantrischen Gesang und meine persönliche Präsenz.

Wie es in der urweiblichen keltischen Tradition üblich war, bereite ich täglich die Nahrung für meine SchülerInnen mit Liebe und Heilkraft, ganz persönlich.

Durch seelische Verletzungen in der Kindheit oder alten Leben können sich starke Wiederstände gebildet haben, die als versteckte Dämonen/Schatten den Erwachenden irritieren und den Aufstieg der Shakti erschweren. Sie sind bis in die DNA verankert und brauchen Zeit und Hingabe um sich zu verwandeln. Der Weg der Kundalini ist ein innerer Tiefentransformationsprozess, der sich erst später, nach dem Aufstieg und der Harmonisierung, im Außen manifestiert.

Viele Menschen setzten nun diese gewaltige Kundalinienergie in sich frei, ob es das Ego will oder nicht. Die Zeit scheint reif zu sein für ein höheres Bewusstsein der Menschheit. Kundalini ist Freundin und Begleiterin auf dem Weg zum Wesenskern. Wenn du das höchste Ziel erreichst, bist du nicht mehr von außen fremdkontrollierbar. Du erlangst dann das volle Wissen, die voll entfaltete Liebe und wirst in deinem Tun immer freier.

Ich wünsche Dir auf deinem Weg viel Mut und Kraft, dir selbst zu begegnen. Liebe dich für alles was du bist, warst und wirst.

Der neue Mensch wird siegen!

Birgit Hassenkamp im September 2016

www.kundalini-therapeut.de

info@kundalini-therapeut.de

Facebook: Birgit Hassenkamp